LES SCIENCES 🥀 🥀

🥀 🥀 DE LA NATURE

EN FRANCE, AU XVIIIᵉ SIÈCLE

D. MORNET

LES SCIENCES ❧ ❧
❧ ❧ DE LA NATURE

EN FRANCE, AU XVIIIe SIÈCLE

UN CHAPITRE DE L'HISTOIRE DES IDÉES

BURT FRANKLIN
NEW YORK

Published by LENOX HILL Pub. & Dist. Co. (Burt Franklin)
235 East 44th St., New York, N.Y. 10017
Originally Published: 1911
Reprinted: 1971
Printed in the U.S.A.

S.B.N.: 8337-42957
Library of Congress Card Catalog No.: 76-172194
Burt Franklin: Research and Source Works Series 854
Science Classics 8

Reprinted from the original edition in the University of Pennsylvania
Library.

AVANT-PROPOS

L'histoire des sciences s'est depuis longtemps organisée. Dès le XVIIIᵉ siècle Montucla écrivait une *Histoire des Mathématiques*, Savérien une *Histoire des progrès de l'esprit humain dans les Sciences physiques et dans les Sciences naturelles*, de Loys un *Abrégé chronologique pour servir à l'histoire de la physique*, Gobet une *Histoire des minéralogistes*, Condorcet une *Esquisse d'un tableau historique des progrès de l'esprit humain*. Mais cette histoire s'est proposée presque toujours les mêmes fins; elle est l'histoire des *découvertes*. Elle suit la limite extrême de la lumière; elle rappelle ces compilations qui s'intitulaient il y a cinquante ans « Victoires et Conquêtes ». Condorcet se plaignait déjà que l'histoire des sciences n'ait été que « l'histoire de quelques hommes ». Une autre histoire nous semble possible, celle qui ne sera plus *individuelle* mais *sociale*, l'histoire de la science qui se fixe et qui se diffuse. Cette pointe

de lumière, qui marque incessamment le dernier
progrès dans l'inconnu, ne s'avance pas d'un
mouvement continu. La marche est parfois tortueuse; il y a des rayons qui s'élancent et qui
s'évanouissent; derrière elle il reste le plus
souvent des zones indécises, où luttent le passé
et le présent. Un lent travail intérieur rejoint et
précise les lueurs éparses. Surtout il y a des transformations profondes qui renouvellent le milieu.
La clarté des sciences n'est pas de celles qui
n'agissent jamais. Là où elle pénètre ce sont peu
à peu les conditions de la vie qui se trouvent
changées, toute une adaptation des mœurs à la
lumière qui les enveloppe. Ce n'est pas seulement
notre intelligence qui se fait plus sûre, c'est
notre existence tout entière qui peut insensiblement évoluer vers de nouvelles destinées.

Cette histoire de la fixation des sciences et de
leurs répercussions sociales se justifie trop clairement. Nul doute que l'histoire traditionnelle des
sciences n'ait des raisons qui l'appuient. Elle satisfait notre vanité; c'est le coup d'œil qui mesure
le chemin parcouru. Elle enseigne aussi constamment les raisons des défaites et celles des succès,
elle peut être la meilleure leçon de méthode. Mais
elle se heurte aussi trop souvent à ce qui ne
s'exprime pas en raisons claires, au mystère du
génie, au mystère de la découverte. L'histoire

intérieure des sciences ne touche pas aux mêmes
obstacles.

Elle étudie comment s'établit dans ces sciences
et pour la moyenne de ceux qui la cultivent un
niveau d'équilibre. Elle montre comment la
découverte isolée, aventureuse ou contestée,
devient peu à peu ce qui est stable. Par là elle
nous fait comprendre ce que c'est que la vie organique de la science. Elle justifie, par l'exemple
des sciences déjà fortes, les espoirs des sciences
ébauchées; elle enseigne comment elles ont
triomphé lentement des luttes intérieures, comment ce qui n'était d'abord que pénombre est
devenu la pleine clarté. Surtout, en mêlant sans
cesse la spéculation scientifique à la vie, dont la
science ne se sépare pas dans ses sources, et
qu'elle rejoint dans tous les cas par ses conséquences, elle lie l'histoire des sciences à l'histoire
des destinées humaines; elle rattache, comme il
convient, à l'histoire sociale ce qui a depuis cent
ans transformé les sociétés. Ainsi bien des problèmes peuvent s'éclairer ou se résoudre. Nous
saurons mieux pour les savants ce que Taine a
voulu déterminer pour les lettres ou pour les
arts : quels liens étroits ou fragiles attachent la
pensée géniale à toutes les pensées qui l'entourent.
Nous saurons comment les pensées d'exception,
celles qui découvrent, conquièrent les pensées

moyennes; comment dans les luttes de méthodes et de principes l'accord peu à peu se fait, le progrès se fixe. Enfin c'est par une telle histoire que nous ferons mieux comprendre les péripéties d'une lutte jusqu'ici incessante : la lutte entre la science et le « pragmatisme », entre l'ardeur de la recherche et le respect de la tradition, entre le désir de ce qui est vrai et le scrupule de ce qui est utile, entre l'espoir de savoir et la volonté d'être heureux. Des épisodes bien choisis pourront nous apprendre pourquoi ces luttes se nouent, comment elles se poursuivent et comment elles se décident.

De tous ces épisodes nous avons choisi l'étude des sciences de la nature au XVIIIe siècle. Les faits nous ont conduit à donner à l'histoire naturelle la place essentielle. Il importe que la science étudiée n'en soit pas à ses premières ébauches qui la laissent trop loin d'elle-même, du succès et de la vie. Il importe aussi que son triomphe ne soit pas encore de ceux qui font loi. L'histoire naturelle au XVIIIe siècle en est justement à cette période héroïque où la lutte est vigoureuse et le succès incertain. Surtout l'histoire naturelle, mieux que toute autre science, s'est liée dès ses débuts à l'existence sociale, en enchaînant la vie à la spéculation. Mathématiques et physiques ont pu passer aisément, malgré quelques heurts, pour des tentatives sur la matière brute dont l'âme humaine, principe spirituel, resterait aisément séparée. Mais l'histoire naturelle c'est la vie, c'est la ressemblance au moins extérieure avec ce que nous sommes, c'est l'empiètement possible, menaçant, avéré, de l'enquête scientifique sur la tradition, de la *libido sciendi* sur le respect et l'autorité. Et de fait c'est autour d'elle que la première grande bataille fut engagée et que la première victoire fut décidée.

Cette histoire naturelle du xviiie siècle nous offre encore le privilège d'unir l'histoire des sciences et celle des lettres. Buffon ne la résume pas pour les savants, mais il la symbolise pour ceux qui ne sont pas des spécialistes. Ce n'est pas lui qui attache les curiosités à l'étude des insectes ou des fossiles; mais c'est bien lui qui donne à la science l'auréole de la gloire littéraire et du triomphe éclatant. Par lui nous saurons mieux comment le succès se détermine, comment s'opposent à l'occasion ceux qu'il faut seulement convaincre et ceux qui veulent avant tout qu'on leur plaise.

Une histoire des sciences ainsi conçue nous excuse de n'être qu'historien et de n'avoir pas pour les sciences, et malgré notre goût pour elles, de compétence technique. L'histoire des découvertes, l'histoire scientifique des sciences ne peut

être tentée que par les spécialistes. Mais cette histoire sociale n'a pas les mêmes exigences. Il s'agit
pour elle de déterminer surtout les actions et réac-
tions historiques de la science et de la vie. L'étude
des méthodes scientifiques ne nous intéresse que
lorsqu'elles deviennent stables et universelles,
lorsqu'elles font partie de la pensée moyenne.
Elles n'ont plus rien dès lors qui ne soit accessible, si l'on a quelque goût pour l'esprit scientifique et pour sa philosophie.

Nous n'avons pas parlé de la botanique. Buffon, qui est
au centre de cette étude, ne s'en est jamais occupé. Son
histoire se sépare sans inconvénient d'une étude générale sur l'histoire naturelle. Nous en avons dit d'ailleurs
l'essentiel dans notre ouvrage sur le *Sentiment de la nature
en France de J.-J. Rousseau à Bernardin de Saint-Pierre* [1].
    La méthode de ce livre est celle que nous avons essayé
de justifier dans notre travail sur le *Sentiment de la nature.
Nous prions seulement qu'on lise dans les expressions qui
résument* : « *d'autres — bien d'autres — de nombreux auteurs,
etc.* », *autre chose que des formules commodes et qui dissimu-
leraient des conclusions hâtives et le vague de l'information.
Quand nous écrivons par exemple* « *dix autres* », *c'est qu'on
trouvera à l'Appendice, dans nos références, au moins dix
noms et dix références complémentaires*. Bonne ou mauvaise,
notre information ne donne strictement que ce qu'elle
sait [2].

1. Hachette, 1907.
2. Nous donnons en notes quelques très brèves indications sur
une quarantaine de savants de second plan dont l'œuvre garde
quelque intérêt. Les autres n'interviennent que comme documents.

LES SCIENCES DE LA NATURE

EN FRANCE

AU XVIIIe SIÈCLE

PREMIÈRE PARTIE

LA « DÉPURATION[1] » DE LA SCIENCE

CHAPITRE I

LE GOÛT POUR L'HISTOIRE NATURELLE
AVANT BUFFON

M. le chevalier du Breuil écrit en 1732 à M. le Prieur de Jonval : « Tout le monde devient philosophe chez nous. » Entendons, puisque c'est l'abbé Pluche qui les fait parler, que le chevalier et le prieur ne sont pas de ces philosophes qui menacèrent le trône ou l'autel. La philosophie, vers 1730, c'est aussi la

---

1. Nous choisissons un mot adopté par Buffon dans ses *Époques de la nature*, en parlant de l'atmosphère, après qu'il eut renoncé à *épuration* et *purification*.

science, et parmi les sciences la « physique [1] » ou la science de la nature. C'est tout ce qui s'inquiète non des règles du goût mais des principes des choses et des lois de l'univers. Ces principes et ces lois, on commence à les étudier avec ardeur dans les salons où l'on cause et dans les mondes où l'on s'engoue.

Les curiosités mondaines ont pesé sur les destinées de la « physique ». Condorcet se promettait d'examiner ce que dut l'esprit humain à l'oubli que les savants firent du latin. Les conséquences sans doute en furent profondes. Elles s'accentuèrent lorsque les « Physiques » en langue vulgaire trouvèrent des lecteurs parmi ceux qui lisent non pour travailler mais pour se distraire et s'informer. Une science qui s'enferme dans le cercle de quelques spécialistes s'isole par là même de la vie sociale; elle reste étrangère aux progrès de cette société. Liée au contraire à la vie moyenne par les curiosités qui vont vers elle, elle prend sa place dans les forces qui meuvent les hommes. Il importe donc de marquer brièvement que, dès la première moitié du XVIIIe siècle, les sciences de la nature ont conquis leurs fidèles au delà de l'Académie des Sciences et du *Journal des Savants*.

Le lieutenant des chasses, Le Roy, louait, en 1749, le comte de Tressan du noble courage qu'il avait de « cultiver la philosophie dans un pays où une personne de son rang est obligée d'être savante inco-

---

1. Le terme de *physique* pendant la première moitié du XVIIIe siècle, et souvent jusqu'à la fin, désigne l'ensemble des sciences de la nature. C'est avec ce sens qu'on le rencontrera dans un certain nombre de nos citations.

gnito ». Le Roy exagère, pour l'agrément de la flat-
terie. Diderot et d'autres ne s'accordent pas avec
leur ami Le Roy. « L'histoire naturelle, écrit Jean-
Jacques à M. de Sainte-Marie, peut passer aujour-
d'hui, par la manière dont elle est traitée, pour la
plus intéressante de toutes les sciences. » Et Diderot
reconnaît « le penchant que les esprits paraissent
avoir à l'histoire de la nature ». Les journaux qui ne
sont pas au service de la science mais du succès,
accueillent peu à peu ces curiosités. Les *Bibliothèques* de Le Clerc, la *Bibliothèque britannique*, journaux graves, le *Mercure* et les feuilles de Desfontaines qui le sont moins, mêlent aux théologies, à
l'érudition ou aux pièces fugitives, les dissertations
sur le cœur de la tortue ou la trompe des papillons.
Des raisons fortuites mais puissantes hâtèrent ce
triomphe d'une science toute nouvelle. L'abandon
du latin fut sans doute, comme le voulait Condorcet,
une des plus fortes. Quand on consulte la *Bibliographie* qu'Hérissant donna, au xviiie siècle, de l'histoire naturelle, on voit la proportion des livres latins
décroître très rapidement après 1700. Mais il y eut
des causes plus frivoles et partant plus efficaces. Ce
n'est guère l'amour des labeurs sévères qui fait la
fortune des idées et l'histoire naturelle fut servie par
autre chose que le goût du vrai. Elle s'allia des
passions humaines.

Il y en eut une ou deux qui furent pacifiques et une
autre qui fut turbulente. Elles s'accordèrent pour
séduire d'innombrables loisirs. L'histoire naturelle
eut pour elle ce que n'avaient ni les mathématiques,
ni la mécanique : le goût de la collection. On sait
que la passion est impérieuse. Elle fit merveille dès

le début du siècle. « Elle se répandit, dit Deluc [1] en 1779, tout à coup, au commencement de cette génération. » Goût médiocre, sans doute, et qui ne supposait à l'ordinaire que la chasse aux pièces rares et l'orgueil des belles vitrines. « Les simples curieux, dit un conchyliologue réputé, Dezallier d'Argenville, sensibles au plaisir de la vue, n'y recherchent que le coup d'œil. » Mais ces simples curieux furent légion. Il y eut pour eux des marchands. Gersaint et Mortain, au pont Notre-Dame, vendent des plantes, coquilles, animaux des Indes. Gersaint organise des ventes périodiques que l'on regarde « comme un amusement ». Le *Mercure* renseigne les débutants. Les cabinets se multiplient. Nous en possédons des listes copieuses où l'on trouve des ducs, des présidents du parlement, des maîtres des comptes, des congrégations, des abbés, des médecins et des dames. La province n'est pas en reste. « Il n'y a guère de villes principales dans les provinces, dit Gersaint, où il ne se trouve quelques cabinets de ce genre et surtout à Marseille, à Montpellier, à Nantes et à Rouen. » Même on y trouve un fabricant de tapis, un commerçant du Havre et un Dieppois qui est brasseur.

Il y eut pour certains esprits des curiosités plus actives et qui s'associèrent les plaisirs invincibles de la surprise et du merveilleux. Les insectes n'étaient guère, en apparence, que des « jeux de la nature » ou des « excréments de la terre ». On concevait une histoire des oiseaux; on concevait mal une histoire des insectes. Or Réaumur en écrivit une (1734-1742)

1. Les frères J.-A. et G.-A. Deluc, célèbres naturalistes génevois (1727-1817; 1729-1812).

qui fut un triomphe. Il révéla qu'il y a des prodiges dans l'entonnoir du fourmi-lion. On découvrit les instincts des insectes avec des yeux émerveillés. Réaumur devint illustre, comme Fontenelle ou comme Voltaire : « Dans les pays où l'on place au rang des dieux les grands hommes, dit un écrivain qui n'avait pas le sens du respect, le marquis d'Argens, ce physicien aurait déjà des autels. » Bien des fidèles y seraient venus, des savants illustres comme Bonnet [1], comme Trembley [2], comme l'abbé Nollet qui fut son élève, comme d'autres qui sont moindres. Pour ses observations et ses collections, Réaumur trouva des correspondants dans toutes les parties du monde. Le célèbre Poivre lui apporta des Indes une collection d'oiseaux. Rue de la Raquette, au faubourg Saint-Antoine, on se presse pour admirer son cabinet et ses expériences. Le roi lui-même s'informe « des nouvelles découvertes sur les insectes », et prie Réaumur de lui raconter leurs merveilles. Les journalistes se font l'écho de ces enthousiasmes, le *Journal des Savants*, l'abbé Desfontaines, le *Mercure*, le *Journal Encyclopédique*. Dans 500 bibliothèques du XVIIIe siècle dont nous avons dépouillé les catalogues l'*Histoire des Insectes* installe ses lourds in-4° sur 82 rayons.

Par elle il devient de mode d'examiner les cirons et les mites : « Tout cela, disait Desfontaines, n'est pour ainsi dire que le jardin de la *Physique*. L'esprit s'y promène avec une pleine satisfaction; il y respire

1. Ch. Bonnet, de Genève (1720-1793), qui fut illustre au XVIIIe siècle, comme philosophe et naturaliste.
2. A. Trembley, né à Genève (1710-1781), célèbre surtout par la découverte des polypes.

un air doux et serein. » Bien des gens hantèrent ces savants bosquets. « Le goût de faire des collections d'insectes, écrit Réaumur, gagne journellement. » Pour le satisfaire on résume Réaumur, Bazin « à l'usage de tout le monde » en 1747, Beaurieu en 1764 « à l'usage des enfants ». L'abbé Mayeul-Chaudon a grand soin de placer ces abrégés dans sa *Bibliothèque d'un homme de goût.* Les auteurs qui compilent, à l'usage des gens du monde ou des collèges, des traités d'histoire naturelle donnent souvent aux insectes la place d'honneur. Pluche, dont nous parlerons tout à l'heure, a demandé à Réaumur des conseils. Avant Bernardin de Saint-Pierre et les splendeurs de son fraisier, il sait montrer à ses lecteurs que « la seule tête d'une mouche est pleine de bouquets et de diamants. L'aile d'un moucheron, qui ne paraît d'abord que comme un petit chiffon blanchâtre et sans beauté, vue avec plus d'attention se trouve unie comme une glace et brillante comme l'arc-en-ciel. » Pour les Parisiens, voici plus tard une *Histoire des Insectes des environs de Paris* par Geoffroy (1762); pour les enfants des *Leçons élémentaires* du P. Cotte (1784), etc.

Les insectes pourtant offraient des inconvénients. Leur poursuite est parfois malaisée; ils offusquent les délicatesses et il est difficile de les conserver. Surtout, s'ils offrent des surprises et des merveilles ils n'offrent pas d'autres mystères que celui de la vie. Le triomphe de l'histoire naturelle s'acheva par une curiosité à la fois plus dramatique et plus commode, celle des fossiles. Ils se rangeaient aisément dans les vitrines, et leurs formes inertes éveillaient les plus troublants des problèmes. Qu'étaient-ils et d'où venaient-ils? Monuments de l'histoire du monde ou simples jeux de la nature? Ils attiraient à eux tous ceux que hantait le mystère des origines et tous ceux qui pensaient menacer ou défendre la tradition de la *Genèse*. On poursuivit donc les cornes d'Ammon et les oursins dans toutes les carrières. En 1742, Bourguet[1] se plaignait que la France « n'ait pas imité les collectionneurs de Hollande, Allemagne, Italie, Suisse ». Plaintes un peu tardives, si bien d'autres témoignages nous affirment l'engouement d'une « quantité de curieux » pour cette « récréation de l'esprit et des yeux », la « multitude immense de fossiles » qui forment le fond des cabinets. Gersaint, le marchand du pont Notre-Dame, en tient boutique fort achalandée : « Cette curiosité et tout ce qui concerne l'histoire naturelle est à présent en grande fureur à Paris et dans les provinces[2]. » Les journaux insèrent ses annonces. En 1736 il publie un *Catalogue raisonné des Coquilles*, qui est une compilation fort savante et qui trouva place dans nombre de bibliothèques. Le *Mercure de France* ou le *Journal de Verdun* associent délibérément aux agréments des « pièces fugitives en prose et en vers », ceux plus austères des pétrifications. Le *Mercure* abrite constamment des polémiques loquaces et véhémentes, des comptes rendus minutieux. Les chansons s'en mêlent ou du moins les vers : « Si la nacre de mes nautiles », chante Nogaret,

---

1. Bourguet, mathématicien et naturaliste réputé, né à Nîmes (1678-1742).
2. Voici, par curiosité, quelques prix de ventes de séries de fossiles à la vente du cabinet Geoffroy en 1754 : 13 livres, 5 — 12 livres — 21 livres — 18 livres — 22 livres, 5, etc...

> M'amène des admirateurs,
> Un plus grand nombre d'amateurs
> Se rend chez moi pour mes fossiles.

Tout cet engouement qui lia ainsi pour des choses sérieuses les gens d'études et ceux du monde, ceux qui collectionnent et ceux qui polémiquent, se marque et pour ainsi dire se symbolise par le triomphe d'un livre, à peu près inconnu aujourd'hui, et qui remplit vraiment la première moitié du XVIIIᵉ siècle. De 1700 à 1750 il y a des gens illustres qui publient des livres justement célèbres. Il y a Voltaire et il y a Marivaux ; il y a *Manon Lescaut* et les *Considérations*. Pour les sciences mêmes, il y a Fontenelle et les *Éléments de la Philosophie de Newton*. Et les lecteurs de Voltaire ou de Fontenelle ou même de l'abbé Prévost ne s'y sont pas mépris sans doute. Ils ont su ou ils ont dit qu'ils étaient plus grands que l'abbé Pluche et que les *Lettres Philosophiques* avaient plus de poids que le *Spectacle de la Nature*. Pourtant de ce *Spectacle de la Nature* ils ont lu les neuf volumes plus souvent et plus volontiers qu'aucun autre livre contemporain. L'abbé Pluche [1] pensait que le spectacle de la nature, de tout ce qui n'est pas la vie humaine, méritait d'être révélé aux gens du monde et aux enfants. Il se souvint d'un Anglais, Milord Stafford, qu'il avait connu à Rouen, de sa femme et de son fils et des doctes entretiens qu'ils avaient échangés. Ils devinrent le comte, la comtesse et le chevalier. Lui-même se vêtit de la dignité de Prieur. Il s'informa diligemment des bons traités d'histoire naturelle. Il observa par

---

1. L'abbé N.-A. Pluche (1688-1761) écrivit, outre le *Spectacle*, des ouvrages de pédagogie.

lui-même avec quelque sagacité. Il s'évertua à gâter
par la grâce pesante de ses dialogues une science qui
était souvent ingénieuse et précise. On s'engoua des
dialogues et de la science. Le *Spectacle de la Nature*
est par son influence un des grands livres du xviiie siècle. Il rivalise assurément pour le nombre de ses lecteurs avec l'*Histoire Naturelle* de Buffon. Il eut
dix-huit éditions pour le moins, sans compter deux
éditions d'un *Abrégé*. On le traduisit en anglais, italien, espagnol, allemand[1].

Ce triomphe est confirmé par de copieux témoignages. Sans doute, comme pour Réaumur ou pour
Buffon, il y eut des voix discordantes, des jalousies
ou des scrupules. Voltaire, Diderot, le comte de Tressan ou Mme Roland s'irritèrent ou s'ennuyèrent. Mais
ils ne pesèrent rien auprès des autres, de ceux qui
louèrent. « Approbation générale pour le style et pour
la méthode », dit l'abbé Nollet. Rousseau est moins
scrupuleux que Voltaire et le futur Girondin Brissot
moins dédaigneux que Mme Roland; car l'un destine
le *Spectacle* à son élève, M. de Sainte-Marie, et l'autre
le « dévore » à dix ans. Les femmes qui se piquaient
de choses sérieuses écoutèrent avec complaisance la
comtesse de l'abbé Pluche. Le *Journal des Dames* unit
dans la louange Pluche avec Buffon. La mère du
comte de Montlosier l'associe dans ses souvenirs et
sa gratitude avec les *Mondes* de Fontenelle. Il y eut
Desfontaines enfin, qui fut le journaliste le plus

1. Dans cinq cents catalogues de bibliothèques du xviiie siècle
que nous avons consultés, il y a le *Discours sur l'Inégalité* de
Rousseau 76 fois, l'*Encyclopédie* 82 fois, la *Nouvelle Héloïse* 165, les
Œuvres de Voltaire 173, celles de Buffon 202, et le *Spectacle de la
Nature* 206.

notoire, celui qui eut pour public tous ceux qui
n'étaient ni des philosophes ni des gens sévères et
qui voulaient qu'on leur parlât de choses frivoles
avec le respect qui convient pour les puissances civiles
et pour celles du dogme. Desfontaines s'employa à la
gloire de Pluche avec une ardeur jamais lassée :
« L'un des ouvrages les plus utiles et les plus amu-
sants qui aient paru depuis plusieurs années... J'en
connais peu où il y ait tant de savoir et d'esprit, tant
de lumières et de goût, réunis ensemble. » D'autres
journaux font cortège à Desfontaines, le *Journal
Encyclopédique*, le *Mercure,* le *Journal des Savants*
lui-même.

Ainsi le succès de l'histoire naturelle se confirme
par un livre qui résume, qui fixe et qui adapte. Le
Spectacle de la Nature devint réellement le manuel de
la science nouvelle et le rendez-vous commode des
curiosités. Il acheva de mêler l'histoire naturelle non
plus aux polémiques des gens de science et à leurs
labeurs ignorés, mais au courant des pensées et des
distractions moyennes. C'est lui, dit, en 1749, le poète
Dulard qui a répandu le goût de la nature « jusque
dans le grand monde ». Par lui, dès 1740, l'histoire
naturelle a poussé dans la vie sociale des racines profondes. Buffon donnera seulement à la science d'autres
raisons de succès. Ces raisons valent qu'on les précise.

Avant Buffon, l'opinion mondaine ne vint à l'histoire
naturelle que par des biais. Curiosités, nous l'avons
dit, de collectionneurs qui s'engouent des belles
vitrines. Curiosités pour ce qui révèle des merveilles
dans les choses familières et méprisées, dans les
chenilles et dans les teignes. Curiosités pour ce qui
associe au plaisir de savoir le problème de l'origine

du monde, de la *Genèse* et de la Révélation. Buffon au
contraire se présentera avant tout comme un homme
de science. Il s'escortera de l'anatomie austère de Daubenton. Il exposera dans le détail les expériences et
les longues études du laboratoire. Aux « grandes
vues », il associera des raisons d'anatomie et de physiologie. Il donnera aux gens du monde l'illusion de
pénétrer dans le Temple même. Avant lui les raisons
étrangères à la science traînaient après elles des tendances qui furent pour la science encombrantes ou
périlleuses. La curiosité et le goût de la polémique ne
s'inquiètent guère des prudences qui règlent les
enquêtes scientifiques ; il arrive que la vérité nous
donne des choses une image plus simple ou moins
flatteuse que nos chimères ou nos intérêts. Avant
Buffon le goût de la science vraie se mêla constamment aux survivances obstinées de la fantaisie ou du
merveilleux.

Enfin le succès de l'histoire naturelle, celui des
Gersaint, des Pluche et des Réaumur, ne fut pas un
succès littéraire. Les coquilles et les insectes qui
charmèrent les dames et les gens du monde plurent
par autre chose que les grâces du discours. Il y eut
bien un polygraphe, Ladvocat, pour accorder à
Réaumur l'agrément, l'esprit, la clarté et l'élégance.
Mais on fut à l'ordinaire moins généreux et plus clair-
voyant. Voltaire jugeait le style de Pluche ridicule.
On s'abstint pour le moins d'en parler, comme on
ignora celui de Réaumur. Cette médiocrité littéraire
des ouvrages qui réussirent eut des conséquences.
Fontenelle avait écrit la *Pluralité des Mondes* pour
que l'astronomie offrît aux marquises les grâces familières aux choses dont elles se parent. On risquait,

par son exemple, d'avoir une anatomie de salon et
une géologie de boudoir. Il se trouva que Pluche
était un régent de collège plus laborieux que bel
esprit. Réaumur fut un savant sans éloquence, Gersaint et les autres des marchands ou des gens sans
élégances. Par là la science se garda, jusqu'à Buffon,
des scrupules qui sacrifient la science au « goût » et
à l'art la vérité. Par là le succès de Buffon fut plus
décisif. En le lisant on trouva un grand écrivain;
on l'en paya par l'enthousiasme et par la gloire.
L'œuvre de Buffon et la science tout entière eurent à
compter avec ce triomphe.

CHAPITRE II

LA LUTTE CONTRE LE MERVEILLEUX

On sait que la science et le merveilleux furent longtemps dans les meilleurs termes. On n'interrogea d'ordinaire la nature que pour lui prêter ses chimères. La chimie était à peine dégagée de l'alchimie, prospère encore au xviiie siècle. L'astronomie se liait à l'astrologie que des gens graves continuaient à discuter quand parut l'*Encyclopédie*. La physique tendit la première à se libérer. Par l'influence de la mécanique liée strictement aux raisons du calcul, elle dut se plier à des méthodes rigoureuses. L'abbé Nollet qui fit d'elle une science universitaire et mondaine se plaignait pourtant en 1775 : « L'amour du merveilleux est un poison séduisant dont les meilleurs esprits ont peine à se garantir; il fait peut-être autant de mauvais physiciens que l'étude et les plus heureuses dispositions en forment de bons. » De ce poison les naturalistes s'enivrèrent obstinément. Pluche se flattait, en 1732, de substituer « le goût de la belle nature et l'amour du vrai au faux merveilleux des fables et des romans »; mais les romans et les fables avaient des attraits qui furent tenaces. En 1763 le compilateur Alléon Dulac regrettait que l'on cherchât dans la physique et l'histoire naturelle « moins l'utile que le neuf, le rare et le merveilleux ». Entendons que ce rare et ce merveilleux prolongeaient les plus puériles et les plus absurdes des crédulités. Les abeilles de Réaumur étaient « rares » et les polypes de Trembley étaient « merveilleux »; mais ces prodiges ne se révélaient qu'à des enquêtes lentes et laborieuses. Il était plus aisé d'imaginer que d'observer et d'expérimenter. On ne s'en fit pas faute.

Pendant le xviiiᵉ siècle tout entier d'ingénieux compilateurs se donnèrent pour tâche de séduire les lecteurs par les « Merveilles de la nature ». L'entreprise pouvait se défendre. Il existe encore une *Bibliothèque des Merveilles*. Mais le merveilleux du xviiiᵉ siècle fut de ceux qui firent injure aux méthodes des Réaumur, des Pluche et des Buffon. Les lecteurs mêmes qui s'extasièrent ne furent pas des lecteurs de hasard et d'esprit borné. D'un bout à l'autre du siècle, sous des formes diverses, et jusqu'en 1781 on publie ces compilations. Les auteurs qui nous conduisent sur ces routes semées de prodiges et d'enchantements ne sont pas toujours d'obscurs besogneurs. Denyse, le P. Bougeant, Vallemont, ont les honneurs des rééditions. Les journaux parlent d'eux, non seulement le *Mercure*, mais le *Journal Encyclopédique* et fort souvent le *Journal des Savants*; leurs réserves sont rares et leurs éloges bienveillants.

Voici donc, couverts par l'autorité du *Journal des*

Savants, et pour la surprise flattée de tant de gens qui les lurent, l'histoire d'un chien parlant qui date de 1731, le cas du basilic dont le regard tue plus promptement qu'un coup de pistolet, comme le prouvent des exemples et des expériences de 1724. Voici, en 1723, des roses qui poussent sur des saules, des arbres qui se transplantent d'eux-mêmes et peut-être — car la chose n'est pas sûre — « les vertus peu croyables des plantes », dont un arbre qui sait parler. Les années passent et la nature est aussi féconde en surprises. Voici, agréés par le *Journal Encyclopédique* en 1773, des cornes qui poussèrent sur la cuisse ou la tête d'une femme, l'homme porc-épic et celui qui a ses règles. Voici, mais cette fois le siècle s'achève et le *Mercure* lui-même résiste et proteste, un homme (né à Blois en 1726) qui a dans les yeux deux cadrans peints distinctement; un autre qui inscrit dans ses prunelles : « sit nomen Domini benedictum »; une femme qui accouche d'une fille laquelle accouche dans les huit jours d'une autre fille; et ce noyé enfin qu'on retira vivant de l'eau au bout de sept semaines.

Tout cela n'est que hasards peut-être : il y a des merveilles plus stables et plus décisives et qui ont pour elles le consentement des générations. Telles les « propriétés merveilleuses et surnaturelles de quelques lacs, eaux dormantes et fontaines »; le lac de Fungoa en Chine dont l'eau est transparente quand le mandarin a l'âme juste, mais qui se trouble et s'épaissit quand il est avaricieux et tyrannique; la fontaine de Bohême qui suspend son cours une année entière quand une femme impure a touché ses eaux; ou celle qui s'arrête et celle qui se trouble pour avertir « deux nobles familles » d'une mort prochaine.

Il y a enfin des merveilles qui sont plus sûres encore, car elles sont attestées non par un livre, mais par plusieurs, et par les témoignages d'une universelle curiosité. Il n'est pas douteux par exemple qu'il y ait des « hommes marins », et des sirènes, car depuis le temps d'Ulysse jusqu'à celui de Buffon, toutes sortes de gens les ont vus, touchés et interrogés. L'Anglais Martin, dont la *Grammaire des Sciences* fut célèbre, traduite en français en 1741 et rééditée en 1764 « suspend sa croyance » pour ces sirènes comme pour les griffons, phœnix, dragons, satyres, licornes, etc... Il cite pourtant des témoignages. Maillet[1] dédie son livre du *Telliamed* à Cyrano de Bergerac et il n'est pas assuré qu'il croie à l'homme-poisson, notre ancêtre. Mais le P. Bougeant a des exemples, le *Journal Encyclopédique* en trouve dans la *Gazette Littéraire* de Berlin, et il les cite en 1764 pour les accepter pertinemment. Avec les hommes dans la mer il y a les animaux dans les cailloux. Dezallier d'Argenville, géologue notoire et qui compte encore dans l'histoire de la science, a vu, dessiné dans une pierre, un groupe de trois hommes qui paraissaient converser, et l'un d'eux avait son chapeau et son bâton. Les animaux qui vivent dans les pierres eurent de plus décisives autorités. Le *Journal Encyclopédique* sait en 1737 qu'on a trouvé des crapauds dans un arbre, un caillou, un œuf. Il croit encore sans restriction, en 1762, aux animaux « trouvés vivants dans les corps solides ». Lecat, qui fut de plusieurs académies, et dont le nom fait auto-

---

1. B. de Maillet, consul de France en Égypte (1656-1738), connu surtout par les recherches géologiques et les hypothèses aventureuses de son ouvrage posthume, le *Telliamed*.

rité, écrit en 1755 un *Mémoire sur des animaux trouvés vivants au centre des corps solides*. Le *Mercure de France* les accepte, comme le Lyonnais Alléon Dulac dont la compilation fut rééditée. Même il n'est pas sûr que la nature ne trahisse pas de plus merveilleux secrets. Le xvie siècle et le xviie se sont passionnés pour les mystères de la *Palingénésie*, pour les magiques formules qui permettent de rendre à la vie les animaux et les plantes desséchés et broyés. Dix savants et plus dont quelques-uns sont connus, Digby, le P. Kircher, Paracelse, de la Brosse affirment qu'ils ont mené à bien l'entreprise. Le xviiie siècle les crut encore, à l'occasion. L'abbé de Vallemont qui eut, répétons-le, trois éditions, nous donne encore, en 1723, des recettes ingénieuses qui permettent avec certitude de voir les roses renaître de leurs cendres et les moineaux de leurs os pilés dans un mortier. Il hésite à croire ce qu'il conte, mais à peine. Grozellier, dans ses *Observations* qui eurent aussi quelque fortune narre encore l'histoire d'un alchimiste qui menait à bien la palingénésie. Pourtant quand le siècle s'avance le *Mercure*, en 1771, conclut avec scepticisme que c'est un tour de bateleur.

Toutes ces crédulités sont encore dispersées et mal sûres. Dès le début du xviiie siècle, et dans tous les cas dès 1730 ou 1740, la science naturelle commence à fixer puissamment ses méthodes. Elle sait exactement ce que c'est qu'une observation contrôlée et qu'une expérience méthodique. Ni le basilic au regard mortel, ni la palingénésie ne répondaient à ces exigences. Quelque lus qu'aient été Bougeant, Vallemont et Grozellier, ils passaient sans doute pour

gens qui divertissent autant que pour gens de science.
Ils représentaient pour l'opinion publique ceux qui
colligent aujourd'hui dans les Magazines mondains
les plus surprenantes apparences de la science. La
palingénésie et les crapauds logés dans les pierres ne
trouvèrent pas le crédit des polypes qui se multiplient
quand on les coupe ; et cela parce que Baker et
Trembley qui découvrirent les polypes apportaient
des expériences précises et que chacun put renouveler.
L'amour du merveilleux, délogé de ce qui devenait
accessible au contrôle, chercha des asiles plus sûrs,
et les trouva.

Il les découvrit d'abord dans ce qui échappait à
l'expérience et relevait seulement de l'hypothèse. On
ne renonça au merveilleux dans les faits que pour se
réfugier dans le merveilleux des systèmes. La fantaisie
incohérente et la chimère exaspérée mirent dans les
explications ce qui fuyait les constatations. La
question des fossiles en fut le premier prétexte. Nous
avons dit avec quelle ardeur courageuse on les
ramassa dans les carrières et les rangea dans les
vitrines. Il ne suffisait pas de les classer selon leurs
tailles et leurs volutes. On prétendit les expliquer.
Très vite, nous le verrons, on en vint à des conclusions
judicieuses et on les rendit à la mer ou au déluge. Il
y eut pourtant des solutions plus ingénieuses et plus
neuves. On commença par les baptiser de vocables
sonores et suggestifs : pierre judaïque, astroïte,
entroque, glossopètre, crapaudine, strombite, ombrie.
A ces dénominations déjà claires on accola des
raisons pertinentes. On en fit des jeux de la nature,
c'est-à-dire qu'on découvrit à leur usage quelques-
unes des vertus cachées des choses : l'esprit

architectonique, les archées, les vertus artinoboliques et formatrices, les idées sigillées, les raisons séminales et les natures plastiques. Si l'opium agissait par vertu dormitive, la terre pouvait créer par vertu formatrice ou plastique. A travers tout le XVIIe siècle ces conclusions élégantes trouvèrent fortune. Elles se défendent encore au XVIIIe, par la raison même qu'elles étaient déraisonnables. L'auteur de la *Bibliothèque choisie*, le Clerc, penche, avec quelques réserves, pour les natures plastiques, comme le docteur Plot les accepte. « Ces prétendues forces plastiques et ces explications, dit l'*Encyclopédie*, quelque absurdes et inintelligibles qu'elles fussent, ont trouvé et trouveront encore aujourd'hui des partisans, parmi lesquels on peut compter Lister, Langius, et beaucoup d'autres naturalistes éclairés d'ailleurs. » Leur nombre pourtant diminuait, et leurs « lumières » ne résistèrent pas à quelques mésaventures. Scheuchzer, Scilla, Maillet et dix autres avaient conquis l'opinion à de moins subtiles explications ; le ridicule s'en mêla. On découvrit en 1696 à Tonna (grand-duché de Gotha) un squelette d'éléphant fossile. Le collège médical de Gotha se réunit solennellement, renia les conclusions du professeur Teutzel et le baptisa « jeu de la nature ». Sur quoi les étudiants de Wurzbourg découvrirent inépuisablement des « jeux » en forme d'étoiles, de croix, d'images de saints et les offrirent au vénérable professeur Beringer. Lequel les recueillit et les reproduisit en 1726 dans sa *Lithographia Virceburgensis*. Il en mourut, dit-on, de chagrin quand il sut qu'il était mystifié. Les natures plastiques en moururent comme lui, ou du moins elles cédèrent la place à des fantaisies moins suspectes.

Il y en eut de personnelles, qui n'étaient pas doctrine d'école et qui vécurent tout autant que leur inventeur. Langy, « professeur en philosophie de Lucerne », suppose que les fossiles proviennent de la semence des corps, portée par des canaux souterrains au sommet des montagnes et fécondée surtout par la neige. Il est vrai qu'il est des oursins brisés et des glossopètres en trois morceaux : il suffit de supposer que les semences étaient morcelées. C'est quelque peu la solution de Luidius et celle de Misson. Ils admettent seulement que les animaux, véhiculés à travers les campagnes, vivent et meurent sous terre et se pétrifient. Avec ces explications « scientifiques » il y en a qui rendent à Dieu ce qui est à Dieu, et au Créateur les fossiles, comme le soleil, la lune et le globe terrestre. Bertrand, qui fut pasteur en étant géologue, admettait d'abord que quelques fossiles avaient été formés « par le créateur et placés à la création de la terre même pour mettre de l'analogie entre les divers règnes et de la variété dans les œuvres de sa main puissante ». Il suffisait d'ailleurs de lire la *Genèse* avec quelque patience et d'y mettre ce que Moïse avait simplement sous-entendu. M. Capperon, doyen de Saint-Maixent, s'en chargea dans une lettre du *Mercure de France* « sur les plantes, coquillages, langues, dents et autres parties de serpents, poissons et autres animaux qui se trouvent conservés et souvent pétrifiés dans les montagnes, les carrières, etc. ». « Toutes les créatures, explique M. Capperon, ayant été formées au premier moment de la création et confondues dans le chaos, l'eau et la terre formant par leur mélange une espèce de boue, il est à présumer que les plantes et les animaux flottaient sans mouvement et sans vie à la superficie de ce bourbier épais, attendant qu'ils fussent mis chacun dans leur place... Les choses étant dans cette situation, Dieu sépara donc l'eau de la terre en cette manière. Premièrement, retenant par sa volonté toute-puissante à la superficie de la terre les plantes et les animaux qui devaient y rester, il comprima cette masse comme on fait une éponge... les poissons et les oiseaux que rien n'arrêtait s'écoulèrent avec les eaux. Il n'en fut pas de même des coquillages, de quelques plantes, d'un petit nombre de poissons et de reptiles qui se trouvèrent, comme j'ai dit, plongés trop avant. » Lecat installait la lune où Capperon mettait la « volonté toute-puissante ». A l'origine les choses étaient rangées par couches sphériques selon l'ordre de la pesanteur. Dieu créa la lune. Par elle les marées remuèrent les boues, les entassèrent en montagnes qui se desséchèrent au soleil et où les coquilles demeurèrent.

Savantes théologies qui ne convainquirent que M. Capperon ou M. Lecat. On chercha autre chose que le chaos-éponge ou que les marées lunaires. M. Pierquin, dans le *Journal de Verdun*, oppose aux doctrines de M. Capperon un système qui garde quelque crédit à travers le XVIIIe siècle tout entier. Les animaux et les végétaux naissaient et croissaient selon des règles évidentes : semences fécondées qui se développent, puis meurent. Il n'y avait qu'à prolonger cette loi de la nature jusqu'aux minéraux. Les fossiles n'étaient que des pierres nées de semences minérales spéciales et qui grossissent avec le temps. C'était au XVIIe siècle, la doctrine de Mutian, Ettmüller, Borelli, Ferrante Imperato. Elle garda des

partisans obstinés au début du XVIIIe, Boerhave [1] par
exemple ou Marsilli [2]. L'Académie des Sciences ne
dit pas non, en 1705, et le *Journal des Savants*, la
même année, objecte à l'abbé de Vallemont « que
c'est aujourd'hui le sentiment de bien des philosophes
que les pierres et plusieurs autres minéraux végètent
comme les plantes ». Même conclusion dans la
Bibliothèque de Leclerc : « Il ne manquera pas de
gens qui croient que ces coquilles naissent dans la
terre même. » La doctrine a d'ailleurs pour elle des
raisonnements pénétrants et des observations décisives. Robinet [3], qui fut connu, dont le livre *de la
Nature* (1762) fut presque célèbre et eut l'estime de
Diderot et de Voltaire, étudie l'organisation des
minéraux, leur accroissement, leur nutrition, la
matrice, les enveloppes, cordons et placentas des
minéraux. Les *Observations* du P. Bougeant emprun-
taient encore à l'Académie des sciences des faits qui
sont pertinents : les fossiles « dans quelques endroits
n'avaient que les premiers traits et n'étaient que des
embryons, dans d'autres étaient plus formés et dans
d'autres parfaits ».

Enfin la nature elle-même avait répondu sans conteste puisqu'on l'avait prise, comme dit Fontenelle
« sur le fait ». Voltaire connaît les décisives expériences de M. Royer de la Sauvagère à Desplaces
près Chinon. Les coquilles naissent à vue d'œil dans
ses carrières. M. de la Sauvagère est confirmé par un

1. H. Boërhave, célèbre médecin hollandais du XVIIIe s.
2. L. F. de Marsigli ou Marsilli, géographe et naturaliste italien (1658-1730) connu par sa *Description du Danube* et son *Histoire
physique de la Mer*.
3. J.-B. Robinet (1735-1820), polygraphe fécond dont plusieurs
ouvrages eurent au XVIIIe siècle, quelque succès.

baron anonyme mais sagace. « Le même baron, dit
en 1777, un *Essai sur l'Histoire naturelle d'Amérique*,
m'assura avoir fait sécher, piler, tamiser par trois
fois, un peu de cette marne et l'avoir exposée au
soleil, à l'air et à la rosée, qu'après quelques mois
il y vit de petits coquillages qui grossissaient peu à
peu et se trouvaient en plus grande quantité dans la
partie qu'il en avait exposée au nord et au clair de la
lune. » Même la piété se trouva d'accord avec la
science. On connut en France, bien qu'on en sourit,
la doctrine du P. Torrubia, espagnol. Comme bien
d'autres il attribuait les fossiles au nitre de la terre,
humeurs conglutineuses, grande chaleur et rosée de
la nuit : ainsi s'expliquaient ces fossiles de Cata-
logne en forme de *natura mulieris* et de *natura virilis*.
Seulement le créateur a veillé sur leur naissance
« avec une telle providence que sur la montagne où
l'on trouve des pierres représentant une des deux
natures, on n'en trouve aucune de celles qui repré-
sentent l'autre ». Les coquilles du P. Torrubia ne
trouvèrent crédit qu'en Espagne. Les humeurs conglutineuses gardaient pourtant jusqu'à la fin du
siècle des fidèles. Avec Robinet, le *Journal Encyclopédique* accepte encore les fossiles qui végètent.
Louis-Sébastien Mercier les confirme en 1784 : « Les
minéraux s'engendrent, les pierres croissent » ; et
l'abbé Dicquemare en 1776 doit protester encore
contre les « jeux de la nature » et les « végétations
spontanées ».

Enfin avec tous ceux qui ne croyaient ni au déluge
ni aux mers préhistoriques, il y eut Voltaire. Voltaire
était homme de science puisqu'il défendait Newton,
maniait les lentilles et discutait de mécanique : la

question des fossiles était de celles qui méritaient
qu'on en parlât. Buffon leur devait quelque gloire, une
gloire qui gênait Voltaire à l'heure même où Rousseau
grandissait devant son soleil. Les théologiens, la
Genèse et le Déluge trouvaient également quelque
appui dans la théorie qui affirmait l'antique submer-
sion des terres. Voltaire trouva pour combattre
Buffon, la *Genèse* et les théologiens des arguments
ingénieux et divers. Ceux d'abord qui sont tradition-
nels : « On pourrait... penser avec beaucoup de physiciens que ces coquilles... sont des fossiles que
produit notre terre. » L'argument est assez solide
pour que Voltaire y revienne trois fois au moins.
Même il a fait venir de ce « fameux falun » de Touraine où Palissy voyait un amas de coquilles pulvé-
risées. Ni ses yeux, ni son palais n'ont confirmé les
chimères de Palissy. Il y a les expériences de
M. Royer de la Sauvagère. Il y a celles de Voltaire lui-
même : « Les glossopètres que j'ai vus se former dans
ma campagne. » Doctrine incertaine, peut-être. Elle
se justifie tout au moins parce que celles de Buffon
et des défenseurs du Déluge ne sont que sottises et
ne méritent que railleries. Voltaire les prodigue avec
des allusions allègres au brochet pétrifié du pays des
Cattes, au brochet du mont Cenis, au turbot du pays
de Hesse, aux quatre ou cinq mille chiens marins qui
sont venus poser leurs langues au sommet des Alpes.

Tout cela s'écroule devant « les raisonnements de
la saine physique ». De ces raisonnements-là Voltaire
a fourni au moins un. C'est celui, devenu fameux, que
les fossiles du mont Cenis tombèrent du manteau des
pèlerins de Syrie et que les poissons pétrifiés sont des
débris de leur repas. A cet argument Voltaire

tient quelque peu. Il l'a repris. Des gens graves
l'accueillirent et des gens du monde s'informèrent.
L'Anglais Goldsmith, dont nous entretient le *Journal
Encyclopédique* le discuta posément. « Plusieurs
personnes de la cour » vinrent de Compiègne au
château d'Anel, la brochure de Voltaire à la main,
pour examiner les bancs d'huîtres d'une carrière. Ils
virent, fermèrent la brochure et convinrent, nous
dit Roucher « qu'il était possible d'être grand poète
et mauvais naturaliste ». D'autres y mirent des
formes moins respectueuses.

La *Correspondance Littéraire* se moque de cette
« énorme puérilité ». Le lieutenant des chasses Le Roy
imprima pour tout le monde qu'il fallait prendre en
pitié ces « idées d'un vieillard en délire ». Voltaire
dut atténuer, sans se résigner à se taire : « Est-ce
d'ailleurs une idée tout à fait romanesque de faire
réflexion sur la foule innombrable de pèlerins qui
partaient à pied de Saint-Jacques en Galicie. » Il
invoqua même les besoins de la polémique : « Je dis,
je l'avoue, d'un ton un peu goguenard que ces
coquilles avaient été apparemment apportées par des
pèlerins qui revenaient de Jérusalem. » Au total les
pèlerins allèrent rejoindre le Démiurge de l'abbé
Capperon et la Providence du P. Torrubia. Il en fut
de même pour les chimères qui contèrent grave-
ment les merveilles de la nature, les propriétés
des lacs et eaux dormantes, les crapauds dans les
silex, les hommes marins et le basilic au regard
meurtrier. Le goût de ces merveilles incohérentes ne
céda pas d'ailleurs à des discussions méthodiques et
de graves arguments. Les recherches des savants se
poursuivirent à côté d'elles et c'est la lumière scienti-

fique qui peu à peu dissipa leurs fantômes. Dans les
choses de goût et dans celles de mode les forces sont
malaisées à mesurer, et les adversaires qu'on dédaigne
grandissent parfois pour des triomphes retentissants.
Dans les choses de science et les preuves de fait, la
vérité se suffit à elle-même; il lui est permis d'ignorer ou de dédaigner. Elle triomphe tôt ou tard, par
cela seul qu'elle est. Ni Réaumur, ni Buffon, ni
Lamarck ne se soucièrent des lecteurs que gardèrent
les Vallemont, les Bougeant ou les *Dictionnaires*.
Ces lecteurs vinrent à eux lentement et d'eux-mêmes,
ou du moins ils se firent plus rares. Même les
systèmes plus autorisés qui discutaient des forces
plastiques, des germes qui s'insinuent depuis les mers
jusqu'aux montagnes et des fossiles qui végètent
comme les navets, disparurent lentement avant
Buffon, moins par massacre que par consomption. Ils
s'épuisèrent à bourdonner dans le vide. Nous avons
cité quelques adversaires qui les raillèrent ou les
discutèrent. Mais la plupart des savants passent vite
ou les ignorent. Ils se discréditèrent, sans effort de
polémique, par la seule comparaison.

A côté d'eux, un autre système était né, antique
comme eux et qui ne fut longtemps comme eux
qu'une hypothèse, celui des dépôts laissés par les
mers préhistoriques. D'Aristote, Bernard Palissy et
Leibnitz à ceux que discute Buffon : Woodward[1],
Whiston[2] ou Burnet[3], il avait trouvé des défenseurs.

---

1. Woodward, médecin anglais, né en 1665, dont Noguez traduisit et Buffon discuta un *Essai sur l'Histoire naturelle de la Terre*.
2. Whiston, théologien anglais, né en 1667. Sa *Théorie de la
Terre* (1695) n'a pas été traduite.
3. L'Écossais Th. Burnet publia en 1680 une *Telluris theoria
sacra*.

Dès la première moitié du xviiie siècle, avant la *Théorie de la Terre* de Buffon, il fut accepté sans conteste. Le P. Bougeant lui-même admet, en 1722, avec l'Académie des Sciences, que les mers de l'Inde ont couvert toute l'Europe. Les *Lettres Philosophiques* de Bourguet, qui furent notoires, acceptent en 1729 la même doctrine. A la veille même de la *Théorie de la Terre* on avait vu paraître en Italie le système judicieux de Lazzaro Moro (1740). En France, le livre de Pierre Barrère : *Observations sur l'origine et la formation des pierres figurées* (1746), agréé par le *Journal des Savants*, accepta sans réserves la doctrine des fossiles marins. Le *Mercure de France*, en juin 1748, abrite les conclusions identiques de M. J. T. D., médecin de Beauvais. Quelques années plus tard, l'*Encyclopédie* fixera la doctrine pour ses innombrables lecteurs : « Contester la certitude de ces faits, disait Maillet dans son célèbre *Telliamed*, en 1748... ce n'est pas seulement démentir le témoignage constant de nos yeux, c'est contredire le bon sens et renoncer à la raison. »

Retenons seulement que les progrès de ce bon sens et de cette raison, s'ils furent bientôt éclatants, ne firent jamais loi pour tout le monde. On ne parla pas sans doute de banqueroute, et nous ne voulons pas dire que la science échoua dans ses ambitions. La raison scientifique ne se mesura pas, ou à peine, avec les raisons du sentiment. Mais, dès ces premiers triomphes, la science put s'apercevoir que la langue qu'elle parlait, décisive pour ceux qui la pénètrent, reste inaccessible ou inintelligible pour un bon nombre. La longue survivance de la crédulité puérile et de la chimère incohérente marque que le passé bifurque plus qu'il ne s'arrête; l'évidence est un mot qui n'a de sens que celui qu'on lui prête et pour beaucoup l'absurde est plus certain que la science même. Répétons que les livres dont nous avons fait état sont des livres qui furent réédités, et lus par des gens cultivés. Nous en conclurons que sous les courants de surface qui coulèrent presque tous vers le goût des faits et le scrupule des preuves, il faut soupçonner des flots obscurs et souterrains. C'est eux qui réagissent simplement quand des remous sociaux et les lois obscures des forces humaines ramènent à la surface les erreurs qui semblaient disparues dans le passé.

CHAPITRE III

LA LUTTE CONTRE LA THÉOLOGIE

La résistance de la fantaisie et du merveilleux n'était pas une résistance organisée. Elle avait pour elle les forces qui sont celles des atavismes obstinés. Mais aucune autorité sociale ne lui prêtait ses encouragements ou ses menaces. L'histoire naturelle scientifique, dès qu'elle prit clairement conscience de ses destinées, trouva des adversaires plus redoutables.

On sait qu'une longue et puissante tradition faisait de toute science humaine la servante de la théologie. Jusqu'à la fin du XVIIIᵉ siècle, par exemple, le *Journal des Savants*, dans sa table méthodique laisse à cette théologie la première place. C'est elle encore qui prend la tête, comme elle l'a gardée par héritage, dans les catalogues des bibliothèques. Par là d'invincibles instincts s'établirent qui inclinèrent sans cesse la pensée des savants ou de ceux qui croyaient l'être vers la contemplation métaphysique et les problèmes de la divinité. Ce ne sont pas, au cours de l'histoire humaine, les conclusions de la raison qui posèrent le

problème religieux. L'homme, environné par les
forces des choses, y chercha des divinités menaçantes
ou tutélaires qui régleraient son avenir. C'est le spectacle de la nature qui fut, à quelque degré, le principe
de la théologie. Il en devint vite un des moyens.
Longtemps on se contenta des thèmes vagues qui ne
supposent que des yeux pour admirer. Le *Cœli enar-
rant gloriam Dei* fut commenté complaisamment. Mais
les arguments se précisèrent quand la science eut
progressé. Les succès de l'histoire naturelle n'ensei-
gnèrent pas, avec le scrupule des faits, le dédain des
piétés confiantes. La preuve de l'existence de Dieu
par le spectacle de la nature gagna, tout au contraire,
tout ce que la science avait conquis. Par elle la théologie rationnelle et la science d'observation se ten-
dirent la main. Elle créa pour le xviiie siècle tout
entier, et pour des prolongements plus lointains encore
ce qu'on pourrait appeler la théologie expérimentale.

« Un jour, raconte Bernardin de Saint-Pierre à la
fin du siècle, un de mes amis fut voir un chartreux :
c'était au mois de mai. Le jardin du solitaire était
couvert de fleurs dans les plates-bandes et sur les
espaliers. Pour lui, il s'était renfermé dans sa chambre,
où l'on ne voyait goutte. Pourquoi, lui dit mon ami,
avez-vous fermé vos volets? — C'est, lui répondit le
chartreux, afin de méditer sans distractions sur les
attributs de Dieu — Eh! pensez-vous, reprit mon ami,
en trouver de plus grands dans votre tête que ne vous
en montre la nature au mois de mai? Croyez-moi,
ouvrez vos fenêtres et fermez votre imagination. » Il
y avait, en fait, plus d'un siècle que l'on suivait le
conseil. Ou plutôt on trouva quelque accommodement
entre le plaisir de contempler et celui plus combattif

de démontrer. On commenta le témoignage que portaient la zoologie et la géologie, la botanique et l'astronomie de l'existence d'une Providence ingénieuse et paternelle. La théologie protestante surtout, qui inclinait fortement au début du xviiie siècle vers l'étude de la religion naturelle, cultiva assidûment cette science sermonneuse.

« Si la profession du physicien est d'*instruire*, disaient les polémistes catholiques Hayer et Soret, il n'est pas pour cela dispensé d'*édifier*, et l'on ne peut trop applaudir aux philosophes qui nous ont donné des théologies physiques. » Ces théologies furent nombreuses, copieuses et durables. Il y en eut, au xviiie siècle, qui sont parmi les grands livres du temps : L'*Existence de Dieu démontrée par les Merveilles de la Nature* de Nieuwentyt[1], dont la traduction (1725) eut au moins trois éditions et que lisent Rousseau et Bernardin de Saint-Pierre; la *Théologie physique* de l'Anglais Derham[2], traduite en 1726, et pour qui rien ne contribue davantage à « nourrir la piété dans le cœur et à avancer la vraie religion que la connaissance des choses naturelles ». Le célèbre naturaliste suisse Scheuchzer[3] publie une *Physique sacrée ou Histoire de la Bible*, traduite en français en 1732. Il y a la *Physique de l'Écriture sainte* du P. Le G. D. G.; le *Tableau des Beautés de la Nature* de Sulzer (1755); le traité de Bullet : L'*Existence de Dieu démontrée par les Merveilles de la Nature* (1768) qui

1. B. Nieuwentyt, médecin et mathématicien hollandais, mort en 1718, connu surtout par ce livre.
2. W. Derham, physicien anglais, mort en 1735.
3. J.-J. Scheuchzer, de Zürich (1672-1733), écrivit de nombreux ouvrages dont le plus connu fut cette *Physique sacrée*.

compile Baker, Leuwenhoeck, Réaumur et Buffon
lui-même. L'*Auteur de la Nature* de Clément de
Boissy (1782) se propose en trois volumes « de
montrer les grandeurs de Dieu pour le faire adorer ».
C. C. Sturm publia en allemand des *Considérations
sur les Œuvres de Dieu dans le Règne de la Nature et
de la Providence* que Christine de Brunswick traduisit
(1777), qui eurent au moins sept éditions en vingt-
cinq ans et qui devinrent un livre scolaire où les
enfants apprenaient encore à lire en 1830. Dulard écrit
un poème sur *La Grandeur de Dieu dans les Merveilles
de la Nature* (1749), qui eut au xviiiᵉ siècle au moins
quatre éditions et qu'on étudiera dans les collèges.
Il y eut enfin toute la pittoresque série des théologies. Avec la *Théologie physique* de Derham, il y
eut de Lesser une *Lithotheologie* et une *Testacéothéo-
logie* (1744), de Zorn une *Petinothéologie* (1742), de
Ohnefalschrichter une *Ichtyothéologie* (1754) qui ne
furent pas traduites. On traduisit du moins la *Théologie astronomique* de Derham, la *Théologie de l'Eau*
de Fabricius (1741), la *Théologie des Insectes* de
Lesser (1743).

Cette théologie des insectes fut, parmi les autres,
merveilleusement prospère : « Qu'est-ce que Dieu,
écrit Mercier, en 1784? Il [le génevois Bonnet] peut
répondre à cette question du catéchisme : c'est le
créateur des insectes. » Avec l'*Insectologie* de Bonnet
il y eut exactement tous ceux qui au cours du siècle
s'occupèrent des tout petits, depuis Gœdaert, en 1700,
homme pieux et dont le livre fut très connu, jusqu'à
Bernardin de Saint-Pierre dans ses *Harmonies de la
Nature*. Les enthousiasmes sont lyriques : *O Jehovah,
quam magna sunt opera tua! ... Deus maximus in*

minimis. Dans ce concert d'adorations on rangerait avec Réaumur la plupart des spécialistes, Eléazar Albin, Geoffroy, Dezallier d'Argenville, etc...; on trouverait des journaux et des théologiens.

Les insectes pourtant ne furent qu'un chapitre dans cette histoire des grandeurs de Dieu. On en écrivit vingt autres et que signèrent des noms illustres. Le *Spectacle de la Nature* de l'abbé Pluche dut une part de son triomphe à ce qu'il fut un livre pieux tout autant qu'un livre de savant : « Qu'est-ce que l'auteur du *Spectacle de la Nature*, disait, en 1855, un biographe bien pensant, sinon le précurseur des encyclopédistes, mais un précurseur qui s'adresse de préférence aux pieuses intelligences, et surtout un précurseur chrétien. » Le premier tome déjà louait la Providence dans « les choses que nous comprenons » et dans celles « que nous ne comprenons pas ». Adoration pourtant trop lointaine. On le fit comprendre à l'auteur : « MM. d'Asfeld et Rollin en portèrent (du *Spectacle*) le jugement le plus favorable... Ils trouvèrent cependant qu'il y manquait une âme, sans dire quelle était cette âme. M. Pluche, après quelques réflexions comprit que c'était Dieu, qui doit être la fin comme le principe de tout. » Les conclusions théologiques et les attendrissements sur la bonté du créateur « animèrent » donc les volumes qui suivirent jusqu'au tome VIII qui traita spécialement de « ce qui regarde l'homme en société avec Dieu ».

Avant Pluche, les auteurs des cosmogonies discutées par Buffon, Burnet et Whiston étaient théologiens avant d'être philosophes et géologues. Ceux qui fondent pour une part la physique, Muss-

chenbrœk et l'abbé Nollet[1] vantent abondamment
les « preuves incontestables de l'existence de Dieu,
la Sagesse suprême, ou l'Être suprême ». Bonnet le
célèbre comme eux, et d'autres s'attardent à la
poésie des cantiques : « *Mens agitat molem*, chante
Sennebier qui commente Spallanzani ; l'ESPRIT INFINI,
le créateur de l'Univers, le Tout-puissant, le Tout-
sage, le Tout-bon, l'Éternel. » Trembley qui découvrit les polypes, enchaîne pour ses enfants de savants
discours qui mènent du *Discours* II : *Le désir
général du bonheur*, au *Discours* V : *Moyen de par-
venir à la connaissance de Dieu : la contemplation de
la nature*. A la fin du siècle tout cela se couronne et
s'achève dans les *Études de la Nature*. C'était le
dessein de Bernardin de Saint-Pierre d' « assembler
quelques harmonies de la nature pour en former un
concert qui élevât l'homme vers son auteur ». De
fait, sur quatorze *Études*, sept sont employées directement à démontrer la Providence. Ce furent celles
que le *Journal des Savants* apprécia : « Un livre qui,
sans être un livre de religion, la prêche et l'inspire
mieux que la plupart des prédicateurs. » Autour de
ces grands noms de savants ou d'écrivains on rangerait vingt autres, pendant tout le siècle, journalistes, polémistes, voyageurs, compilateurs, professeurs au collège de France, etc... « S'il est possible
qu'il existe en Europe quelqu'un d'assez stupide pour
douter de l'immensité de l'Être suprême, qu'il lise
les ouvrages des Réaumur et des Sloane, des Buffon
et des Aubenton [*sic*]. »

1. L'abbé J.-A. Nollet (1700-1770), de l'Académie des Sciences,
professeur de physique expérimentale au collège de Navarre.

Les pédagogues, pour la plupart, prétendirent
édifier sur l'histoire naturelle autant de piétés que
d'esprits critiques. Le thème de l'existence de Dieu
est celui qui fait cortège à presque toutes leurs compilations. « Contempler la nature c'est admirer l'Être
suprême dans ses œuvres » : c'est la première phrase
du livre de Taitbout. La première partie de celui de
Rivard traite de Dieu, pour descendre à l'homme et
finir aux corps célestes et terrestres. D'autres les
imitent en poursuivant des exhortations monotones
ou en s'élevant jusqu'au style biblique : « Pluies et
rosées, bénissez toutes le Seigneur, louez-le et
relevez sa souveraine grandeur dans tous les siècles.
Louez le Seigneur, grêle, neige, glace, vous toutes
qui exécutez sa parole. » A Saint-Omer quand les
élèves du collège discutent publiquement d'histoire
naturelle ils n'oublient point que les crocodiles, les
grues et les oies du mont Taurus prouvent la
sagesse du Créateur.

Il y en eut pourtant quelques-uns qui se las-
sèrent de cette histoire naturelle de cantiques :
« C'est un sujet usé, dit le *Journal Encyclopédique*,
en 1760; il n'y a presque aucun physicien qui
n'ait analysé les différentes parties de la nature
pour y faire voir partout la main du Créateur. Il
s'en est même trouvé qui, peu délicats sur le choix
des preuves de son existence, ont cité pour la prouver les plis de la peau du rhinocéros, sans considérer que ces minuties indécentes scandalisent
toujours les esprits frivoles. » Surtout le Dieu que
témoigne la nature n'est pas rigoureusement celui
d'Abraham, d'Isaac et de Jacob. La théologie physique pouvait offrir les mêmes arguments à ces

Guèbres ou à ces Chinois dont les Encyclopédistes célébraient avec ferveur la sagesse. Les encyclopédistes
eux-mêmes marchaient donc dans les mêmes voies
pieuses que les abbés Pluche, Nollet ou Needham.
Les *Pensées Philosophiques* de Diderot, qui furent
condamnées et brûlées, et sa *Lettre sur les Aveugles*
qui le fut aussi, parlaient le même langage que les
chrétiens les plus fidèles : « Les méditations sublimes
de Malebranche et de Descartes étaient moins
propres à ébranler le matérialisme qu'une observa-
vation de Malpighi [1]. Si cette dangereuse hypothèse
chancelle de nos jours, c'est à la physique expérimentale que l'honneur en est dû... Le spectacle
étonnant de la nature annonce, depuis le lever du
soleil jusqu'au coucher des moindres étoiles, l'existence et la gloire de son auteur. » C'est pourquoi
l'on chercha et l'on trouva dans l'histoire naturelle
des arguments qui fussent chrétiens et non plus seulement « raisonnables » et « philosophiques ».

Le dessein de la plupart des naturalistes était en
effet de défendre des croyances précises et non des
déismes accommodants. Presque tous ceux qui parlèrent géologie, zoologie ou botanique accordèrent
leurs recherches scientifiques avec les plus strictes
affirmations de leur foi. Ce sont, pour moitié, des
pasteurs ou des abbés et qui ne furent jamais en
odeur d'indifférence ou d'hérésie comme un abbé
de Prades, un abbé Morellet et tous ceux qui se
mêlaient de philosopher. Nollet, Pluche, Needham,
Regley, Regnault, Lambert, de Lignac, etc..., sont

---

1. M. Malpighi, médecin et anatomiste italien (1628-1694).
célèbre par de nombreux ouvrages d'anatomie microscopique.

abbés ou religieux. Ceux qui vivent de la vie profane ne sont pas moins dociles aux plus orthodoxes des piétés. Réaumur rédige son testament en termes explicites : « Les idées d'admiration et les sentiments de reconnaissance dont sont nécessairement remplis ceux qui étudient les merveilles que Dieu a prodiguées dans ses ouvrages, ne sauraient permettre que celui qui se livre à cette étude ait une volonté formelle d'offenser l'être souverain. » Deslandes, qui publia sur les méthodes de la science expérimentale le traité le plus clair et le plus lu avait écrit un livre (*Réflexions sur les Grands Hommes qui sont morts en plaisantant*) dont l'agrément fut célèbre mais le ton peu respectueux. Il se rétracta pieusement avant de mourir. Le comte de Tressan, qui eut pour les sciences et l'histoire naturelle un respect éclairé, resta toujours un croyant sincère. Et Montesquieu qui rêvait pour son fils de glorieuses destinées, dut se résigner à lui voir mener de pair l'histoire naturelle et la dévotion. L'abbé Quesnel, son précepteur, l'informa que le jeune homme « avait beaucoup de goût pour les sciences et surtout pour l'histoire naturelle, où il avait déjà fait des progrès étonnants à son âge. A ce mot, M. de Montesquieu pâlit, se jeta dans un fauteuil avec toutes les marques du plus profond désespoir : « Ah! mon ami, vous me tuez : voilà donc toutes mes espérances perdues... il ne sera jamais qu'un homme de lettres... » M. le baron de Montesquieu vit obscurément dans ses terres, occupé d'insectes, de messes et de papillons; car à son goût pour l'histoire naturelle s'est jointe une dévotion très outrée et très minutieuse. »

Aussi le dessein avoué de bien des naturalistes fut

de servir autant que la science de la nature celle de
la religion. Ils apportent des arguments pour connaître les insectes ou les fossiles, mais ils les
orientent bon gré mal gré vers des fins qui soient
chrétiennes. C'est pour la piété chrétienne que tra-
vaillent explicitement Pluche, Bertrand, Scheuchzer, etc... « Il ne faut pas regarder les découvertes
qu'on a faites dans la physique, dans les mathématiques ou dans la médecine, simplement comme
curieuses ou utiles pour les besoins de la vie : mais
on doit les appliquer à la pratique, à la piété. » C'est
pour cette piété que l'on découvre des accords ingénieux entre les dogmes, les textes sacrés et les
révélations du microscope ou des couches sédimentaires. Aristote sans doute n'importe plus quand il
s'agit d'expliquer la nature; mais l'*Ancien Testament*
garde des droits impérieux.

Quelques-uns se contentent de justifier quelques
détails. La génération spontanée gênerait le texte de
la *Genèse* : Joblot se félicite que les observations de
ses microscopes l'aient condamnée. De même les
écrivains sacrés confirment, pour le *Nouveau Dictionnaire raisonné de Physique*, la stabilité des montagnes
depuis l'origine du monde, ou s'opposent, selon
Bertrand, à l'hypothèse du déplacement des pôles.
D'autres découvrent dans la *Bible* des révélations
insoupçonnées. Le P. Berthier, correspondant de
l'Académie des Sciences, construit, en 1755, un système de *Physique des Corps animés*, auquel le *Journal des Savants* fut indulgent. Il se déduit de ces
deux versets de la *Genèse* et du *Lévitique* : « Dieu
souffla dans les narines de l'homme le souffle de la
vie. — La vie de la chair est dans le sang. » Il n'en

faut pas plus pour établir, après quelques expériences, que l'air de la respiration passe dans le sang sans s'altérer. Klein, qui fut un naturaliste célèbre et un adversaire écouté de Linné, a trouvé contre les nomenclatures de son rival un argument sans rémission : « *Doutes ou observations sur la revue des animaux faite par le premier homme, et sur quelques animaux des classes des quadrupèdes et amphibiens du système de la nature de M. Linnaeus* : « Qui s'imaginera (s'il n'est pas hors de sens) que Dieu, créateur de tout ordre, a amené ces mêmes animaux en désordre devant Adam? N'est-il pas plus juste de penser qu'ils passèrent devant lui par genres et par espèces, et qu'il donna à chacun d'eux des noms convenables qui furent approuvés par le Créateur. »

Même l'histoire naturelle, confirmée par l'Écriture sainte, lui paya généreusement sa dette d'arguments. On y trouva des raisons claires pour élucider dans les textes sacrés ce qui ne l'était pas. La « physique » sous toutes ses formes se mit au service de l'exégèse : « Celui-ci, disait Voltaire, veut me faire comprendre la Trinité par la physique ; il me dit qu'elle ressemble aux trois dimensions de la matière... Celui-là prétend me faire toucher au doigt la transsubstantiation, en me montrant par les lois du mouvement, comme un accident peut exister sans sujet. » De fait Denyse, professeur de philosophie au collège de Montaigu, démontre par la mécanique « comment le corps de Jésus-Christ tout entier, tel qu'il était sur la croix et tel qu'il est au ciel peut être contenu sous la plus petite portion sensible de l'hostie, avec ses parties aussi bien rangées que dans sa grandeur naturelle, sans que rien en soit retranché ». L'histoire naturelle

fut aussi pieuse que la géométrie. Bourguet, savant
notoire, affirmait que « la théorie de la terre fournit
une démonstration sur quelques vérités que les pro-
phètes et les apôtres ont annoncées et qu'ils n'ont pu
connaître que par révélation ». C'était l'avis tout au
moins de l'abbé Lebrun qui déterminait par l'expérience et pour l'émerveillement de l'*Année Littéraire*
les causes assurées du déluge. Un globe terrestre
plein d'eau et fermé par des soupapes tournait dans
un globe de verre. La rotation soulevait les soupapes.
Ainsi s'affirmait que l'eau cachée sous la croûte
solide de la terre avait crevé ses digues et submergé
les montagnes. La zoologie fit cortège à la géologie.
Swammerdam expliquait le péché originel par la
théorie de l'emboîtement des germes, et le *Journal
Encyclopédique* trouvait dans le discours de Buffon
sur la dégénération des animaux la clef d'un problème
d'architecture biblique et nautique où les théologiens
avaient risqué leur latin. En réduisant le nombre des
espèces premières on expliquait « comment toutes
les espèces d'animaux ont pu être enfermées dans
l'arche ».

La méthode ne laissait pas d'être périlleuse. Les
raisons de la science se prêtaient à l'occasion aux
raisons de l'Église chrétienne. Elles suivaient pourtant leur chemin sans autre guide que leurs lois
propres. Et l'on vit à l'occasion que les chemins
s'accordaient mal. La conclusion, pour quelques-uns,
fut que la science était maîtresse d'erreur et de fausseté et qu'elle apportait aux hommes, avec l'illusion
de comprendre, la menace d'oublier Dieu. Le
P. François Ignace de la Croix « espagnol », publiait
en 1755 à Madrid un *Avis pour détromper la présom-*

*plueuse ignorance de ceux qui cherchent à persuader
que les désastres causés par le tremblement de terre
sont l'effet des éléments pour ôter la componction des
âmes timorées.* Le *Journal Encyclopédique* n'en parlait que pour s'en gausser, mais le *Mercure* quatre ans
plus tôt avait annoncé, sans réserve ni sourire, la
*Lettre pastorale de Mgr l'évêque de Londres sur la
cause morale des tremblements de terre.*

L'abbé Viet, en 1780, jugeait les causes physiques
sans indulgence puisque c'est l'abus des sciences qui
affaiblit chez les savants le respect pour les vérités de
la religion et insinue par contagion son poison,
« même au simple peuple ». Pour répondre aux physiciens présomptueux le triomphe des *Études de la
Nature* de Bernardin de Saint-Pierre affirme les survivances des justes instincts. La méthode s'affranchis-
sait des mensonges de la raison : « Il faut d'abord
chercher la vérité avec son cœur, et non avec son
esprit. — L'esprit n'a point de science, si le cœur
n'en a la conscience. — La corruption du cœur est la
première source de nos erreurs — Socrate ne s'amusait point à traiter des secrets de la nature ni à
rechercher comment a été fait ce que les sophistes
ont appelé monde, ni quel puissant ressort gouverne
les choses célestes. — La science nous a mené par
des routes séduisantes à un terme aussi effrayant.
Elle traîne à la suite de ses recherches ambitieuses
cette malédiction ancienne prononcée contre le premier qui osa manger du fruit de son arbre. » Les
âmes pieuses s'émerveillèrent de ces renoncements
et de ces audaces : « Pas une arme, disait le *Mercure
de France*, fournie au fanatisme, à la superstition, à
la persécution..., son livre fortifiera le doute philoso-

phique et apprendra aux hommes à se défier des
apparences et des fausses lueurs; les savants orgueil-
leux et intolérants dédaigneront de lui répondre. »
Guys, secrétaire perpétuel de l'Académie des Sciences
et Belles-Lettres de Marseille, n'était pas de ces
savants-là : « Asseyez-vous, écrivait-il à son fils, sur
les volumes de votre *Encyclopédie*, et lisez, relisez
comme moi les *Études de la Nature* que je vous
envoie. » Sa conclusion était celle que l'abbé Feller
empruntait à J.-B. Rousseau :

Curiosité funeste
C'est ton attrait criminel
Qui du royaume céleste
Chassa le premier mortel.

Pourtant ni les insectes, ni les quadrupèdes, ni la
physiologie ne risquaient d'aviver des polémiques
périlleuses. Cette curiosité funeste servait les théologies physiques infiniment plus qu'elle ne menaçait
la *Bible*. La théologie se serait assurément persuadée
qu'elle avait à ses gages une nouvelle servante, sans
les mésaventures de la *Genèse*. On pouvait être respectueux quand on était Réaumur ou Pluche! On le
fut aussi quand on était Whiston, Burnet ou Maillet
et qu'on parlait de l'histoire de la terre, mais on
l'était plus malaisément. Il y en eut pour préférer les
faits de l'observation au texte des Écritures. Moïse,
pour avoir raconté l'origine du monde, mit la théologie dans une situation périlleuse. Elle ne s'en tira
qu'avec des concessions ou qu'en brisant avec la
science.

« Quelles sont donc les dispositions, demande le

P. Cotte, en 1787, avec lesquelles on doit étudier
l'histoire naturelle? *Réponse :* On doit l'étudier avec
un esprit de soumission, d'amour et de reconnaissance. C'est-à-dire : 1° qu'il ne faut jamais s'écarter
du texte de l'Écriture sainte ». Les géologues, pour
une part, et pendant une moitié du siècle, se montrè-
rent des savants soumis. Les grandes théories géologiques, celle de Scheuchzer, celles que discute
Buffon : Woodward, Burnet, Whiston; celles des
Génevois Bourguet et de Luc; celle de l'Allemand
Wallerius sont des théories strictement orthodoxes. Le
livre de Burnet (1681) est une théorie *sacrée* de la terre.
Whiston prend soin de résumer lui-même son système
pour les lecteurs de la *Bibliothèque anglaise* et d'en
« marquer l'accord avec la *Genèse* ». Ce patient travail
de subtilités se poursuit chez les plus célèbres avec
une application méticuleuse. Stenon organise son
système pour le mettre d'accord avec la *Genèse*;
Lehmann, que traduit d'Holbach fait comme lui.
Pluche l'imite. Needham dispose méthodiquement les
textes sacrés pour qu'on y lise clairement les conclusions mêmes de ses observations ou expériences. Bien
d'autres s'y offrent encore; des esprits aventureux
comme celui de Maillet, ou des prêtres respectueux
comme l'abbé Feller. Tous adoptent sans réticences
les conclusions qu'exprimait Bourguet : « Toutes les
découvertes les plus sûres, les plus avérées contribuent admirablement bien à confirmer les vérités de
fait sur lesquelles la religion révélée est fondée. » Par
quoi s'enflamme l'ardeur de N. Vauquelin, « prêtre
du diocèse de Lisieux », quand il informa les lecteurs
de l'*Année Littéraire* qu'il vérifierait le système de
Moïse par raisons et expériences physiques « contre

Copernic, Descartes, Newton et tous les philosophes athées de nos jours ».

Il y avait autre chose en effet dans les textes sacrés que la question du chaos originel, des fossiles et du déluge. Il y avait aussi celle du soleil et de la terre, qui tourne ou ne tourne pas. Il n'était plus question sans doute de condamner Galilée, et la Sorbonne elle-même, avant Voltaire et avant Buffon, n'hésitait qu'entre les tourbillons et la gravitation. Il y eut pourtant des esprits défiants pour peser le système de Copernic et de Képler au poids des textes sacrés et du « bon sens ». L'immobilité de la terre, qui s'accorde mieux malgré tout avec les exploits de Josué, eut pendant longtemps encore des partisans fermement décidés. Nieuwentyt s'en tenait sur le mouvement de la terre à des doutes prudents, comme Rollin concluait que Copernic et les autres n'ont donné que des conjectures. D'autres furent plus décisifs. Il y eut le système de M. Gobert, intendant des bâtiments de Sa Majesté (1703) : le soleil fait son tour en vingt-quatre heures, pendant quoi la terre s'incline de cinq lieues « ou environ ». Système de Le Clerc (1706), « conforme à l'Écriture sainte ». Système de M. de la Jonchère (1729) que l'on traduit en anglais et que le *Journal des Savants* fait connaître à ses lecteurs. Systèmes du sieur Mauny (1742), de M. de Brancas-Villeneuve (1745) en deux volumes in-4°, que le *Mercure de France* ou les *Observations* de Laporte révèlent aux leurs et louent complaisamment. Système enfin du sieur Rivard (1765) et *Observations philoso-phiques sur les systèmes de Copernic, de Newton, de la pluralité des mondes, ouvrage utile à ceux qui veulent se précautionner contre le ton de la philosophie*

moderne (1771). Tous systèmes qui vitupèrent Copernic
et lui substituent des astronomies moins chargées de
calculs et d'ellipses[1].

Quand la *Genèse* ne servit pas à tracer point par
point les lignes fidèles du système du monde et à
réfuter Copernic, elle fixa du moins avec élégance bien
des détails embarrassants. Le Clerc n'a besoin que
d'un verset : *fiat firmamentum in medio aquarum et
dividat aquas ab aquis* pour comprendre le secret de
l'univers : tourbillons entourés d'eau et dont l'ensemble
est ceint d'une orbe d'eau glacée. M. de la Perrière
de Roiffé dont le système fut notoire, qui eut pour lui
l'agrément du *Journal Encyclopédique*, les éloges du
romancier La Dixmerie, et dont l'abbé de la Poujade
professa en cours public la doctrine, n'a besoin
pour réfuter Pluche et Maillet, expliquer les montagnes et les fossiles que du *Spiritus dei ferebatur
super aquas*. Le problème qui permit à Buffon de
créer la géographie zoologique, le peuplement des
animaux en Amérique, servit à Engel, bailli bernois,
commenté pour les Français par de Luc, à fortifier
bien des passages de la *Genèse*. Enfin il y eut une
aventure périlleuse et tragique pour ceux qui virent
un instant chanceler leurs édifices d'exégèse. Le
créateur nous a dotés — Andry et d'autres les avaient
courageusement étudiés — de parasites intestinaux,
et l'histoire de ces vers formait dès la première moitié
du XVIIIe siècle, un chapitre important de la zoologie.

---

1. On pourra ajouter d'après la *Bibliographie astronomique* de
Lalande : *Le Traité de l'Univers matériel ou Astronomie physique* de
Petit, arpenteur à Blois (1729-1730). — *L'Abrégé du Mécanisme universel* par Morin, de Chartres (1735). — *Les Réflexions critiques sur
le Système de l'Attraction*, de Massière, Nice, 1759.

La Bible, sans échappatoires, affirmait que la création avait été parachevée dans les six jours. Donc les vers intestinaux avaient été créés dans les entrailles d'Adam dès qu'il fut tiré du limon. Mais le péché originel n'était pas encore commis. Adam était une créature bienheureuse qui vivait dans une chair parfaite un bonheur parfait. Comment l'affliger d'une si dérisoire infirmité. Il y en eut, comme Klein[1], pour abandonner la *Genèse* et croire à la création après le péché; d'autres qui trouvèrent un *distinguo* : des vers qui vivaient sans doute dès qu'Adam fut formé, mais qui vivaient sans lui nuire et sans qu'il se doûtat de leur existence.

Enfin pour le triomphe de la *Genèse*, il y eut la question de ces fossiles qui passionnèrent les collectionneurs et les constructeurs de systèmes. « Toutes ces pétrifications, dit en 1742 Bourguet, ravissent en admiration les personnes qui les contemplent d'un œil philosophique et chrétien. » Elles apportaient en effet aux textes sacrés, pour la plupart des géologues, des confirmations éclatantes : « Si l'on en excepte quelques naturalistes modernes, dit Boulanger dans l'*Encyclopédie*, tous les savants et tous les hommes mêmes sont d'accord entre eux pour les regarder comme les médailles du déluge. » Boulanger n'exagère pas. Avec le déluge triomphe la piété de Scheuchzer, Woodward, Whiston, Burnet; celle de dix autres, depuis Pluche, en passant par les pédagogues ou les journalistes, jusqu'à Bernardin de Saint-Pierre qui justifie la fonte de ses glaces polaires en présen-

---

1. Naturaliste allemand (1685-1759) dont le système de nomenclature eut de nombreux partisans.

tant « la concordance de son hypothèse avec les traditions de l'Écriture sainte ».

La doctrine du Déluge cependant n'allait pas sans obscurités. Les fossiles se rencontrent au sommet des montagnes ; la *Genèse* confirme d'ailleurs que la terre entière fut submergée. Il y fallait beaucoup d'eau et des bouleversements que la *Genèse* n'exprimait qu'en termes confus. Il y eut maints efforts pour les préciser. On accepta le principe en se donnant libre carrière dans les détails. M. de la Perrière, dont nous avons dit le succès, et dont l'*Encyclopédie* affirme « qu'il remplit les idées et les vues de l'Écriture sainte », fait en effet de louables efforts « pour se mettre d'accord avec elle ». Pourtant le déluge de quarante jours ne lui suffit pas. Il suppose, comme Buffon le fera, des cataclysmes antérieurs dont le *Pentateuque* ne parle pas : « Nous n'habitons que des ruines. » Bertrand, dont les traités sur la matière firent autorité, avançait trois hypothèses. Il supposait les fossiles créés par Dieu — amenés par le déluge — transportés par des accidents particuliers, changements dans le lit des mers, tremblements de terre, etc... En 1752, il renonçait à la première et ne parlait plus de la deuxième. En 1763 il affirmait seulement que les fossiles ont été « insérés dans les couches qui se sont formées par divers accidents et durcies avec le temps ».

Mais la pente pouvait être glissante qui conduisait des fidélités scrupuleuses aux libertés du commentaire. La science risquait de préciser quelques désaccords où la raison des faits serait contre la raison théologique. Les gens d'église en vinrent à se défier de ces enquêtes nouvelles qui leur donnaient des alliés compromettants. Il n'y avait rien à craindre des

contemplations poétiques qui célèbrent la grandeur
du créateur et l'infinie sagesse de la Providence. Les
discussions sur textes étaient moins pacifiques et les
fossiles prêtaient à Moïse des précisions à deux tranchants. On s'en aperçut par d'autres exemples que
ceux de la Perrière et de Bertrand. Le chancelier
refusa à Voltaire le privilège pour ses *Éléments de la
Philosophie de Newton*. « Il a trouvé, dit Voltaire,
que j'étais un peu hardi de soupçonner le monde d'être
un peu plus vieux qu'on ne dit. » En 1738 pourtant
Newton était à la veille de triompher officiellement.
Il y avait plus à craindre des géologues que des astronomes. On le leur dit sans indulgence.

Maillet-Telliamed en affirmant son respect des
textes s'aventurait dans le système des hommes poissons que Moïse n'avait pas prévus. Du moins s'excu-
sait-il de ces rêveries en dédiant son livre à Cyrano.
On s'inquiéta pourtant parce que le *Telliamed*
trouva des lecteurs trop fidèles et qu'il eut des imita-
teurs plus sérieux et moins déférents. Martin, dans sa
deuxième édition, en 1763, rejette sans ambages la
doctrine du Déluge. Martin était Anglais ; on ne pouvait rien contre lui et pas grand'chose contre son traducteur. On fit tomber les coups sur des imprudences
plus risquées. L'abbé de Prades, dans sa thèse
fameuse, dit à Buffon que sa *Théorie de la Terre* était
erronée et scandaleuse et que la *Genèse* avait raison.
On censura pourtant sa sixième proposition comme
« contraire à l'intégrité et à l'autorité des livres de
Moïse ». A la fin du siècle, en 1782, l'abbé Viallon,
chanoine et sous-bibliothécaire de Sainte-Geneviève,
publia le premier volume d'une *Philosophie de l'Univers ou Théorie philosophique de la Nature*. Il y

suivait avec une craintive sagesse et par citations successives et méticuleuses la création selon la *Genèse*. Pourtant l'ouvrage dut s'arrêter. Une note manuscrite sur la page de garde confie mélancoliquement que « les Supérieurs ont obtenu une défense de la laisser paraître (la deuxième partie). Ils ont pensé que cette suite aurait pu porter atteinte à la chronologie sacrée et au dogme de la création [1]. »

Tout cela ne fut qu'escarmouches sans conséquences. La grande bataille fut au contraire retentissante. Elle se livra autour de l'*Histoire naturelle* de Buffon.

La *Théorie de la Terre* en 1749, les *Époques de la Nature* en 1778 exposèrent avec un succès retentissant l'origine de notre monde et les étapes de son histoire. Nous dirons quel fut leur triomphe et quel tumulte d'éloges leur fit escorte. Il n'y avait rien dans ces livres qui fût bien nouveau, sinon la clarté de leur architecture et l'éloquence de leur langage. Il n'y avait rien en particulier, dans le premier volume de l'*Histoire naturelle* qui n'eût été dit, plus complètement, par Stenon ; point de faits ni d'observations que n'eussent connus les Maillet, les Bertrand, les Bourguet, etc... Mais Buffon, *le premier*, ne parlait que de faits et d'observations. Il se donnait comme savant et rien que savant. Il ignorait d'apparence que l'histoire de la terre fut écrite dans l'*Ancien Testament*. Il ne voulait la lire que dans les fossiles de Marly-la-Ville ou d'ailleurs. Scheuchzer, Woodward, Burnet,

1. L'enseignement des collèges resta naturellement très scrupuleux. En 1760, comme en 1780 les Oratoriens quand ils parlent des fossiles et du déluge enseignent l'autorité absolue de la *Genèse*.

Bertrand, connaissaient tout ce qu'il avance de
solide et d'essentiel : fossiles, couches parallèles,
correspondances des angles saillants et rentrants des
montagnes. Mais ils confrontaient plus ou moins tout
cela avec la *Genèse*. Et c'était cet effort même de
conciliation qui les obligeait bien souvent aux
subtilités ou aux erreurs que Buffon leur reprocha.
Son indifférence religieuse parut présomptueuse,
scandaleuse et condamnable. L'autorité religieuse
mobilisa.

S'armait-elle contre un philosophe hostile à ses
dogmes, contre un indifférent, ou peut-être contre
un croyant sincère qui séparait seulement sa foi de
sa science et ne reconnaissait à la théologie nul droit
sur la certitude des faits? La question est d'importance, car elle mesure pour une part l'intérêt de la
bataille. Fut-elle, cette bataille, la lutte entre une
tradition qui veut vivre et une négation qui veut sa
mort? Ne fut-elle au contraire que le heurt entre
deux façons diverses d'être croyant, entre l'intransi-
geance qui demande l'exacte survivance du passé
et l'effort pour se mettre d'accord avec les exigences
nouvelles de la pensée? Buffon fut-il, comme Voltaire
en accusait le pieux Needham, un athée honteux ou
du moins un sceptique? La question ne se résoud
pas aisément. Buffon qui n'aimait que le « physique
de l'amour » avant d'aimer sincèrement sa femme,
qui connut les hostilités malveillantes des dévots,
eut sans doute dans sa vie intérieure des remous et
des retours. Il aima la vie libre, sage et sereine, non
les austérités qui la renient et renient les confiances
de la raison. Il s'embarrassa peu sans doute des scrupules minutieux de l'orthodoxie et des chicanes de la

foi prudente. L'abbé de Lignac n'avait pas tort d'affirmer que le monde organisé par Buffon se déroule
suivant ses lois propres et se passe de la Providence.
La piété de Buffon, même lorsque l'âge et la souf-
france l'eurent affermie, ne fut sans doute que la
croyance aux destinées de notre âme et l'adhésion
aux dogmes qui dispensent des tourments métaphysiques.

Hérault de Séchelles a pourtant travesti sa pensée
lorsqu'il lui prête ces propos qui confondent « créateur » et « puissance de la nature ». Les formules
d'obéissance qui suivirent la *Théorie de la Terre*
étaient assurément le paiement dédaigneux de sa
tranquillité. Obéissance « aussi sotte qu'absurde » ;
Buffon l'a jugée lui-même. Mais l'absurdité n'était
peut-être pour lui que l'aveugle fidélité à la lettre de
la *Genèse*. Il pensait en 1778, et il écrivait qu'il est des
cas où cette lettre tue. Pour le fond il croyait sans
doute à Moïse et aux livres saints. Needham lui rap-
pelait qu'ils avaient examiné ensemble « le sens
caché de cette phrase obscure et remarquable : le
soir et le matin firent un jour, *factus est vespere
et mane dies unus* » ; il affirmait, avec une évi-
dente sincérité, que la *Théorie de la Terre*, n'était
nullement contraire à la cosmogonie de Moïse. Plus
tard, l'essai de conciliation entre la *Genèse* et les
Époques fut autre chose qu'une politesse et une politique. C'est à Mme Necker, l'amie à laquelle s'attachent toutes ses tendresses de vieillard, qu'il l'envoie
pour qu'elle le juge ; et elle le conserve comme « un
présent inestimable » dont Buffon l'a crue digne.
La conciliation qui satisfit Mme Necker fut agréée
d'ailleurs par le *Journal des Savants*. Ainsi se justifie

vraisemblablement ce que nous ont dit de Buffon et
son secrétaire Humbert Bazile, et son familier
Godard de Semur, que s'il détestait les polémiques
et l'âpre férocité des querelles théologiques, il eut
pourtant une piété sincère et mourut comme un
croyant.

Mais cette foi, assurément indépendante, fut de
celles qu'on jugea libertines et périlleuses. L'appa-
rition des trois premiers volumes de l'*Histoire naturelle*, en 1749, fit scandale chez tous ceux qui s'éver-
tuaient à rester fidèles aux traditions de l'orthodoxie[1].
« Les dévots sont furieux écrivait d'Argenson, et
veulent le faire brûler [le livre] par la main du bourreau. » Ils s'efforcèrent tout au moins de soulever
l'opinion. Le journal des jansénistes, les *Nouvelles
ecclésiastiques*, s'irrita des indulgences littéraires du
Journal de Trévoux. Il dénonça le « venin » de
l'œuvre et les périls qu'elle faisait courir aux « fondements de la foi chrétienne ». Buffon méprisa ces
attaques. Mais le 15 janvier 1751 la Sorbonne condamnait quatorze propositions extraites de l'*Histoire
naturelle*. Buffon détestait les « tracasseries théologiques ». Il déclara à la Sorbonne que ses théories
n'étaient que des hypothèses, qu'il croyait « fermement » au texte de l'Écriture et qu'il abandonnait
tout « ce qui pourrait être contraire à la narration de
Moïse ». Cent quinze docteurs sur cent vingt s'accommodèrent de cette soumission que Buffon consentit à rendre éclatante et publique. Elle parut avec
le quatrième volume, en 1753. Quand il publia les

1. La querelle a été étudiée avec précision dans le chapitre sur
Buffon que M. Hémon a écrit pour l'*Histoire de la Langue et de la
Littérature française* publiée par M. Petit de Julleville.

Époques de la Nature, en 1778, il voulut devancer tout jugement. Dix pages d'explication en tête du volume affirmèrent que les *Époques* pouvaient se concilier avec Moïse. Conciliation audacieuse assurément. La lettre de la *Genèse* y était sacrifiée « quand elle paraît directement opposée à la saine raison et à la vérité des faits de la nature ». Le Docteur Ribalier, syndic de la Faculté, poussé sous main par l'abbé Royou, dénonça l'impiété de ces propos. Des commissaires furent nommés. Mais Buffon était illustre. Il avait l'appui du roi. Le roi pria qu'on attendît. Et l'attente devint silence.

La théologie officielle et la science restaient en apparence sur leurs positions. La Sorbonne avait obtenu les formules de soumission; la géologie poursuivait en dehors d'elles la route que les faits lui traçaient. C'était bien elle par là même qui demeurait la victorieuse. Habitués aux subtilités séculaires des symboles et des sens cachés quelques esprits de théologiens pouvaient se satisfaire des correspondances que Needham découvrait et que le *Journal des Savants* acceptait. Mais les *Époques* gardaient une clarté dangereuse; ces « faits » et ces « monuments » qui marquaient les âges préhistoriques avaient pour les raisons profanes un autre attrait que l'obscure poésie de la *Genèse*. Aussi, quand la Sorbonne faisait la paix ou du moins consentait la trêve il y eut des convictions plus chatouilleuses et des théologies moins bienveillantes. « La Sorbonne, écrivait Sébastien Mercier, hasarde de dire que Moïse était meilleur naturaliste que Buffon, mais elle n'en croit rien. » On l'accusa en effet de trahir une cause que de zélés apologistes reprirent à

leur compte. Les *Nouvelles ecclésiastiques* s'irritaient,
en 1753, que la Sorbonne se fît dupe de « vagues
protestations ». « D'où vient, disait l'abbé Duhamel,
de ne pas censurer ces propositions pour ce qu'elles
valent, et sans rapport à des intentions qui ne
changent point leur nature... la première règle c'est
de ne jamais faire de *suppositions philosophiques*
contraires aux textes de l'Écriture sainte. » Au nom
de cette règle on confondit Buffon avec la « secte
encyclopédique ». C'est Buffon, avec Voltaire ou
d'Alembert que Lefranc de Pompignan voua au
mépris des âmes pieuses dans ce discours acadé-
mique qui le renvoya sous les huées dans sa province. C'est Buffon avec Voltaire et les « seigneurs
bannerets de l'Encyclopédie » que Collé refusait
d'admirer sur la foi de Saint-Lambert.

Des polémistes qui se piquaient de géologie ajou-
tèrent des arguments aux injures. Tels le P. Torrubia,
garde des archives et chroniqueur de l'ordre de
Saint-François. Tel l'abbé de Prades qui fut tout
au moins orthodoxe en défendant contre Buffon
la *Genèse*. Tels l'évêque d'Auxerre, l'abbé Feller,
J.-N. Moreau, l'inventeur glorieux des philosophes
« cacouacs », et quelques autres. La bataille valait
même que la victoire fut décisive. Avec tous ceux
qui se contentèrent d'escarmouches il y en eut pour
dresser contre Buffon les réquisitoires des in-12 et
des in-8°. Buffon qui n'était pas censuré par la Faculté
le fut avec virulence par le P. Berthier qui rédigea
contre lui l'*Histoire des premiers temps du monde
prouvée par l'accord de la physique avec la Genèse;*
par l'abbé Viet qui rédigea des *Réflexions sur les
Époques de la Nature.* L'abbé Duhamel et l'abbé

Royou machinèrent contre lui des *Lettres d'un phi-losophe à un docteur de Sorbonne*, ou *Le Monde de verre réduit en poudre*. L'abbé Feller multiplia ses efforts. Sa *Lettre critique sur l'Histoire naturelle de Buffon*, son *Examen impartial des Époques de la Nature*, plusieurs fois réédité, son *Catéchisme phi-losophique*, livre célèbre, poursuivirent sa méthode, ses preuves et ses conclusions.

Il y eut des passes d'armes ingénieuses et des tra-quenards fort avisés. Buffon, par exemple, de la *Théorie de la Terre* aux *Époques de la Nature* avait abandonné de ses systèmes ce que niaient les faits nouveaux et des observations mieux précisées. Se corriger c'est se contredire, et l'on dressa allégre-ment, pour la confusion de la science, des listes pré-cises de contradictions. Après l'abbé Royou l'abbé Feller s'y employa. L'abbé Barruel-Bauvert aligna des colonnes impitoyables dans ces *Helviennes ou Lettres provinciales philosophiques* qui eurent six éditions pour le moins et qui furent, avec *Le Comte de Valmont* de l'abbé Gérard, le manuel populaire de l'apologétique catholique à la fin du xviiiᵉ siècle.

Ces arguments, qui furent les meilleurs, portaient mal : Buffon, dans ses *Époques de la Nature*, avait prévenu qu'il abandonnait pour une part des idées vieilles de trente ans. Ils convainquirent assurément tous ceux qui lisaient pour s'édifier, non pour s'ins-truire. Mais d'autres lisaient Buffon soigneusement et s'accommodaient mal des raisons de polémique. La science avait cessé depuis longtemps d'être docile ; elle avait pris conscience de ses forces et de ses droits et posé sur tous ceux qui. pensaient par elle une marque ineffaçable. Pour eux elle était autre chose

qu'un divertissement de loisirs. Ils lui donnaient pour
la plupart les plus nobles de leurs forces. Comme
Maupertuis ou la Condamine affrontaient les mers
polaires ou les régions sauvages de l'Équateur,
d'autres naturalistes s'absorbaient tout entiers dans
leur tâche. Les Deluc poursuivaient leurs recherches
à travers les montagnes glacées; Adanson[1] partait
pour le Sénégal; Bertrand, même à Voltaire qui les
raille, ne sait parler que de fossiles. Il y eut des voca-
tions presque mystiques : les fossiles révélèrent à
Boullanger qu'il devait se vouer à retrouver les
étapes antiques de l'histoire humaine. Quand on était
chrétien ou pieux c'était vraiment deux maîtres que
l'on servait. Et si l'un parlait haut, l'autre parlait si
clair qu'il fallait bien qu'on l'entendît. Les raisons et
les méthodes qui suffisaient à des théologiens de
carrière pour poser des bornes à la science étaient de
celles que les vrais savants ne pouvaient accepter.
Ils ne voulaient pas croire non plus que pour interroger la nature ils devaient renoncer à leur foi. Ils
cherchèrent donc avec confiance des accommodements qui fussent durables.

Les géologues qui depuis Burnet jusqu'à Buffon
disputèrent de l'histoire du monde étaient métaphy-
siciens et théologiens avant que d'être observateurs.
Ils posaient en principe la solution : l'accord de la
science avec l'Écriture. La démonstration venait par
la suite et par surcroît, selon les règles d'une théologie accoutumée à assouplir les textes et dégager
les sens cachés. Les obscurités et les contradictions

---

1. Adanson (1727-1806), botaniste dont les méthodes eurent au
xviiiᵉ siècle une grande réputation.

ne gênaient guère des méthodes encore tâtonnantes. Quand Musschenbrœk, Buffon, Deslandes et dix autres eurent dit ce qu'était un fait, une preuve, une expérience, il fallut pourtant qu'on trouvât mieux.

Ces exigences nouvelles de la raison furent si claires que la polémique catholique elle-même fut contrainte de les écouter. Avec ceux qui parlèrent de soumission aveugle il y eut ceux qui consentirent à parler de la science et à se servir de ses arguments. Ils s'efforcèrent d'être fidèles, quand ils traitaient de dogme et d'exégèse, aux méthodes que les sciences avaient faites décisives. L'abbé Feller, par exemple, quand il écrit son *Catéchisme philosophique* n'est plus de ceux qui ignorent ou qui dédaignent. Il institue de longues discussions sur la dégénération, le système de Maillet, la génération spontanée, l'attraction, les « microscopistes » et le mouvement de la terre. Il y eut même dans la deuxième moitié du siècle des traités qui tentèrent explicitement l'aventure d'une conciliation scientifico-théologique. En 1767 M. de Forbin publia un *Accord de la Foi avec la Raison dans la manière de présenter le système physique du monde et d'expliquer les différents mystères de la religion.* L'abbé Paulian reprit la thèse en deux volumes : *Le Véritable Système de la Nature; ouvrage où l'on expose les lois du monde physique et moral d'une manière conforme à la raison et à la révélation* (1788).

Ces entreprises pourtant ne laissaient pas d'être suspectes. La raison de M. de Forbin et celle de l'abbé Paulian s'apparentaient avec trop de sottises pour trouver quelque crédit. Les vrais savants ou ceux qui se piquaient de l'être trouvèrent des solutions plus décisives ou plus prudentes. Burnet, Whiston, Woodward, nous l'avons dit, posaient la théologie, puis menaient la science dans ses chemins. D'autres affirmèrent qu'ils oubliaient, quand ils étaient géologues, d'être chrétiens; que leur science suivait sans préjugé la voie tracée par les faits, mais que l'accord avec les Écritures se faisait après coup, de lui-même, sans autre effort qu'une comparaison : « Le philosophe, disait en 1757 J.-B. Pascal, doit consulter la raison avec candeur et sincérité, l'écouter comme s'il ne prenait aucun intérêt aux lumières de la Foi; il est toujours temps après de revenir sur ses pas et de faire des corrections. » Woodward, en 1735, et surtout Deluc beaucoup plus tard tinrent ce langage. Ils affirmèrent seulement qu'ils n'avaient pas à « revenir sur leurs pas ». « Voyant, dit Woodward que son histoire [de Moïse] est tout à fait conforme à la vérité, je le déclare ingénuement; en quoi je ne fais que lui rendre justice, de même que je la rendrais à un historien ordinaire, comme à Berose ou à Manethon, à Hérodote ou à Tite-Live dans une pareille occasion. »

Deluc précisa la méthode. Les *Lettres physiques et morales sur l'Histoire de la Terre et de l'Homme*, un des grands livres d'histoire naturelle du xviiie siècle, poursuivirent à travers dix pays d'Europe l'étude des fouilles et des couches sédimentaires sans qu'on y soupçonnât des pensées de théologien. Ce sont des observations et des conclusions géologiques où la seule éloquence est celle de la précision : « Je me suis proposé d'envisager d'abord uniquement comme naturaliste les phénomènes qu'offre la surface de notre globe, en mettant totalement à l'écart le rapport qu'ils

peuvent avoir avec la religion par la question du
déluge universel. » Puis, quand l'enquête géologique
est achevée, après cinq volumes de science, une centaine de pages interviennent où le théologien constate
l'accord de ses recherches et des textes bibliques :
« En parlant à V. M. [la reine d'Angleterre], de physique, d'histoire naturelle, de philosophie, je n'ai
jamais fait usage que des moyens dont peuvent se
servir les hommes qui vont seuls à la recherche ;
savoir, des principes, des faits, des conséquences ;
et je n'y ai jamais mêlé l'*Autorité*. — Maintenant,
j'ai tout dit sur ce sujet... examinons quel rapport
ont entre elles la Nature et la Révélation. »

La méthode était séduisante. Si l'« autorité » de la
Bible y gagnait des preuves, la science n'y courait
aucun risque. Seulement la tentative ne pouvait
réussir, même en apparence, qu'après des concessions
de principe. Woodward et Deluc étaient protestants,
accoutumés comme tels à ces concessions et aux
droits que se donne la pensée personnelle pour inter-
préter l'Écriture. Deluc n'en parle pas, avant discussion, parce que ces libertés sont pour lui d'évidence.
Mais l'autorité avait des droits plus impérieux quand il
s'agissait de doctrine catholique. La lettre y avait plus
de droits que l'esprit et la lettre de la Bible ne souf-
frait entre la *Genèse* et la géologie ni accord préalable
ni entente après enquête. Les six jours, pour ne parler
que d'eux, ne pouvaient suffire à la cosmogonie la
plus complaisante. On sait que Buffon se tira d'affaire,
après Needham qui revendique l'honneur de la découverte, en prolongeant ces journées jusqu'aux milliers
d'années de ses *Époques*. Le principe d'interprétation
fit, avant lui et autour de lui, une heureuse fortune.

Il fut convenu que la *Genèse* n'était qu'un coup d'œil
génial et rapide sur l'histoire du monde. Elle avait
laissé à la raison et à la curiosité humaine le soin et
le plaisir de préciser les détails.

« Il est donc d'un homme sage, disait en 1757 le
Journal Encyclopédique, de n'admettre entre la foi et
la raison d'autre contradiction que celle qui est apparente. » Ces contradictions apparentes n'étaient que
les droits de la raison humaine à compléter ce que le
texte sacré avait ébauché en traits sommaires et puissants. Needham, dont la piété fut profonde, exposait
en 1769 la méthode avec une conviction méticuleuse :
« La loi de la pure raison est incomplète, si l'entendement n'est pas circonscrit par la foi raisonnée,
rationabile obsequium vestrum. » Mais cette foi raisonnée a des droits singuliers : « Si vos raisons tirées
de la nature des choses mêmes sont fortes et urgentes,
vous pouvez vous écarter de la lettre dans l'explication de l'histoire de la création par Moïse, et vous le
pouvez même sans vous exposer à la censure; saint
Augustin l'a fait, et l'Église n'a rien décidé. Il est donc
permis d'entendre par les six jours six périodes quel-
conques et non pas six révolutions de vingt-quatre
heures... C'est donc invisiblement et d'une manière
souvent inconnue à eux-mêmes que l'esprit divin a
conduit les écrivains sacrés pour tout ce qui est
essentiel au bien et aux progrès de la religion. Mais
de même qu'il a permis que dans tous les manuscrits
originaux de l'Écriture sainte il se soit glissé nombre
de variantes... de même aussi l'Esprit de Dieu s'est
accommodé au style, à la tournure des phrases et à
toutes les idées humaines des écrivains sacrés quand
ces défauts ou ces faiblesses n'ont été d'aucune

importance pour la morale ou pour la foi. » Needham
formulait ainsi l'artifice commode qui livrait l'Écriture à l'ingéniosité dialectique des naturalistes. On
avait usé avant lui de la liberté grande. « On ne peut
douter de la réalité du Déluge, dit l'*Encyclopédie*, où
Boulanger est fort sincère, de quelque voie que Dieu
se soit servi pour opérer cette grande révolution ;
mais il paraît que sans s'écarter du respect dû au
témoignage des Saintes Écritures, il est permis à un
naturaliste d'examiner si le déluge a été réellement
cause des phénomènes dont nous parlons. » Le baron
d'Holbach lui-même, prudent pour une fois parce qu'il
signait, s'accordait avec Lehmann qu'il traduisait.
La *Genèse* sans aucun doute est infaillible, mais les
effets physiques que le Déluge a produits sont « une
matière que la divinité paraît avoir abandonnée aux
disputes des hommes ». Ainsi s'accommodèrent sans
doute avec leur conscience tous ceux qui ne donnèrent
à la *Bible* qu'une place de politesse. Linné s'asservissait encore fidèlement à la lettre de la *Genèse*. Bonnet
qui était pieux ne la reniait pas ; seulement elle ne
racontait, selon lui, que la dernière des révolutions
du globe ; elle n'avait pas tiré le monde du néant, elle
l'avait seulement sorti de la confusion.

La ressource était féconde assurément. Rester
fidèle au seul principe, c'était se libérer à peu près de
tout souci d'obéissance ; les principes ont des droits
qui s'interprètent, et il est aisé de les restreindre.
Pourtant leur ombre même risquait d'être discor-
dante quand elle se profilait sur la clarté des sciences.
Le Déluge s'accordait en apparence avec les fossiles ;
il s'accommodait du premier système de Buffon qui
supposait toutes les montagnes sédimentaires. Il suf-

fisait seulement de quelque complaisance pour inter-
préter les quarante jours ou les « portes de l'abîme »
ou l'asile donné dans l'arche à toutes les espèces de
la création. Mais le principe même pouvait chanceler
quand on corrigeait la *Théorie de la Terre* par les *Époques de la Nature*, lorsqu'on distinguait des montagnes formées par les eaux les montagnes primitives et
sans fossiles. On comprenait mal avec celles-là comment le déluge avait pu submerger la terre et laisser
ici ses débris quand il les emportait sur d'autres ver-
sants. Le Déluge soulevait bien d'autres problèmes
qui mettaient, entre la cosmogonie sacrée et la certitude des faits, des barrières chaque jour rehaussées.
Les savants qui ne firent capituler ni leur science ni
leur foi s'ingénièrent vers d'autres issues.

Il y en avait une traditionnelle, pour tout esprit
façonné à la discipline des mystères. C'était l'aveu que
la science est vraie, comme l'Écriture est vraie; que
l'apparence de leurs vérités ne s'accordent pas; que
pourtant elles ne sauraient être, l'une comme l'autre,
discutées et que la faiblesse seule de l'esprit humain
nous masque leur convergence quand elles se prolongent là où notre raison n'allait pas. La religion chrétienne s'était spontanément et éternellement réfugiée
dans ce « pragmatisme » dont l'abbé Pluche avait
donné une formule curieusement moderne : notre
raison, disait-il, ne perçoit que les vérités d'un certain ordre, celles qui sont utiles pour vivre selon les
desseins de la Providence; il faut accepter sans les
comprendre celles qui n'ont pas été abaissées jusqu'à
nous. L'accord de la vérité et de la révélation pouvait
être de celles-là. La science ne nous conduit qu'aux
limites de ses domaines, et ces domaines ne sont pas

infinis : « Il y a dans la nature et dans la Sainte Écriture des choses inconcevables à l'esprit humain et qui ne laissent pas d'être certaines et démontrées... Non seulement dans la religion, mais même dans la physique nous devons nous borner à la certitude de l'expérience et à la modestie de la Révélation. » Ainsi parlaient avec une pieuse humilité ceux qui étaient à la même date la gloire de la « physique », Réaumur et l'abbé Nollet : « A quelque point que nos découvertes se multiplient en physique, nous ne devons pas nous promettre d'en devenir plus éclairés par rapport à des vérités d'un autre ordre... En pareille conjoncture que la raison religieusement soumise à la révélation ne se refuse cependant pas au trait de lumière naturelle qui l'éclaire ; qu'elle ne prenne pas le parti de regarder comme faux ce que l'évidence lui montre être vrai ; mais qu'elle rejette sur la faiblesse de l'entendement humain et sur sa propre ignorance, la contradiction apparente qui l'embarrasse ; qu'elle attende sans impatience que de nouveaux efforts et une nouvelle lumière lui découvrent ce qui est encore caché, et lui apprennent à concilier ce qu'elle voit avec ce qu'elle est obligée de croire. »

La méthode conduisait, en suivant sa pente, vers une attitude plus commode encore et qui résolvait les problèmes en les supprimant. Si les contradictions n'étaient réelles que pour notre éternelle ignorance, il valait mieux ne pas les poser. On en vint très aisément à la solution, depuis lors si prospère, qui affirme l'indépendance absolue de la science et de la religion. On convint ou l'on essaya de convenir qu'elles se meuvent dans des plans qui se coupent par aventure mais qui ne sauraient coïncider : autre esquisse de

pragmatisme née du jour où la science plus rigoureuse opposa plus impérieusement la rigueur de ses
méthodes aux exigences du sentiment. De ce pragmatisme qui s'ébauche, des philosophes comme Diderot
ont eux-mêmes affirmé les principes : « Si à la première découverte qui se fera soit en astronomie, soit
en physique, soit en histoire naturelle, nous devons
renouveler dans la personne de l'auteur l'injure faite
autrefois à la philosophie dans la personne de Galilée,
allons, brisons les microscopes, foulons aux pieds les
télescopes, et soyons les apôtres de la barbarie...
Nous perdons la théologie et la philosophie si nous
nous avisons une fois de faire les physiciens dans nos
écoles, et si les philosophes se mettent à faire les
théologiens dans leurs assemblées. » Diderot sans
doute était suspect, et le sort de la théologie l'intéressait médiocrement. Mais bien d'autres fermèrent la
porte entre le laboratoire et l'exégèse. Les savants,
dit l'abbé de La Porte, « prennent ordinairement deux
qualités, celle de catholique et celle de physicien. En
qualité de catholique, disent-ils, nous respectons l'autorité des livres divins, et nous nous soumettons sans
examen à tout ce que la foi nous propose ; mais
comme physiciens nous croyons pouvoir hasarder nos
conjectures ; et toutes contraires qu'elles sont au texte
sacré elles ne laissent pas de nous paraître vraisem-
blables. »

La Porte s'indigne de la désinvolture. Il avait
pourtant contre lui des noms qui comptent. Maillet,
dès 1748, donnait la chose comme familière : « On
convient aujourd'hui assez généralement que la religion et la philosophie ont des droits très distingués
et une manière de raisonner qui leur est propre à cha-

cune ». Maillet lui-même, malgré la caution de son éditeur, était accusé de libertinage et les polémistes catholiques le malmenèrent. Mais Needham, Nollet, et avant eux Scheuchzer avaient quelque peu fini par où il commence. « J'écarte soigneusement, dit Nollet, toutes les questions métaphysiques qui pourraient tenir en quelque sorte aux matières que j'ai à traiter. » Needham revendique sans doute les droits imprescriptibles de la pensée théologique ; il n'est pas de ces philosophes qui « quoique attachés aux vérités révélées croient, nonobstant cet attachement, que l'on doit, en raisonnant sur la nature, les séparer totalement des vérités physiques, non seulement comme des objets d'un ordre supérieur, mais comme des choses qui n'ont avec elles aucune sorte de liaison ». Pourtant, et dans le même ouvrage, c'est comme eux ou à peu près qu'il s'exprime. « Aucune conséquence physique bâtie sur des hypothèses humaines ne peut tenir contre les vérités révélées, de même qu'aucune conséquence théologique tirée directement des simples paroles de l'Écriture sainte, suivant la remarque du célèbre Holden ne doit être regardée comme concluante dans la classe des vérités philosophiques. » Ainsi terminent le débat la Société des sciences d'Édimbourg qui exclut de son plan, comme l'annonce l'*Année Littéraire*, la théologie, la morale et la politique, « matières suffisamment éclaircies, difficiles à discuter, dangereuses à traiter » ; ou le baron de Marivetz qui ne fut pas un inconnu et dont la *Physique du Monde* fut discutée par le *Journal des Savants* et louée par le *Mercure* : « Nous connaissons deux ordres de vérités, les vérités de la révélation et celles de la raison... les livres saints ont été dictés pour faire de parfaits chrétiens, et non pour faire des savants. »

Il va de soi qu'une autre solution était depuis longtemps intervenue, celle qui consistait à sauver la
science en abandonnant la religion ou du moins pour
une part la « physique sacrée ». On le fit parfois avec
respect et sympathie : « Parmi les chrétiens mêmes
et les Juifs un grand nombre de personnes, écrit
Deluc, ont cru que les premiers chapitres de la *Genèse*
étaient absolument inintelligibles. » On le fit plus
souvent avec allégresse et pour que ceci pût tuer
cela. « Parmi les incrédules, continue Deluc, sou-
tenir Moïse paraît le comble de la déraison. » « L'in-
crédulité, disait déjà le recueil de Hayer et Soret, a
coutume d'exalter les sciences pour déprimer la religion. » On sait que ces incrédules s'en donnèrent à
cœur joie. Deslandes, rééditant en 1750 son *Recueil
de différents Traités*, ajoutait insidieusement un traité
Sur les Disgrâces qu'essuya Galilée. Le chevalier de
Boufflers glorifiait Moïse en donnant à la *Genèse*
l'agrément du distique et de la rime :

Peuplez-vous, terre et mer ; que maître corbeau perche,
Et le cinquième jour l'Éternel fit la perche.

Voltaire assurément fut le maître du chœur. On
sait, sans qu'il faille longuement préciser, qu'il fut de
maint chapitre de la *Bible* commentateur méticuleux,
qu'il se moqua de Nieuwentyt ou de l'océan que
Burnet fait bouillir, et que Moïse à dix reprises fut
confronté pour sa confusion avec ce qu'enseignaient
ceux-là mêmes que Voltaire n'aimait pas, Buffon ou
Bonnet ou les frères Deluc.

L'attaque amena nécessairement la riposte. Ce ne
furent pas seulement Voltaire ou d'Holbach qui en

pâtirent et que l'on voua aux mépris des âmes pieuses.
On affirma que toute science était maîtresse d'erreur
et de fausseté. A côté de ceux qui l'accommodèrent à
des fins théologiques, de ceux qui cherchèrent à la
concilier, il y eut, dès cette date, tous ceux qui la
renièrent. De vrais savants ou de laborieux chercheurs, Needham, Dezallier d'Argenville, Buc'hoz
le P. Paulian, distinguèrent du moins la science
droite et la science tortueuse, les vrais savants et les
« demi-philosophes » ou « nouveaux philosophes ».
« Il ne faut dans ce siècle lumineux que du nouveau,
dût-il effrayer la raison et saper les fondements les
plus respectables de la religion... Grand Dieu, éloi-
gnez-nous de cet esprit de vertige qui règne parmi
les savants du siècle. » Des poètes qui furent pieux,
Louis Racine ou Dulard, exhortaient en vers aux
docilités orthodoxes :

> Soumettez-vous, Mortels : que votre foi détruise
> Ces mondes qu'à son gré bâtit votre raison
> Et ne rougissez pas de quitter pour Moïse
>   Descartes et Newton.

Les polémistes confondirent plus commodément
dans un même dédain tous ceux qui mettaient
quelque réserve à se fier aux textes sacrés. Les rédac-
teurs de la *Religion vengée*, Hayer et Soret, blâmaient
sévèrement Maillet d'avoir couvert sous des formules
respectueuses des « spéculations abstraites » malen-
contreuses pour *la Genèse*. Pour l'abbé de La Porte,
tous ceux qui construisent des systèmes en marge
des livres saints sont en termes clairs « des hommes
dangereux ». Et dans ses retentissantes *Helviennes*,
l'abbé Barruel mena, tout au long d'un in-12, le bon

combat. « Le systématique, cherchant à expliquer
ces faits par de longues périodes et par des moyens
purement naturels, ne fera jamais que les dénaturer.
Qu'il renonce à la Révélation, ou qu'il croie à la voix
du Dieu qu'elle annonce; qu'il cesse d'affecter un
vain respect plus insultant peut-être que l'outrage et
le mépris décidé. » Comme tous moyens sont bons
pour les fins sacrées et qu'il faut prendre à ses
ennemis les tactiques qui leur servirent, il emprunte
à Grimm, à Borde, à Voltaire les ironies qui firent
leur victoire. Contre Buffon, Bonnet et les autres il
rédige pour les accabler sous leurs sottises une
*Genèse moderne ou bien histoire véritable, physique,
chronologique de toutes les montagnes, de tous les
volcans, de toutes les vallées, des plaines et des mers;
extraite des registres* du *contrôle de la nature et de
l'art de vérifier les dates et les êtres des êtres; le tout
exactement vérifié sur les lieux.* Encore d'Holbach et
Voltaire sont-ils des impies déclarés. Il y a de plus
dangereux adversaires. Ce sont ceux-là mêmes qui
devraient défendre la bonne cause et qui sèment
chez ses fidèles le trouble et la confusion, ceux qui
prétendent justement discuter et justifier la *Genèse :*
« Une philosophie insensée a pénétré jusque dans le
sanctuaire! Et nos prêtres eux-mêmes, ces hommes
consacrés par état à défendre l'authenticité de nos
Écritures, feront tout leur possible pour les rendre
suspectes et nous faire adopter en place de la révélation des systèmes tout aussi ridicules qu'extravagants et imbéciles! » Tel, parmi ces extravagants,
l'abbé Rupicole (lisez Giraud-Soulavie) dont Barruel
maudit copieusement les scrupules et les conclusions. La faute est celle de la science tout entière et

de tous ceux qui songent à observer avant de croire.
Fontanes, à la fin du siècle, fixe en écrivant à
Bernardin de Saint-Pierre la formule de leur erreur :
« Au moins je n'ai pas l'esprit gâté par les méthodes
scientifiques. »

Tel fut le premier heurt entre la pensée religieuse
et les sciences de la vie. Il ne fut ni très retentissant
ni tragique. Il n'y eut ni condamnations pour les
auteurs, ni bûchers pour les livres, ni marque ou
galère pour les libraires et les colporteurs. La lutte
cependant fut ardente ; elle obéit à cette date à des
règles où s'ébauchent toutes les luttes de l'avenir.

La querelle s'engagea mal. Il n'y eut pas tout
d'abord en présence des théologiens contre des
savants. Ceux qui s'inquiétèrent des fossiles et du
Déluge furent savants et théologiens ; ils demandèrent à la nature des preuves pour leurs croyances
autant que des réponses à leurs curiosités. Avec eux
et après eux, presque tous ceux qui furent des gens
de science ou des constructeurs de systèmes gardèrent ces espoirs et ces méthodes. La science fut
appelée obstinément au secours de la théologie. Les
preuves scientifiques donnaient à l'esprit un tel repos
de certitude qu'on leur demanda de porter leur clarté
dans le problème de nos destinées. On espéra que la
religion et que les dogmes poseraient enfin leurs
portiques sur la pierre robuste qu'ajustent l'observation et l'expérience. L'espoir dix fois déçu fut dix
fois repris. Mais l'accord se faisait mal. Il y fallait des
concessions et des compromis. Il y eut des doutes et
des négations, des ironies et des injures. Pourtant
les mésaventures de la *Genèse*, ces divergences qui
se creusaient entre les faits et les textes sacrés susci-

tèrent bien des dialectiques; ils n'alarmèrent à peu
près aucune conscience. Chez ceux-là mêmes qui
subirent la domination de la science et qui suivirent
leurs fossiles loin des versets de la *Genèse*, il y a lieu
de croire que la foi garda ses forces essentielles. Ils
se résignèrent mal à ne pas lui donner l'appui de leur
raison, à ne pas l'associer à cette part d'eux-mêmes
qui guidait leur vie de savants. Ils tentèrent ingé-
nieusement des conciliations. Il n'est pas sûr qu'elles
les satisfirent, mais il est probable que leur religion
n'en fut jamais moins assurée. Il y en eut pour
penser expressément qu'il n'y avait pas d'accord possible entre ce qui ne conduit pas aux mêmes fins,
que la science s'occupe de la nature et la piété de ce
qui surpasse la nature, qu'on pouvait prier en
oubliant ses calculs, et calculer sans faire appel à ses
prières. Ceux mêmes qui reculèrent devant ce
divorce sentirent sans doute que leur science ne
parlait pas le langage de leur piété et que les raisons
de leurs expériences n'asservissaient que leur
raison.

Pourtant si la piété pouvait rester inébranlée, il y
avait quelque chose qui reculait devant la science,
c'était la théologie. Assurément elle avait été tyrannique; elle avait prétendu dominer toute pensée
humaine. Elle avait fait de son autorité la limite
infranchissable où veillait sous ses ordres la puissance sociale. Et elle gardait en ce siècle même les
exigences qui exilaient Voltaire à Ferney, chassaient
Rousseau d'asile en asile, condamnaient Helvétius à
l'humiliation des rétractions, mettaient aux galères
les vendeurs de livres et leurs femmes dans les
prisons. Devant la « philosophie », elle resta guer-

royeuse et légalement fut victorieuse. Devant la
« physique », elle s'inclina. Hayer et Soret affirmaient
pour la défendre que Galilée ne trouverait plus, en
1750, de censeurs pour le condamner. C'était avouer
qu'au-dessus d'elle ou en dehors d'elle il y avait des
certitudes. Elle se résigna prudemment à se taire
quand ce fut la *Genèse* qui fut en jeu. Mais cette
résignation fut malveillante et rancunière. Contre
cette science que des théologiens, protestants il est
vrai, avaient d'abord illustrée on garda des soupçons
et des dédains. Pendant tout le xviiiᵉ siècle, nous
l'avons dit, la moitié des naturalistes furent des pasteurs ou des abbés. Ce fut par eux que grandit ainsi
cette nouvelle puissance où la théologie vint heurter
sa domination. Mais on fit ce qu'il fallait pour ne
plus travailler à son triomphe. L'histoire naturelle
au xviiiᵉ siècle est pour une large part une science
ecclésiastique; on peut assurer que le xixᵉ a fait d'elle
une science laïque.

DEUXIÈME PARTIE

L'ORGANISATION DE LA SCIENCE

CHAPITRE I

LES SYSTÈMES

La théologie au XVIIIe siècle était autre chose qu'une doctrine. Par la Sorbonne, elle était un corps constitué et une autorité. Il y avait pourtant dans le secret de sa force autre chose que les complaisances du pouvoir civil. Elle ne s'était allié le pouvoir que parce qu'elle s'était associé les esprits. Ces forces morales n'étaient pas mortes à la date où survivait sa puissance sociale. Contre la science du XVIIIe siècle elle avait, avec les décrets de prise de corps, la tradition de ses méthodes. La scolastique, liée à la théologie, avait puissamment façonné les esprits à sa mode. Elle pouvait garder sur la science assez d'empire pour l'égarer dans ses domaines.

Le péril n'était pas à cette date chimérique. Les raisons scientifiques n'ont pour adversaires que la raison. Mais la scolastique justement parlait au

nom de la raison. Le merveilleux ne se réclamait,
pour attarder la science, que des instincts inavoués
de notre esprit; l'autorité théologique ne pouvait
que vainement opposer les textes sacrés à ce que les
yeux voient et les pioches déterrent. La scolastique
apportait autre chose : ses méthodes de démonstration et les satisfactions qu'à travers les siècles elles
avaient su donner à l'esprit humain.

On sait quel était le principe de ces méthodes :
enfermer l'esprit en lui-même et le réjouir par les
combinaisons qui s'équivalent entre les données qu'il
s'est posées. La scolastique est la science de se
répéter sans se contredire. Elle vit tout entière de
formules et s'abstrait, dès son point de départ, de
tout contact avec les faits. La science au contraire
partait des faits; sans eux elle n'était que néant. Le
danger pour elle était justement d'allier les démonstrations *formelles* aux démonstrations *réelles*, ou
plutôt de dévier, par impatience, des secondes vers
les premières. Les démonstrations par les faits sont
lentes, incertaines toujours et parfois sans issue;
elles paient mal souvent les labeurs et leurs réponses
ne sont claires que parce qu'elles sont modestes. La
logique scolastique, au contraire, se paie volontiers
de mots. C'est une architecture de formules et le
néant des formules n'importe pas quand l'architecture s'équilibre avec harmonie. La scolastique était
là pour tenter la science et la ruiner.

Elle vivait encore puissamment au xviiiᵉ siècle. La
théologie tout entière s'appuyait sur elle. La philosophie même, dans l'enseignement scolaire, restait
fidèle à ses traditions. Pendant tout le xviiᵉ siècle,
elle s'était assujettie à Aristote et au syllogisme; Des-

cartes avait triomphé parfois de ses routines. Mais les questions proposées, pendant deux années, à la sagacité des élèves de philosophie, étaient encore, en 1730 comme en 1750, de celles dont Pluche se lamente et que déplore le Parlement de Bretagne : « Si Dieu peut être renfermé dans la catégorie de la substance. — Si l'Être est univoque, équivoque ou analogue au respect de Dieu ou de la créature. — Savoir si l'être est univoque à l'égard de la substance ou de l'accident (autre forme du même problème). — Savoir si la matière féconde ou l'élément sensible est dans un acte mixte. — Si la relation du père à son fils se termine à ce fils considéré absolument ou à ce fils considéré relativement. — Si la fin meut selon son être réel ou selon son être intentionnel. » La recherche scientifique elle-même, dans l'enseignement officiel, fut lente à se dégager. D'Alembert, dans l'*Encyclopédie*, louait les jeunes professeurs de l'Université de Paris de leur savoir, de leur esprit et du courage qu'ils avaient de frayer les routes nouvelles ; mais il s'alarmait en même temps que d'autres écoles « fussent fidèles à Descartes et à la physique d'Aristote ». De fait, vers 1750, l'abbé d'Héricault soutenait sa thèse à Saint-Omer sur cette conclusion : « L'unité spécifique d'une science part de l'unité du motif par lequel nous consentons à ses conclusions. »

L'excellent abbé d'Héricault, dont les *Mémoires* sont d'une âme droite et d'un esprit pacifique, n'éprouvait aucune gêne à décider de l'unité spécifique d'une science. Les régents de philosophie élucidaient avec la même dextérité les mystères de l'être et de l'accident. Les triomphes dialectiques pouvaient tenter ceux qui se flattaient de comprendre ce qu'est la vie de la plante, le secret de la génération ou le mécanisme des esprits animaux. Il suffira de citer deux exemples — on en pourrait citer d'autres — par où rivalisent Denyse, professeur de philosophie au collège de Montaigu en 1719 et le P. L. G. D. G. en 1768 :

« Je fais voir dans la pièce latine jointe à cette première partie que les substances sont de vraies formes ou manières d'être, qu'elles doivent être exprimées par des noms *abstraits*, et que le nom d'*étendue* qui est *abstrait* ne doit point nous épouvanter. Je montre que toutes les manières ou façons qui subsistent dans un sujet distingué d'elles, comme la rondeur, qui est une façon d'une partie d'étendue, renferme dans son idée celle du sujet où elle est, c'est-à-dire de la chose qui est de cette manière-là, d'où il s'ensuit que quand on conçoit une manière sans concevoir aucune chose qui soit de cette manière-là, cette manière ou façon ne subsiste point en un sujet distingué d'elle, ou qu'elle n'est point façon d'une autre chose qu'elle, mais qu'elle est une vraie substance. »

« L'esprit de l'animal mâle (d'un chien par exemple) envoie hors de lui un rayon spirituel enclos dans un extrait de son humide radical; c'est la semence du chien. Le rayon spirituel enclos dans cette semence ne tient qu'en partie de l'*âme du chien*; il n'a pas la forme complète de l'âme du chien... Il y a des animaux qui ne sont produits que par la fermentation d'un unique rayon spirituel, et d'un unique écoulement corporel d'un seul animal, comme ceux qui se forment dans les sueurs et les excréments des animaux vivants, des cadavres pourris. »

Pourtant le rayon spirituel et l'humide radical ne suffisaient plus à ceux qui parlaient d'embryogénie. La logique scolastique ou, comme on disait « systématique », se défendit comme elle put dans les classes des régents et dans les chaires des facultés. Mais dès la fin du XVIIe siècle le P. Lamy ou l'abbé Fleury luttaient contre elle. On la mit sans retour à la porte des laboratoires et des « cabinets ». Pluche déjà dans son *Spectacle de la Nature* ou dans son *Histoire du Ciel* qu'on retrouve à l'origine de tant de progrès pédagogiques, écrivit contre elle des pages véhémentes : « Nous nous trouvions à la torture quand il fallait revenir à notre scolastique... Tout ce que nous avons aujourd'hui d'excellents hommes dans les académies célèbres se lasse de courir après l'évidence qui les fuit (entendons l'évidence *rationnelle* ou scolastique) et se trouve bien de l'expérience qui couronne presque toutes leurs peines. » Pluche était régent de collège et abbé. Il fallut moins de courage et d'initiative à Diderot ou aux Encyclopédistes pour accabler la scolastique discréditée. « Il suit de ce qui précède, écrit Diderot... que la scolastique dégrada la philosophie... qu'elle réduisit toutes les connaissances sous un aspect barbare... que leur logique n'est qu'une sophisticaillerie puérile... en un mot que cette philosophie a été une des plus grandes plaies de l'esprit humain. » « Temps ténébreux », répète en écho d'Alembert, et la *Correspondance Littéraire* s'indigne : « Si l'on comptait le nombre d'excellents esprits que cette philosophie scolastique a gâtés depuis tant de siècles, si l'on pensait à l'influence cruelle que cette contagion dogmatique a eue sur le bonheur du genre humain,

on cesserait de regarder l'enseignement de cette philosophie argumentante comme une chose indifférente et de peu d'importance ; on regarderait plutôt
comme un bienfaiteur du genre humain celui qui
pourrait ôter aux hommes cette fureur d'argumenter
dont ils sont tous possédés depuis tant de siècles, et
qui a fait de l'histoire moderne un tableau si atroce
et si absurde. »

Pour une fois Grimm, Diderot et d'Alembert se
trouvèrent alliés à toutes sortes de gens qui n'avaient
pas pour maudire la scolastique la raison qu'elle
était théologique et sorbonnique. Les savants la
méprisèrent. Trembley, l'Anglais Childrey, le *Nouveau Dictionnaire raisonné de Physique et d'Histoire
naturelle*, le comte de Tressan, opposent leurs
méthodes aux « abstractions de la logique systématique », aux « distinctions et chicaneries de l'École ».
« Époque brillante dans les fastes de l'histoire de
l'esprit humain ! C'est alors que les mots vides de
sens disparurent pour faire place à des systèmes
vrais et exacts. » Et les *Observations périodiques* de
Toussaint reprennent à leur compte les vitupérations
de l'*Encyclopédie* : « Échafaudage puéril... chaos
monstrueux... ressource de l'erreur et de la mauvaise foi. » Même les pédagogues s'insurgèrent avec
violence ; ils oublièrent les joutes glorieuses de ces
thèses où les régents et leurs élèves argumentaient
inlassablement : « On a fait main basse, écrit Fromageot, sur toutes ces puérilités savantes qui occu-
paient si sérieusement les maîtres dont le jargon
scolastique étouffait la raison de leurs écoliers. »
L'abbé Gosse affirma que l'Université avait consenti
aux renoncements nécessaires. A dire vrai le jargon

se défendit et la pratique resta trop souvent fidèle à des traditions où les maîtres avaient trouvé leur gloire. Du moins les théoriciens de l'éducation s'étonnèrent et protestèrent. Le *Mémoire du bureau servant de la communauté de Rennes* blâme « cette forme scolastique qui n'est propre qu'à apprendre à discourir longtemps sur des chimères ». On pourrait lui associer Crousaz, Guyton de Morveau, le président Rolland, Chamfort, Vauréal, Maubert de Gouvest, Condillac, le *Journal Encyclopédique* : « la méthode ancienne, cette idole colossale, élevée par l'ignorance, soutenue par son seul poids » ; ou Vanier qui rédige un *Discours* « dans lequel on expose tout le vicieux de l'institution scolastique ».

La chute de la scolastique entraînait après elle bien des ruines. Là même où ses conclusions n'étaient pas décisives elle avait porté ses méthodes et ses illusions. Elle avait cru que par la logique et l'art de ne pas se contredire on pouvait édifier le monde ; elle avait appris aux générations à mettre leur confiance dans la belle apparence des systèmes où l'on construit sur les principes la spécieuse architecture des conséquences. Ainsi l'on avait pris l'habitude de confondre le réel avec l'ingénieuse ordonnance des logiques formelles. Contre ces *systèmes abstraits* les savants et les « philosophes » protestèrent. Sans doute ils se fièrent trop souvent à la raison pure. Soucieux d'agir et de conclure, ils devancèrent imprudemment ce que les faits leur assuraient. Quand l'expérience et l'observation furent trop lentes ou trop incertaines ils prolongèrent ou interprétèrent leurs données. Ils construisirent autant qu'ils démontrèrent. Mais l'erreur fut dans leurs passions plutôt que dans leurs méthodes. Ils ont su comment l'on cherche et comment l'on prouve. Ils ont simplement devancé leurs preuves. Condillac écrira à la fin du siècle un *Traité des Systèmes* où tout un chapitre traitera *De l'Inutilité des Systèmes abstraits*. Il avait eu des devanciers; D'Argens, dans ses *Lettres Juives* qui furent retentissantes, malmenait déjà la philosophie de l'École et ses méthodes : « Lorsqu'un jeune homme a atteint l'âge de neuf à dix ans, il est enfermé dans un collège. On lui inspire de l'horreur pour les sciences par la façon dont on veut les lui apprendre... On lui parle de Gassendi, de Descartes, de Newton, comme de personnes d'un génie médiocre. Il est peu de régent de philosophie qui ne prenne fièrement le pas sur ces grands hommes... » Avant lui Deslandes avait dit leur fait à ceux qui « à la manière de Platon s'efforcent d'introduire des idées abstraites et métaphysiques dans l'étude des choses naturelles ».

Ces idées abstraites et métaphysiques bourdonnaient à leur aise dans les systèmes philosophiques qui décidaient de l'âme et de la pensée. Mais les systèmes ont des ambitions qui ne s'arrêtent qu'où finit le monde. Après la pensée, qui domine la nature, on prétendit expliquer la nature même. On déraisonna rationnellement sur la structure de l'univers et sur les secrets de son histoire. La tradition scolastique multiplia les cosmogonies et les géologies systématiques où s'accordèrent les scrupules logiques et l'incohérence des conclusions. Ces « systèmes » fleurirent, pendant tout le XVIIIᵉ siècle, avec une fécondité obstinée. Leur vitalité et parfois leur succès furent pour la science vraie des ennemis plus redoutables que la palingénésie ou la théologie.

« Deux choses sont nécessaires, écrit M. Denyse, en 1719, dans l'étude de la physique, l'expérience et le raisonnement; nous allons commencer par le raisonnement. » Le professeur Denyse s'est déjà gâté par l'esprit du siècle; l'expérience suit du moins la raison. Il y en eut pour faire au raisonnement plus de crédit et pour se fier avant toutes choses à ses démarches. Des combinaisons scolastiques et métaphysiques furent données pour des réalités décisives. On se flatta que les méthodes du raisonnement fixeraient les principes des choses, et que l'esprit, supérieur à la matière, n'avait qu'à s'interroger pour la comprendre. La *Bibliothèque choisie* de le Clerc, un périodique qui fut très lu au début du xviiie siècle, abrite des polémiques ingénieuses et puériles : « Preuves et examen du sentiment de ceux qui croient qu'une nature qu'on peut nommer plastique a été établie de Dieu pour former les corps organisés. — Éclaircissement de la doctrine de MM. Cudworth et Grew touchant la nature plastique et le monde vital. — Remarques sur le premier principe de la fécondité des plantes et des animaux où l'on fait voir que la supposition des natures plastiques ou formatrices sert à en rendre une raison très probable; etc... » Un anatomiste prudent comme Daubenton ne parlait que d'anatomie, et Réaumur, en les étudiant, ne décidait que des insectes. Mais les principes rationnels avaient, pensait-on, d'autres droits. Ils étaient les maîtres du monde. Il y eut des spéculateurs audacieux pour les suivre.

La Caze, en 1763, ramène « simplement le mécanisme de la fécondation, de la communication du mouvement, de la gravité et de l'attraction à une

cause commune ». Ambition glorieuse qui eut bien
des rivalités. En 1755 le *Mercure* insère un *Mémoire
sur le principe physique de la régénération des êtres,
du mouvement, de la gravité et de l'attraction,*
auquel l'*Année Littéraire* marqua de la sympathie. Et
le siècle touche à sa fin quand M. Chevalier, dont le
Journal des Savants rendit compte, publie un
*Discours philosophique sur les trois principes, ani-
mal, végétal, minéral.* Il y en eut d'autres autour
d'eux pour disputer d'élégance et de simplicité. Nous
ne retiendrons que les fortes raisons par lesquelles,
en 1753, M. Rabiqueau nous expose *Le Spectacle du
Feu élémentaire ou Cours d'Électricité expérimentale
où l'on trouve l'explication, la cause et le mécanisme
du feu dans son origine, de là dans les corps, son
action,* etc... « On observe pour cause invariable du
mécanisme de l'univers les atmosphères perpétuelles
que le feu solaire et les agents terrestres entretiennent ;
ces vides recevant par continuité la chute de l'esprit
d'air, ils établissent la nécessité de la gravitation des
corps au centre de la terre, parce que tous les corps
et matières sont plus pesants que l'air ordinaire,
quoique d'origine la cause de leur pesanteur. Toute
la matière est créée dans l'air ; elle conserve sa
pesanteur, quoique devenue électrique ; parce qu'il
n'y a que le vide, ses canaux de resserrés dans cette
matière, sans expulsion de ladite matière... »

Quand les principes sont découverts et que l'on
tient par eux la clef des choses, il n'en coûte rien de
les dévoiler et de construire selon des architectures
« raisonnables » un système universel. A travers le
xviiiᵉ siècle l'univers matériel fut ainsi reconstruit
inlassablement. Il y eut celui de Maillet qui du moins

s'amusait de ses propres « folies ». Il y eut celui, fort
goûté, de Marsilly qui voyait dans la terre un vaste
corps organisé. Il y en eut d'infiniment plus pittoresques et valeureux et dont nous ne retiendrons que
ceux qui s'obstinèrent dans le dernier tiers du
XVIIIe siècle. Thalès retrouve un disciple anonyme qui
discerne dans l'eau la matière commune de tous les
corps, les « Éléments du système général du monde »
(1772). Le chevalier de Jansau et M. du Chastel
découvrent ailleurs « le mécanisme de l'univers »
(1772) ou « l'âme de l'univers physique » (1776).
Certains y mettent quelque zèle et s'attardent obli-
geamment à nous convaincre. Il faut plusieurs
volumes à un anonyme pour ses *Dissertations sur le
mécanisme électrique universel de la nature relativement à la physique, à la métaphysique, à la politique et à la morale.* Et il en faut deux pour le moins à
cet autre : *La Nature dévoilée ou Théorie de la Nature
dans laquelle on démontre par une analyse exacte de
ses opérations, comment et de quoi toutes choses
prennent naissance, comment elles se conservent, se
détruisent et se réduisent de nouveau en leur essence
primordiale.* Essence inattendue d'ailleurs et sublime :
« Il est sorti de la bouche du verbe une vapeur
ou une fumée. Cette vapeur s'étant condensée en
eau, elle a produit les premiers principes des choses,
savoir le ciel, l'eau et la terre. » Vains bavardages
évidemment, parce qu'ils sont trop longs. Les principes, par définition, sont simples, et, quand on
les tient, les mystères de la nature se révèlent en
quelques traits. Il ne faut que 142 pages in-12 à
M. Pierre Eutrope S. pour exposer des conclusions
inébranlables « sur la génération des êtres organisés

auxquelles on a joint quelques conjectures sur les
principes des corps et une nouvelle théorie de la
terre » (1783). Il n'en faut que 96 à M. P.-B. Deshayes,
docteur en médecine, pour son *Essai de Physique sur
le Système du Monde* (1772).

L'antagonisme entre l'esprit de tradition et celui
d'observation, entre le goût du système philosophique et la précision des certitudes scientifiques se
marqua dans une querelle restée fameuse, celle des
Cartésiens et des Newtoniens. Newton, dès que son
système fut connu eut des adversaires acharnés. Les
« éthériens » ou « impulsionnaires » ne cédèrent
que pied à pied aux « attractionnaires » ou « va-
cuistes ». Autour de savants comme Hartsœker ou
Mairan se rangèrent des troupes véhémentes. Contre
Newton il y a de 1730 à la fin du siècle une douzaine
de Traités et Dissertations, des journalistes comme
d'Argens ou Desfontaines, des poètes, des poly-
graphes comme Mercier et des régents de collège.
D'autres tentèrent de concilier. Le P. Paulian, le
P. Berthier, Desmarais, La Perrière, J.-P. Lansac
justifièrent par théorèmes et corollaires l'allégorie
qu'Eisen dessinait pour le tome VI de l'histoire des
philosophes modernes de Saverien : la déesse de l'astronomie réconciliant deux génies mythologiques,
symboles de Descartes et de Newton. On refusa
pourtant ces accommodements. A l'Académie des
sciences Maupertuis, à l'Université de Paris l'abbé
Sigorgne, pour les gens du monde ou les dames
Newton et Algarotti décidèrent de la victoire. Les
idées nouvelles se vulgarisent. Newton conquiert la
province et les collèges. On l'accepte en 1750 à
l'Académie des Sciences de Toulouse ; on l'enseigne

au collège de l'Esquille, à Angers chez les Oratoriens.
En 1759 le *Journal Encyclopédique* peut affirmer
qu'un partisan des tourbillons ne « préviendrait pas
en sa faveur ».

L'issue du débat était capitale Elle intéressait
autre chose que l'astronomie. Elle portait sa lumière
sur la science tout entière : « Je suis fâché, disait
Voltaire, que vous désigniez par le nom de *Newtoniens* ceux qui ont reconnu la vérité des découvertes
de Newton; c'est comme si on appelait les géomètres
Euclidiens. La vérité n'a point de nom de parti. »
L'abbé Nollet parlait comme Voltaire : « Pourquoi
vouloir être d'un ton décidé et en toute occasion
cartésien, newtonien, leibnitzien... » Il n'y avait plus
de partis et de querelles; il y avait des hypothèses,
toujours incertaines, ou des vérités, dont les preuves
décident. Le système de Newton était bien, si l'on
veut, un système, par les nécessités mêmes du langage humain; mais ce système ne supposait rien; il
suivait avec une exactitude, à cette date rigoureuse,
la limite précise de ses preuves. Les savants se mou-
vaient nécessairement entre les faits qui sont stables,
mais inertes, et les idées qui entraînent mais qui
égarent. Newton leur donna le modèle d'une théorie
dont les liens sont inébranlables parce qu'ils sont
stricts. Il permettait de comparer toute explication
systématique à l'explication limite. L'histoire naturelle, en particulier, lui dut pour une part de prendre
parti dans cette querelle des systèmes qui fixa défi-
nitivement ses ambitions et ses méthodes.

D'autres influences pesèrent d'ailleurs sur ses destinées. Si le triomphe de Newton sur Descartes fut
pour une part le triomphe de la science sur la spécu-

lation, les mathématiques trouvèrent des alliés moins
austères. La première moitié du xviiie siècle vit
renaître, en face des divertissements scolastiques, la
philosophie qui leur avait opposé une des premières
barrières. Bacon fut de ceux dont on glorifia pieusement les défiances et les méthodes. La *Correspondance littéraire* félicite Diderot d'avoir « le premier
fait connaître à ses compatriotes le mérite de Bacon »
et fondé sur sa philosophie « l'immense ouvrage de
l'Encyclopédie » Diderot, si riche pourtant des idées
de Bacon, n'était pas seul. Dès le xviie siècle Baillet,
Saint-Amant, Rapin, Gassendi, le *Journal des Savants*
avaient honoré la mémoire de « ce génie héroïque ».
Au xviiie siècle Voltaire consacre à Bacon l'une de
ses *Lettres philosophiques* (1734). Le *Spectateur*, la
Bibliothèque raisonnée le célébraient comme l'un des
plus vastes génies et des mieux cultivés qu'il y ait
jamais eus. Saverien, en 1742, publie une *Histoire de
la Vie et des Ouvrages de François Bacon* que Deleyre
copie plus ou moins, en 1756, dans son *Analyse de la
Philosophie du chancelier François Bacon*. Après eux
l'éloge de Bacon devient pour ainsi dire traditionnel.
Voltaire faisait à l'occasion quelques réserves. Mais
Condorcet, Condillac, Bernardin de Saint-Pierre,
Buffon exaltent son génie. Des noms moins illustres
leur font cortège, Chamfort, Saverien, Le Clerc, le
P. Navarre et d'autres : « Ame sublime... génie
sublime.... génie créateur qu'on vit seul, pour ainsi
dire, aux prises avec l'esprit de tous les hommes...
ce philosophe entrait dans le chemin de la vérité à
pas de géant. »

Mais les conseils de méthode ne sont rien sans les
exemples. Les progrès soudains de l'histoire natu-

relle seraient inexplicables si elle ne s'était adaptée
à des modèles que de lents progrès avaient créés. La
ruine de la scolastique ou des systèmes métaphysiques, avant d'être l'œuvre de Diderot ou de Condorcet, avait été celle des Galilée, des Pascal, des
Huyghens ou des Rohault. L'histoire naturelle en se
mettant à l'école de l'observation et de l'expérience
ne fit qu'emprunter ses disciplines à la physique pro-
prement dite. C'est cette organisation définitive de
la physique et ses conquêtes sur l'opinion qu'il
importe de résumer.

Le grand organisateur de la victoire au XVIIIᵉ siècle,
fut l'abbé Nollet. Galilée ou Huyghens ou même
Pascal étaient connus des gens de science; ils
l'étaient moins des curieux et des gens du monde.
En 1701, M. Dagoumer, professeur de l'Université
de Paris conviait déjà le public à suivre ses expériences. Et la foule qui s'y presse fut si grande qu'on
dut construire, dit le *Mercure*, des amphithéâtres
spacieux. L'abbé Nollet réussit mieux encore. Il fit
de la physique expérimentale un plaisir d'amateur et
un divertissement à la mode. Il eut l'idée, en 1734,
d'établir un cours de physique d'où furent bannies
avec les spéculations systématiques, les complexités
trop savantes de la haute mathématique. Il apporta
simplement sur sa table ses machines, ses leviers,
ses fourneaux et ses lentilles, et n'affirma rien qui ne
se traduisit aussitôt en preuves de fait. Le succès
fut retentissant. Il eut pour auditeurs des personnes
« de tout âge, de tout sexe et de toute condition ».
De grandes dames lui amenèrent le cortège de leurs
fidèles. Le duc de Penthièvre assiste à ses cours en
1738. On l'invite à donner à Versailles des leçons au

duc de Chartres et pendant dix ans au Dauphin. Aux
frais du roi, il voyage en Angleterre et en Hollande;
il enseigne, tout en s'instruisant, en Italie, Allemagne, Hollande, Angleterre. Enfin le 16 mai 1753 il
inaugure pour l'Université de Paris, au collège de
Navarre, une école de physique expérimentale
fondée pour lui par le roi. « Ce fut, dit Toussaint,
une école de goût pour la philosophie. » Plus de six
cents auditeurs s'y pressaient. Les *Leçons de Physique
expérimentale* avaient au moins trois éditions. Son
Art des Expériences, qui vulgarisait l'art de construire les « machines », fut lui aussi trois fois réédité
et pillé par les compilateurs. Dès 1744 le *Journal des
Savants* le félicitait « d'avoir écrit le premier ouvrage
où l'on trouve une physique prouvée par une suite
d'expériences qui se servent mutuellement de
preuves ». L'*Année Littéraire* constatait, en 1755, son
« succès prodigieux », et Desfontaines qui n'a pour
les sciences ni curiosité ni sympathie renouvelait
pourtant les éloges pour la méthode et pour le cours.

Certes il y avait autre chose dans ce triomphe que
l'amour de la vérité. Le physicien Marivetz avoue
qu'on y allait « presque comme à la lanterne magique ». Mais la mode et les dames et les gens de cour
se mêlaient à des curiosités plus sincères. L'exemple
de l'abbé Nollet, les ambitions généreuses de cette
jeunesse lasse des tournoiements de la scolastique,
multiplièrent bientôt, dans tout Paris, les cabinets,
les expériences, et la domination décisive des faits et
des preuves. Avec l'école de l'abbé Nollet il y a,
après 1750, celle de M. Pagny, « maître de physique
de la reine » et « démonstrateur de l'Université de
Paris », rue Guénégaud, fort achalandée. Quand

Nollet enseigna officiellement au collège de Navarre
il se lassa de la fatigue de ses cours particuliers.
Brisson les reprit en 1762. Au Havre l'abbé Dicquemare eut sans doute peu de succès : deux tentatives,
en 1761 et 1769, échouèrent devant l'indifférence des
indigènes. A Chartres l'abbé Delorme ne fut pas plus
heureux que Dicquemare. Mais à Montpellier Guisard
enseigne dès 1744. A Verdun, de 1768 à 1774, le professeur de philosophie donne deux leçons publiques
de physique expérimentale chaque semaine. Le sieur
Damoreau, élève de Nollet, parcourt les grandes villes
de France et enseigne pour douze sols par personne,
de quatre à huit heures du soir; à Rodez le cours
public est prospère. A Paris, Sigaud de la Fond et
Maubert de Gouvest rivalisent avec Brisson.

Surtout la physique expérimentale pénétra très
vite l'enseignement. Les deux années de philosophie
qui terminaient les études étaient toutes préparées à
lui faire place. La philosophie scolastique qu'on y
enseignait se complétait d'ordinaire par la construction d'un système du monde. La métaphysique y était
sans doute souveraine; mais avec Descartes, et plus
précisément avec Newton il fallait garder quelque
respect pour l'expérience. Par la force insensible et
décisive qu'ont les faits sur les abstractions l'enseignement s'orienta vers les méthodes de l'abbé
Nollet. Pour cette « physique particulière » qui
s'opposait aux spéculations de la physique générale,
Desfontaines demandait toute une année : « La jeunesse que la philosophie rebute y prendrait goût. Ce
serait pour elle une occupation et un plaisir. On ne
les formerait plus à disputer sur des mots; on ne leur
remplirait plus la tête de vaines questions... on peut

bien appeler la méthode scolastique *ingeniorum
rea.* » La pratique devança les désirs de l'abbé Desfontaines. Dès le commencement du xviiiᵉ siècle un
démonstrateur ambulant faisait quelques expériences
dans les collèges de Jésuites. « Le goût des expériences, écrit Pluche en 1739, a passé des Académies
dans les Universités. Les plus habiles maîtres de
philosophie donnent de jour en jour des bornes plus
étroites aux spéculations incertaines et aux géné-
ralités qui promettent l'explication de tout, pour s'en
tenir modestement à ce qui est de fait et de pratique...
Ils emploient aujourd'hui en plusieurs endroits près
des deux tiers de leurs cours à exercer leurs élèves
dans tout ce que la physique moderne a de plus
utile. » De fait Nollet reconnaît que depuis 1738 « plusieurs collèges de Jésuites, des P. P. de l'Oratoire,
de la doctrine chrétienne et de Saint-Lazare, se sont
mis dans l'usage de représenter les preuves d'expérience dans les exercices publics. » A Reims l'Université les imite. L'abbé Delor, en 1760, organise des
cours particuliers. Avec Sigaud de la Fond il se partage une part de l'enseignement dans les collèges de
la capitale. En 1788 il y a vingt professeurs de philosophie qui enseignent dans l'Université la physique[1].

La province suivit capricieusement l'exemple de
Delor et de Nollet : « Les cours de physique expérimentale, écrit en 1763 Caradeuc de la Chalotais,
commencent à s'introduire dans les provinces. »
Débuts incertains et qui se hâtèrent ou s'attardèrent
selon la culture des régents, les ressources du collège

---

1. Le seul pédagogue qui élimine explicitement la physique
de son programme est, à notre connaissance, de Bury.

ou les scrupules des directeurs. A Vitry-le-François, en 1762, il n'y a pas de prix de mathématiques ou de physique. A Tulle, en 1761, il n'y a pas d'exercice de sciences dans les programmes de fin d'année. A Verdun, en 1782, on enseigne bien, en deuxième année de physique, la physique expérimentale, mais les expériences sont très négligées. Le budget du cabinet de physique de Troyes n'est que de quarante livres par an. A Poitiers les Jésuites s'occupent peu de science, et les machines qu'on trouve après leur départ sont rudimentaires. Pourtant l'enseignement de la physique dépasse les espérances de Caradeuc de Chalotais. Dès 1738, selon l'abbé Nollet, les expériences se répandaient de jour en jour dans les écoles de province. Les lettres qui quêtaient près de lui les conseils se faisaient si nombreuses qu'il rédigeait son *Art de faire les expériences*. En 1724, à Montbéliard on fait un peu de physique en cours supplémentaire. Il y a des machines et des thèses à Marseille en 1742. A Angoulême, en 1749, on achète une machine électrique et une pompe pneumatique. Après 1750 les physiques expérimentales et les « démonstrations » se multiplient. A Pont-à-Mousson, dans les thèses de physique, la discussion expérimentale prend les deux tiers de l'exposé. Création d'une chaire à Orléans en 1762, au collège de Guyenne à Bordeaux, en 1763; en 1771 à Montbéliard; en 1774 à Gray. On trouve des cours, des machines, des thèses, en 1753 au Mans, en 1759 à Juilly, en 1765 à Angers, vers la même date à Dole, Cahors, Rodez [1]; à la fin du siècle à Saint-Omer.

---

1. Voici la description du cabinet de physique d'Épinal, en 1762 :
« Deux roues à électriser, machine pneumatique, miroir concave,

Tout cela n'est encore qu'études de philosophes et même de deuxième année de philosophie. Seuls suivaient à l'ordinaire ces cours ceux qui se destinaient aux ordres, au droit, à la médecine. La discipline de ces expériences ne formait qu'une élite d'élèves; d'Alembert demandait, et le *Nouveau Dictionnaire raisonné de Physique* s'accorde avec lui, qu'on fît à la métaphysique et à la logique de moins scrupuleuses politesses et qu'on donnât place à la physique dès la première année. Nous ne connaissons pas de collèges de Jésuites ou d'Oratoriens qui aient été plus novateurs que d'Alembert et qui aient associé la physique aux Belles-Lettres. L'attrait des prismes, des lentilles ou des pompes pneumatiques ne se mêla pas aux grâces de la rhétorique et du vers latin. Mais les théoriciens devancèrent plus allégrement les régents. Les méthodes d'instruire, écrivait la *Correspondance littéraire*, se sont perfectionnées. On a senti « la nécessité de faire de l'observation des faits la base de toutes les sciences morales et physiques ». Le compliment vaut pour quelques pédagogues. Philipon de la Madelaine propose l'étude de la physique expérimentale dès huit ans. Il la reprend dans sa quatrième classe (notre troisième). Le *Cours d'Éducation pour les écoles du second âge* de Wandelaincourt, qui fut prospère, partage son deuxième volume entre la mythologie, l'astronomie et la physique. Picardet enfin donne à son système l'attrait des formules décisives. Plus de

chambre obscure, tablette de collision avec ses boules, roues dentées en bois, poulies, une balance hydraulique, vingt-cinq pièces de verre, vingt et une paires de roues, différentes machines de statique en bois, un fusil à vent, un optique, un miroir cylindrin et un prisme triangulaire, une lanterne magique. »

contes de nourrices, plus de fables de La Fontaine. De deux à quatre ans Buffon ; à quatre ans la physique ; et le latin à quinze ans seulement.

Au total ce fut sans doute une pratique scolaire assez timide ou des paradóxes sans conséquence ; mais ce fut aussi le goût pour la physique expérimentale puissamment vulgarisé : « Il serait à souhaiter. écrivait Nollet en 1738, que cette science devenue plus certaine, et conséquemment plus intéressante, étendît ses progrès jusque dans les familles, et qu'étant aussi capable d'orner l'esprit et de remplir ses moments de loisir avec agrément et tranquillité, elle devint un bien dont la possession fut commune à tout le monde. » Les souhaits de Nollet furent abondamment réalisés. « La physique a ses grâces et ses charmes, écrit le P. Regnault (1734). On l'estime ; elle plaît ; on l'aime ; elle est bien venue partout, même à la Cour. » La *Bibliothèque d'un homme de goût* oublie pour la physique tout ce qui fût le goût cent ans plus tôt. « Les livres les plus agréables et les plus utiles sont, sans contredit, ceux qui roulent sur la physique. » Philipon de la Madelaine s'en émerveille en termes galants : « La doctrine des gaz enflamme à présent toutes les imaginations et peut-être tourne toutes les têtes. » L'abbé Nollet doit avouer en 1775 que le goût de la physique « est devenu presque général ». Les femmes s'en mêlèrent allégrement. « N'est-il pas honteux, disait en 1765 le *Journal des Dames*, que la plupart des femmes, je n'ose dire des hommes qui entrent dans le monde, n'aient pas la moindre notion du premier des arts. » Ce premier des arts, c'était la physique, et Mme de Miremont se chargeait, dix-huit ans plus tard, de l'enseigner aux tomes III et IV de son *Traité de l'Éducation des Femmes*. A Montpellier, en 1786, l'abbé Bertholon faisait un cours au cabinet de physique des États de Languedoc pour la seule Mlle Dillon. Il y eut dix *Manuels, Leçons, Abrégés, Dictionnaires à la portée de tout le monde*, ou *des gens du monde*.

Si bien qu'on s'inquiéta pour la destinée des Belles-Lettres et qu'on fit grief à la physique, comme on le fit à la philosophie, de triompher sans mesure et de prétendre dominer sans partage. « J'ai aimé la physique, écrivait Voltaire en 1741, tant qu'elle n'a pas voulu dominer sur la poésie ; à présent qu'elle écrase tous les arts, je ne veux plus la regarder que comme un tyran de mauvaise compagnie. » Le procès valut que les Académiciens le jugeassent. L'abbé du Resnel publia des *Réflexions générales sur l'utilité des Belles-Lettres et sur les inconvénients du goût exclusif qui paraît s'établir en faveur des mathématiques et de la physique*. L'Académie des Incriptions le discuta et l'approuva.

Si la Tragédie ou l'Églogue s'accommodaient mal de la rivalité des équations, des balances et des leviers, l'histoire naturelle trouvait dans cette physique glorieuse ses modèles et ses guides. Par l'influence de Newton, par celle de Bacon, par le mouvement même de la pensée, lasse de tant de siècles de chimères et de vaines disputes, elle s'orienta invinciblement, contre le merveilleux, l'autorité théologique, la tradition scolastique et l'ambition métaphysique, vers la modestie de l'expérience et des faits. Parfois le passé et le présent se mêlèrent si curieusement qu'on suit chez quelques naturalistes oubliés la lutte entre les traditions et les disciplines de l'esprit nouveau. Lors même qu'on s'encombre de théologie, déraisonne rationnellement, équilibre des chimères ou compile des légendes, on se réclame de l'expérience et l'on demande aux faits qu'ils soient garants. Noguez en traduisant l'*Existence de Dieu démontrée par les Merveilles de la Nature* de Nieuwentyt affirme qu'on y trouve « une physique étendue, appuyée sur de nouvelles observations, uniquement fondée sur l'expérience et la raison ». *Les Curiosités de la Nature et de l'Art*, de l'abbé de Vallemont, le livre du professeur Denyse : les *Principales Merveilles de Nature*, les *Observations curieuses* du P. Bougeant, nous ont fourni des exemples pittoresques des forces qui résistent à la science. Pourtant tous les quatre vêtirent leurs sottises de la peau du lion. « Le raisonnement sans l'expérience, dit Denyse, se perd et s'égare le plus souvent en des spéculations abstraites et métaphysiques, sans nous conduire à rien de solide et de réel. » Et Vallemont lui fait écho : « Je crois avoir donné à cet ouvrage toute la certitude et l'évidence qu'on peut exiger en manière de physique où tout se décide par le raisonnement et par l'expérience qui doivent mutuellement s'appuyer et se souvenir. On trouvera que je n'ai point séparé ces deux choses, et qu'elles marchent dans cette alliance qui fait toute la solidité de la physique. » De fait Vallemont juxtapose aux secrets précieux de la palingénésie de solides et précises expériences sur la germination, la sève, etc. Les *Principales Merveilles de Nature* tiennent pour le moins à se justifier et publient le catalogue des auteurs qu'elles ont compilés. Le P. Bougeant pour son premier volume, en 1719, a pensé que son nom suffisait et que les preuves n'importaient pas quand il parlait

du basilic au mortel regard. En 1730, la méthode est
caduque. Et quand il rédige son premier volume il y
joint, pour répondre aux critiques, les références qui
l'autorisent. Il s'excuse même, au tome III, de con-
stater plus souvent qu'il n'explique, car il imite dans sa
prudence et Scheuchzer et la retenue de l'Académie
des sciences « à ne point hasarder de systèmes ».

Nous avons rencontré, attardés dans les routes du
merveilleux et de la théologie, des naturalistes qui
furent sérieux, Marsilly, Bertrand, Bourguet, Robinet,
Clément de Boissy. Clément de Boissy intitule lui-
même son livre un « ouvrage physico-métaphysico-
moral ». Il multiplie pourtant les observations
détaillées et précises qu'il emprunte à une centaine
d'excellents ou d'honnêtes savants. Robinet s'aventure
jusqu'à la « physique des esprits », à la « recherche
de l'organe du sens moral ». Il les croit pourtant soumis « à des principes aussi constants, aussi invariables
que les règles de l'optique et de l'acoustique », et ses
démonstrations sont par lemmes et corollaires. Bertrand et Bourguet s'égarent à l'occasion, parce qu'ils
sont gens qui pensent à leur salut avant de songer à
leur science. Ils furent pourtant d'excellents observateurs et qui ont laissé des livres importants. Avant
eux, dès 1725, Marsilly écrivit sur les mers, leurs
côtes et leurs fonds le premier livre qui compte ; sa
théorie de la terre organique dévie seulement vers
de fâcheuses hypothèses une méthode que Boerhave
précisa dans la Préface : « La connaissance des corps
qui s'acquiert par les sens doit marcher la première ;
elle doit être mise en usage et bien exercée avant que
la raison entreprenne d'en disputer. »

L'accord restait périlleux, malgré tout, entre

l'expérience et les séductions des systèmes. L'exemple de ceux qui l'avaient tenté montrait la fragilité de leurs chimères. Les observateurs scrupuleux mesurèrent la distance entre les preuves assurées et les spéculations des synthèses hâtives. Ils se refusèrent vite à la franchir et tranchèrent sans réserve un débat où la science tout entière engageait ses destins.

La science n'avait que faire assurément de faits sans liens et sans conclusions. Elle n'avait séduit l'esprit humain que parce qu'elle voulait expliquer. Méthodique et patiente elle voulait donner des choses des explications qui fussent décisives et non pas vaines. Seulement ces raisons n'étaient pas dans les choses mêmes; c'est l'esprit qui les concevait. Les faits n'étaient rien sans l'hypothèse qui suggère leurs affinités. Et l'hypothèse elle-même n'est que l'ébauche d'un système. La scolastique se mourait parce que ses systèmes n'avaient pas d'autre appui que la pensée; mais à côté de ses « systèmes abstraits », pouvait-on se passer de ce que Condillac appelait les systèmes concrets. Du système du monde qui organise les lois de l'Univers à la loi de Mariotte qui fixait celle des gaz la distance était longue. Mariotte pourtant proposait en quelque sorte un système, comme on devait le voir quand d'autres théories expliqueraient l'élasticité des gaz. On est systématique dès qu'on dépasse la simple affirmation des faits. Que fallait-il donc penser de l'hypothèse qui ébauche et du système concret qui achève et conclut. La question était de celles qui portaient en elles l'avenir de la science. Les naturalistes la posèrent clairement dès le XVIIIᵉ siècle.

Là, comme ailleurs, le passé fut tenace. La tradition

métaphysique et le vertige d'enserrer l'univers
tournèrent encore quelques têtes. Alors même que
l'esprit de système ne fut plus qu'un prestige suranné,
quelques attardés mirent en lui leurs espoirs : « J'ai
ouï dire, écrit Condillac, qu'un de ces physiciens, se
félicitant d'avoir un principe qui rendait raison de
tous les phénomènes de la chimie, osa communiquer
ses idées à un habile chimiste. Celui-ci ayant eu la
complaisance de l'écouter, lui dit qu'il ne lui ferait
qu'une difficulté, c'est que les faits étaient tout autres
qu'il ne le supposait. Hé bien, reprit le physicien,
apprenez-les moi afin que je les explique. » L'anecdote
de Condillac est autre chose qu'un pittoresque
symbole. Il y eut quelques-uns de ces physiciens-là.
D'Alembert, après 1760, s'indignait que dans les
collèges de l'Université de Paris on « bâtit à sa mode
un système du monde ». De Gamaches en effet
protestait hautement contre l'esprit de prudence :
« Selon eux, pour devenir physicien, il ne faut pas
remonter des effets à leur cause, il ne faut qu'avoir
des yeux et les ouvrir... cependant, rassurons-nous,
rien ne prescrit contre la raison. » C'est au nom de
cette raison-là, qui dictait à de Gamaches son
Astronomie physique, que l'on tenta d'audacieuses
aventures. Newton constatait la gravitation : il ne
l'expliquait pas. Mais de Vivens apporta, en 1749,
une *Nouvelle Théorie du Mouvement, où l'on donne
la raison des principes généraux de la physique*. En
1764, il se trouvait un ambitieux pour envoyer au
Journal Encyclopédique le *Plan d'une Histoire
naturelle à l'imitation de Pline, précédé d'un nouveau
système de physique sur les principes de la nature*.
Ladite histoire commençait à Dieu qui crée la

matière, passait par le mouvement, le ciel et la terre, pour se prolonger jusqu'aux insectes. On trouverait encore en 1784 la *Découverte des Principes de l'Astronomie,* par Trottier, « aussi bête qu'impudent », dit Lalande; en 1787 une *Physique nouvelle formant un corps de doctrine*, par Delairas.

Mais ces aventures vagabondes n'intéressaient plus guère que leurs inventeurs. Delairas publiait « chez l'auteur »; le *Plan* du *Journal Encyclopédique* demeurait un *Plan.* Les systèmes universels furent voués par les physiciens et les naturalistes au mépris des générations. Dès le début du siècle l'accord des méthodes est fixé. « Il est surprenant, écrit le *Journal des Savants* en 1705, à propos des histoires de Vallemont — et en traduisant Cicéron — qu'on ne puisse rien imaginer de ridicule qui ne se trouve avoir été avancé par quelque philosophe. » Contre le ridicule de ces philosophes, tout le monde se défendit. Pluche, pour s'émerveiller de leur sottise, se hausse jusqu'à l'éloquence : « Rien ne les arrête. A les entendre ils connaissent le fond de la nature spirituelle et de la corporelle. D'un tour de main ils rompent la matière et l'arrangent à leur gré. Créateurs ou partisans d'un système d'imagination qui embrasse tout l'univers, ils n'ignorent ni le jeu des grands ressorts qui font mouvoir le monde, ni la fabrique des plus petites parties qui le composent. Ils parlent de tout et décident hardiment de tout. » Mais leurs décisions, avant même 1750, ne sont plus pour les savants qu'un vain bruit de mots. « Ne faisons point de système, écrivait Fontenelle à l'abbé Grozellier; nous ne sommes point assez riches pour cela; faisons beaucoup d'expériences; amassons des faits. » C'est

l'avis de Lesage et du *Journal des Savants* : « On s'est
trop hâté de faire des hypothèses... on doit attendre
pour faire des systèmes de physique que l'on ait une
histoire naturelle complète. » C'est l'opinion de
Voltaire ou de Nollet, celle que Deslandes emprunte
à Harvey : « Un système, fût-il le plus ingénieux du
monde ne servirait qu'à nous enorgueillir et non à
nous rendre plus savant. »

Même des journalistes font écho. Le *Journal de
Trévoux* emprunte à Scheuchzer des paroles sévères :
« On s'est trop pressé de bâtir des systèmes...
Descartes lui-même aurait gagné à différer » ; et
Desfontaines parle avec véhémence : « Les personnes
sensées méprisent ce qu'on appelle physique systématique, frivole et stérile jeu de l'esprit, où il n'y a que
ténèbres, fantômes et incertitudes... on les regarde
comme des romans qui bornent l'esprit et lui dérobent
la variété infinie de la nature. » Les poètes s'associent
aux gens de science. Dulard avant de célébrer en
sept chants la *Grandeur de Dieu dans les Merveilles
de la Nature* prend le soin de justifier ses méthodes :
« Les faits que démontre la physique expérimen ale
sont bien plus concluants que les subtiles spéculations
de la physique systématique. Ils forment le seul
système qui soit marqué au sceau du vrai... au
tribunal de l'esprit de justesse, rien n'emporte une
conviction plus entière que les preuves de fait. »
Ce sont là, disait Desfontaines, des « maximes
triviales ».

De cette date (1736-1750) à la fin du siècle elles
le furent évidemment. Diderot tend la main au
P. Berthier. Condillac tout au long de son *Art de
Raisonner* ou de son *Traité des Systèmes* met en garde

contre « la manie de généraliser », contre l'ambition
d'établir en physique un « système général »; il
s'accorde pour une fois avec des polémistes qui
bataillèrent contre les doctrines des philosophes : le
P. Harel ou l'abbé Feller inventent à l'usage des
constructeurs de systèmes et pour railler le « ridicule
de leurs visions », le nom de « systémateurs ».
D'autres se joindraient à eux, et Mercier à la fin du
siècle résumait leurs formules sévères : « Celui qui
annonce une théorie universelle, comme s'il avait
assisté au jour de la création, croit parler à des enfants
crédules; et toute son éloquence ne lui ôte pas je ne
sais quelle physionomie voisine du charlatanisme. »
Les régents de collèges eux-mêmes s'en mêlèrent. Le
Manuel de Philosophie de l'abbé Migeot, en 1784,
affirmait qu'il est « indigne d'un philosophe de se
laisser prévenir d'un système ». Et dès 1759 un élève
du collège de Troyes, au frontispice de sa thèse,
tressait des couronnes aux dieux nouveaux. L'expérience est « la voix et l'oracle de la physique. Tant
que cette science s'en est tenue à des spéculations
vagues et stériles, on l'a vue gênée et languissante. »

Sur les « théories universelles » l'accord devait se
faire aisément. De système en système elles n'avaient
entassé que des ruines. Mais il était permis peut-être
de tenter de moins chimériques synthèses. Si l'on
échouait à expliquer l'univers, sans doute pouvait-on
rendre compte de quelques-uns de ses rouages. Il
devait être permis de grouper avec prudence les
observations pour les conduire vers les conclusions
d'ensemble. Même on pouvait les devancer, se fier à
l'occasion à leurs suggestions, et demander ensuite
à de nouveaux faits d'affermir les preuves décisives.

La science la plus circonspecte devait sans doute se prolonger jusqu'à l'hypothèse, ébaucher de ces systèmes partiels qui mettent dans la confusion des faits quelque lumière et qui sont les raisons de la recherche et les stimulants de l'expérience. On le nia pourtant ou l'on s'en défia. Trop longtemps abusée par les « idées », la science ne vit plus en elle que des fantômes décevants. Tombée des vaines hauteurs de la métaphysique elle voulut marcher pas à pas. Elle se défia de toute audace. Sur ce point, dès la première moitié du siècle, physiciens, naturalistes, vulgarisateurs semblent s'emprunter leurs formules et se transmettre leurs serments.

« On doit proscrire et éliminer de la physique, écrit le grand Musschenbrœk, toutes les hypothèses et les conjectures... les observations et les expériences sont les seuls fondements de la physique. » Deslandes qui commente et vulgarise Musschenbrœk reste fidèle à ces principes : « Une ressource se présenta, et on la prit : ce fut de cultiver la philosophie expérimentale sans s'embarrasser d'aucun système ; de recueillir des faits bien avérés et bien certains, de faire des expériences en grand nombre, de les varier de toutes les manières possibles. » Pluche, pour des raisons de piété qui s'associent aux raisons de science, enseigne les mêmes modesties : « Vous autres philosophes, vous ressemblez assez aux ouvriers d'un maître horloger qui, ayant reçu du cuivre et des outils pour faire chacun une roue, passeraient leur journée à disputer avec chaleur sur la nature du cuivre et de l'acier. » Les « philosophes » mêmes furent avec Pluche et non avec les « systématenteurs ». Voltaire demandait qu'on bannît l'imagination de la physique et se louait qu'on eût « substitué la véritable physique aux systèmes ». Toute l'*Interprétation de la Nature* de Diderot élève contre la physique rationnelle la physique strictement expérimentale : « Aie toujours présent à l'esprit qu'une *hypothèse* n'est pas un fait... » Des noms moins illustres certifient la doctrine; des journalistes comme Leclerc : « La physique s'est beaucoup plus avancée depuis que l'on a quitté les suppositions et les conjectures pour s'attacher aux faits qui sont les seuls assurés »; des physiciens comme le P. Côtes; ou même des compilateurs comme le P. Bougeant dont les *Observations curieuses* abritent leurs curiosités trop naïves sous les justes sévérités de Fontenelle contre les « systèmes hasardés ». Dès 1741 Bazin pouvait écrire que « le système présent en matière de physique était de n'avoir aucun système »; et Mairan [1] concluait en 1749 : « Système ou chimère semblemt être aujourd'hui termes synonymes... se déclarer contre les systèmes et assurer que ce qu'on va donner au public n'en est pas un, est devenu un lieu commun des préfaces. »

Dans la deuxième moitié du xvIII⁰ siècle, la réprobation se fait clameur. Philosophes, physiciens, naturalistes, journalistes élèvent contre l'hypothèse et l'esprit de système les mêmes armes obstinées : « Les jours d'erreur sont passés », disait en 1752 le comte de Tressan. Entendons les jours où l'on s'intéressait aux hypothèses. A peine, écrit Martin dans son chapitre des *hypothèses* « les philosophes de ce

1. Mairan (1678-1771), de l'Académie des Sciences et de l'Académie française, dont les travaux furent très célèbres au xvIII⁰ siècle.

temps... emploient-ils le nom dans leurs écrits ».
Quand Deslandes réédite en 1750 son *Recueil de plusieurs Traités*, il développe et insiste : « Les systèmes
les plus renommés, les hypothèses les plus ingénieuses
ne sont que des romans où le vrai est noyé dans une
infinité de conjectures frivoles et de pensées jetées au
hasard... A l'égard des hypothèses, quelque bien tra-
vaillées et quelque ingénieuses qu'elles soient, on doit
en faire le même cas que font des fables et des romans
ceux qui aiment la vérité historique. » Les grands
savants, à cette date, Nollet, Deluc, Bertrand, parlent
avec la même décision et la même sévérité. Condillac
écrit contre les systèmes son *Traité des Systèmes* et
quelques pages de son *Histoire*. Ceux qui les imitent,
et dont les formules sont plus sûres à l'ordinaire que
les enquêtes se prévalent pourtant de la même
méthode. Telles la *Physique expérimentale* de Cochet
ou la *Bibliothèque de Physique* de l'abbé Lambert :
« Il faut se défier des systèmes... cet édifice [physique
et histoire naturelle] n'a pris une forme régulière que
depuis qu'elles ont renoncé à l'esprit de système et
lui ont substitué le génie d'observation. » Le *Journal
Encyclopédique* les confirma et le *Mercure* lui-même,
à la fin du siècle (1784), s'attarde à louer pendant
deux pages la physique et l'histoire naturelle qui ont
dressé l'expérience contre l'hypothèse.

On en vint même, par ferveur de précision, à nier
non seulement les hypothèses qui se donnent pour des
certitudes, mais celles mêmes qui se présentent pour
ce qu'elles sont, pour des suggestions que les faits
condamneront ou confirmeront. « Heureux, écrit Condillac, celui qui viendra dans un temps qui lui four-
nira assez d'observations pour n'avoir pas besoin

d'imaginer. » Quelques-uns crurent ces temps venus.
Il n'y a pas d'homme moins systématique que l'abbé
Nollet, et pour lui l'observation et l'expérience sont
« presque les seuls moyens que puisse employer un
savant ». Il y en a, dit Bertier « qui ne veulent pas
même de physique systématique, quoique expérimentale et quoique appuyée sur la géométrie et sur le
calcul... qui veulent bannir toute connaissance où il
entre du raisonnement ». Ces scrupules méticuleux
parurent cependant ce qu'ils étaient, de lourdes
entraves et de périlleuses prudences. Les faits seuls
sont inertes ; l'expérience est muette quand on ignore
ce qu'on lui demande, et ces demandes sont des hypothèses. Même les hypothèses systématiques, celles
qui sont non le principe de l'expérience mais son
terme provisoire, sont dans la conquête scientifique
des moyens toujours nécessaires : elles classent,
résument, orientent, et par les discussions mêmes
qu'elles suscitent, elles déterminent la limite chan-
geante du provisoire et du certain. Idées banales
aujourd'hui pour ceux qui parlent de méthode. Elles
furent exprimées clairement au xviiie siècle par ceux
qui discutèrent d'histoire naturelle.

« Il faut à la fois, écrit Sébastien Mercier, la
patience qui examine et le feu rapide de la pensée qui
vole sur l'ensemble... la pratique minutieuse et la
théorie sublime. » Il était d'accord avec l'*Encyclopédie*, avec des philosophes comme Condorcet, des
compilateurs comme Beaurieu ou Leclerc, des médecins comme La Caze, des chiméristes comme La Perrière ; il s'entendait avec dix autres. Les raisons
qu'on en donne sont les raisons qui maintenant
seraient nôtres. L'*Encyclopédie*, longuement (art.

Hypothèse), les discute et les classe. Les hypothèses méthodiques sont peut-être vaines, dit la Chesnaye, pour les « grands observateurs » ; elles sont du moins un moyen nécessaire et commode d'exposition. Pour les savants mêmes, elles mettent dans les faits un ordre nécessaire. « Les ennemis des systèmes, dit Geoffroy, semblent vouloir faire retomber les sciences dans cette espèce de confusion dont elles ont eu tant de peine à sortir... les systèmes sont au moins nécessaires pour faciliter l'étude de la nature, qui sans cela devient impraticable. » Ce sont eux qui marquent l'intermédiaire entre l'obscure nature et les nécessités de l'esprit humain : « C'est ce que ne considèrent point assez, écrit Deluc, les naturalistes qui crient, *les Faits! les Faits!* Comme si nous connaissions beaucoup mieux les faits que les principes. Nous ne découvrons que quelques petits coins des uns et des autres; et sans leur aide mutuelle le philosophe ne serait qu'un visionnaire et le naturaliste qu'un nomenclateur. » L'hypothèse pour le moins résume : « Il y a cependant un cas, ajoute Deslandes dans son édition de 1750, où l'on peut se permettre une hypothèse : c'est lorsqu'on a recueilli un grand nombre de faits certains, et qu'on veut les rappeler à quelque point fixe, pour ensuite les comparer ensemble. »

D'ailleurs, c'est la lumière de l'hypothèse qui tourne vers elle les espoirs féconds. Chimère peut-être, mais chimère dont les prestiges ont suscité plus de labeurs et servi plus puissamment la science que les scrupules qui paralysent. L'hypothèse appelle l'expérience, la précise et l'acharne. « J'ose dire qu'on peut, que l'on doit s'en permettre si l'on se contente de concevoir des possibilités, pour les soumettre à l'expérience... Que le physicien fasse une hypothèse qu'il s'occupe à étayer ou à abattre cette hypothèse par des expériences... Il ne faut que parcourir l'histoire de l'esprit humain dans ce qui tient aux sciences naturelles pour se convaincre que les systèmes ont été dans tous les temps une source féconde de découvertes ou tout au moins d'observations et d'expériences dont on ne se serait jamais avisé, s'ils n'en avaient fait naître l'idée... Le génie de l'invention veut être échauffé, même dans les sciences exactes ; il a souvent besoin d'une espèce de verve qui l'anime et qui le développe. » Ce sont des gens notoires qui le disent : Nollet, Diderot et Mairan : Il est aisé d'ailleurs de mesurer la valeur de l'hypothèse ou de justifier son intervention. L'*Encyclopédie*, Condillac, ou bien avant eux l'abbé Pluche nous en donnent les règles simples : « Concluons que nous ne pouvons faire de vrais systèmes que dans le cas où nous avons assez d'observations pour saisir l'enchaînement des phénomènes... plus nous tirerons de conséquences simples et d'applications naturelles de notre conjecture, plus la conjecture sera recevable. »

Il y eut dans ce débat général bien des épisodes. Mais l'un d'eux souleva des polémiques tumultueuses ; il engagea entre les spécialistes et le public, entre le succès d'une œuvre et ce qu'elle vaut pour la science un conflit où les passions humaines intervinrent. Il posa des questions actuelles et toujours aiguës. Ce fut le débat qui mit en cause l'œuvre même de Buffon.

CHAPITRE II

LA QUERELLE BUFFON

Avant de publier les premiers volumes de son *Histoire naturelle* (1749), Buffon était inconnu du grand public. Il ne l'était pourtant pas des savants. Il était de l'Académie des Sciences depuis 1734. Il avait publié des mémoires de mathématique, de physique et d'agriculture. Il était le collaborateur d'un agronome célèbre, Duhamel du Monceau. Il avait traduit Newton. Et dans le débat qui opposait l'expérience et l'observation aux traditions scolastique et métaphysique, il avait pris dès la première heure position.

En 1725, il publiait la traduction de la *Statique des Végétaux* de l'Anglais Hales en lui ajoutant une Préface. En quelques pages il opposait à l'esprit de système et aux vaines spéculations l'exemple du livre qu'il traduisait, les méthodes qui conduisent la science dans des routes modestes mais qui sont sûres. Idées banales déjà chez les vrais savants. Buffon n'inventait rien. Sa traduction parut en 1735. Le traité de

Deslandes[1] *sur la meilleure manière de faire les expé-*
riences fut publié en 1736. Buffon n'a donc pas
connu Deslandes, mais il est assuré que Deslandes
ne s'est pas soucié de Buffon. Son traité n'est que
l'adaptation commentée d'un discours célèbre de
Musschenbrœk prononcé en latin à Utrecht en 1730
et publié à Leyde en 1731[2]. De Deslandes d'ailleurs
et de Buffon, c'est Deslandes qui est le plus connu.
On traduit Deslandes en anglais, flamand, italien. Son
livre est réédité en 1748 et 1750. La traduction de la
Statique de Hales avec la *Préface* de Buffon ne sera
réimprimée qu'au moment où Buffon est illustre, en
1779, par Sigaud de la Fond[3]. Buffon peut-être a
connu et suivi Musschenbrœk, sans le dire. La preuve
ne s'en établit pas par des similitudes d'expression.
Il importe seulement de marquer que Buffon et Deslandes, d'un bout à l'autre de leurs traités, pourchas-
sent des ennemis qui sont communs.

« Je puis même dire, écrit Buffon, qu'en fait de
physique l'on doit rechercher autant les expériences
que l'on doit craindre les systèmes. J'avoue que rien
ne serait si beau que d'établir d'abord un seul principe pour ensuite expliquer l'univers... mais les gens
sensés voient assez combien cette idée est vaine et
chimérique. » C'est exactement le langage de Deslandes. Même les systèmes qui ont pour eux l'appui
des vraisemblances, du calcul et de la stricte rigueur
des formules ne sont que des mots sonores et dont le

1. Deslandes (1690-1757), exception faite pour ce traité, est surtout connu par des ouvrages de philosophie et de polémique.
2. Avec des souvenirs de Boerhave : *De comparando certo in
physicis.*
3. Dans 500 bibliothèques du xviii⁰ siècle nous avons trouvé
Deslandes 29 fois et la *Statique* 28 fois.

sort n'importe pas : « Il ne s'agit pas pour être physicien de savoir ce qui arriverait dans telle ou telle
hypothèse, en supposant, par exemple, une matière
subtile, des tourbillons, une attraction. » C'est Buffon
qui parle, et c'est aussi Deslandes. Les hypothèses
moins audacieuses sont encore des ambitions fragiles
et sans cesse démenties. « Ne nous a-t-elle pas montré
(l'expérience) que ces éléments que l'on croyait
autrefois si simples, sont aussi composés que les
autres corps. » La science vraie ne s'inquiète que
d'expériences, modestes, obstinées et patientes. « C'est
par des expériences fines, raisonnées et suivies que
l'on force la nature à découvrir son secret ; toutes les
autres méthodes n'ont jamais réussi... Nous trouverons assurément à placer un jour ces matériaux ; et
quand même nous ne serions pas assez heureux pour
en bâtir l'édifice tout entier, ils nous serviront certainement à le fonder. » Sous ces lignes de Buffon on
transcrirait des lignes toutes semblables de Deslandes.
Ainsi le grand physicien Musschenbrœk, Deslandes
qui le vulgarise, Buffon commentant l'Anglais Hales
s'accordent pour fixer clairement la méthode et tracer
aux sciences naturelles du xviiiᵉ siècle les destinées
qui seront fécondes.

Quatre ans plus tard, Buffon, nommé intendant
du Jardin du Roi, concevait l'œuvre audacieuse qui
devait tracer de la nature un tableau d'ensemble.
Dix années d'études précédèrent la publication des
trois premiers volumes. Elles furent laborieuses et
scrupuleuses et Buffon se plia assurément aux disciplines qu'il avait défendues : « Rassemblons des
faits, écrivait-il au tome II, pour nous donner des
idées. » Il les poursuivit avec une application silen-

cieuse et forte. Needham nous a laissé quelques notes sur les expériences qu'ils poursuivirent de compagnie. Nous savons par Baker, dont le livre sur les polypes fut minutieux et célèbre, qu'il est en correspondance avec Buffon. Quand la *Théorie de la Terre* appuie ses principes sur l'entassement parallèle des couches, Buffon n'avance rien qu'il n'ait observé ; il donne par exemple l' « état des différents lits de terre qui se trouvent à Marly - la - Ville jusqu'à cent pieds de profondeur ». Plus tard le souci de l'observation reste chez lui toujours précis. Après la carrière de Marly il étudiera minutieusement pour les *Époques de la Nature* la montagne de Langres, voisine de Montbard. Le tableau de la nature brute qu'il oppose à la fécondité souriante de la nature cultivée n'est pas un thème poétique et vague. Il avait fait venir et longuement interrogé un « malheureux abandonné pendant quinze ans dans les déserts de l'Amérique ». Quelques-unes des expériences de Montbard furent célèbres : ainsi celles où, dès 1752, il essayait de capter la foudre, ou les miroirs qui fondirent des assiettes d'argent[1]. Dans ses forges il poursuivit de longues et coûteuses recherches qui devaient fixer quelques points de ses doctrines géologiques et de ses études sur les minéraux.

Pourtant le traducteur de Hales, le collaborateur de Needham, le correspondant de Baker, hommes sagaces parce qu'ils étaient modestes, publiaient en 1749 trois volumes dont le succès retentissant fut

---

1. Le poète Dulard nous dit, en 1749, qu'elles font « tant de bruit dans le monde savant ».

pour les gens de science comme une injure à leurs
doctrines. Buffon avait, comme eux, discrédité les
systèmes et réduit toute enquête scientifique aux
expériences « fines, raisonnées et suivies ». Il avait
dit, comme on l'affirmait autour de lui, que l'édifice
de la science était une œuvre pour les générations,
non pour un homme, et qu'il fallait borner ses ambitions à le fonder. Dix ans d'études au jardin du roi
le conduisaient pourtant aux ambitions qu'il avait
condamnées. Sans doute il proclamait encore, au
début de son œuvre, que « la seule et vraie science est
la connaissance des faits ». Il s'insurgeait contre les
nomenclatures. Les droits qu'il réclamait pour les
vues « générales » étaient contenus par une sage
défiance et des précautions méticuleuses. Mais ce
qu'il publiait c'était une *Théorie de la terre*. Avant
de tracer la description de la nature, il affirmait
qu'elle lui avait livré les plus obscurs de ses secrets.
Whiston, Woodward, Burnet et d'autres étaient
certes de ceux que l'on taxait de systémateurs et dont
Buffon lui-même discréditait l'aventure. Il la risquait
cependant à nouveau. Il suivait les étapes de l'histoire
de la terre, en enchaînant les suppositions aux hypothèses. Il traitait de la formation des planètes et de
celle de la terre. Il savait sans incertitude, que les
continents tout entiers avaient été formés par les
eaux de la mer, que ces eaux seules avaient entassé
et travaillé les montagnes. Comme l'histoire de
l'écorce terrestre, il savait celle de la vie qui la peuple.
Il avait sondé les mystères de la reproduction, ceux
de la nutrition et du développement. Il avait son
système pour expliquer comment les êtres s'engendrent. Il pouvait discourir de l'histoire naturelle de

l'homme et passer ensuite aux propos qui décident
« de la nature des animaux ». De la nébuleuse solaire
à la taupe qui creuse la terre c'était donc la nature
tout entière que Buffon, plus hardiment que Burnet
ou Whiston, réduisait en systèmes et en « Discours ».

C'ést que Buffon, s'il avait le goût de l'observation
précise, gardait au fond de lui-même des tendances
orgueilleuses et des espoirs périlleux. Cet ennemi des
systèmes, et qui savait les ruiner chez les autres,
s'éblouissait à leurs mirages. Il voulait bien donner
sa vie tout entière à la nature et les dix heures de
son travail quotidien, mais il prétendait embrasser
cette nature tout entière et lui égaler sa pensée. On
a dit qu'il avait eu de bonne heure et toujours une
culture et des goûts scientifiques. De fait, dès le
collège, il se passionnait pour les *Éléments d'Eu-*
clide; il poussait jusqu'aux sections coniques et au
binôme de Newton. A Angers, tandis qu'il « faisait
son académie », il se liait avec un professeur de
mathématiques, le P. de Landreville. A Genève,
en 1730, Gabriel Cramer l'initiait au calcul des pro-
babilités. De ces études, il sortait, en 1733, un
Mémoire sur le jeu du franc carreau; en 1740 une
traduction de la *Méthode des fluxions et des suites*
infinies de Newton. Seulement toute cette éducation,
pour être scientifique, est surtout mathématique. Et
la mathématique est une science qui ignore les faits.
Elle vit d'abstractions, non d'observation. Elle dresse
la pensée à se replier sur elle-même. Elle est une
sorte de poésie intérieure, une méditation tout au
moins. Buffon le savait. Il a dit qu'il fallait s'en défier
dans le premier *Discours* de son *Histoire naturelle*.
Elle l'inclina pourtant, malgré lui, vers ce qu'il

aimait. Il fut un grand « méditateur », plutôt qu'un patient observateur.

Il ne l'a pas caché du reste, ni à ses amis, ni à ses ennemis. Ce qu'il disait des systèmes des autres, il a refusé de l'accepter pour les siens. Il a pensé que sa tâche n'était pas celle d'une « froide patience », mais celle du génie. Le génie n'est pas pour lui la servilité circonspecte qui s'attarde à des expériences trop lentes et s'enchaîne à des faits qui sont muets. Le génie, c'est ce qui devance, ce qui devine, ce qui construit. « Je le ferai brûler dans un creuset d'or », disait Guyton de Morveau pour s'assurer que le diamant contenait de la « terre fixe ». « Le meilleur creuset c'est l'esprit », répondit Buffon. Mᵐᵉ Necker qui conte l'anecdote ajoute naïvement : « Ce qui caractérise bien le peu d'importance qu'il mettait aux expériences. » Commentaire infidèle peut-être, mais le propos est fidèle au texte même de Buffon : « Mon opinion a été contredite jusqu'à ce qu'on ait vu le diamant brûler et se consumer en entier au foyer du miroir ardent ; la main n'a donc fait ici que confirmer ce que la *vue de l'esprit* avait aperçu. » Aussi, dans sa collaboration avec Needham, devançait-il les tentatives du microscope : « On voit de l'œil de l'esprit et sans microscope l'existence réelle de tous ces petits êtres. »

L'esprit d'ailleurs, quand il est celui du génie, plane sur les plus vastes horizons. Il aime « les belles découvertes » et « les grandes vues ». Il domine la « Nature en général » ; ce qu'il pénètre ce sont « ses effets en grand ». C'est à tout cela que Buffon aspire sans cesse ; c'est pour ce génie qu'il « opte », qu'il dit expressément qu'il veut opter, car il est « plus analogue à son goût ». Si bien qu'il en vient à ce qui l'irritait chez Linné, à ce que niait sa *Préface* de 1735, à ce que la science de son temps presque tout entière renvoyait aux ténèbres scolastiques et aux aventures métaphysiques. Il édifie des systèmes; il les défend et s'entête. Contre Réaumur il raille les minuties puériles qui dissèquent les insectes et attardent la science à la géométrie des abeilles. « Quand M. de Buffon écrit, dit Mme Necker, il tâche le plus qu'il est possible de généraliser ses idées... La plupart des naturalistes, dit M. de Buffon, ne font que des remarques partielles; ils décrivent une pierre, et puis une seconde pierre, à mesure qu'ils les rencontrent. Il vaut mieux avoir un faux système, car il sert du moins à enchaîner nos découvertes, et c'est toujours une preuve qu'on sait penser et qu'on peut être utile. » Buffon a voulu prouver qu'il savait penser. Par là il écrivit, après vingt autres, ses théories, théorie de la terre, théorie de la généra- tion, etc. Il tint à ses molécules organiques, contre toutes les critiques, comme à « ce qu'il y a de mieux prouvé dans tout l'ouvrage ». De 1749 à 1776 il y est resté fidèle.

Il dut sans doute à ses systèmes une part essen- tielle de ses triomphes. Il leur dut aussi, avec des erreurs excusables, des illusions qui l'égarèrent. Les Réaumur ou les Trembley se défiaient des systèmes parce que leur logique masque des ignorances qui les ruinent et nous détournent des tâches fécondes. Les naturalistes parleraient sans doute aujourd'hui comme eux, et les « grandes vues » de Buffon ne suffisent pas toujours à les éblouir. Parmi ceux qui ont la curiosité de le lire, beaucoup le jugent assurément avec faveur. Depuis Cuvier qui réfléchissait volontiers sa gloire dans la sienne, jusqu'à M. Edmond Perrier, on reconnaît en lui un grand précurseur. Pourtant on n'isole pas son œuvre au-dessus de bien d'autres; les éloges l'entourent de quelques égaux dont le « génie » fut plus modéré et dont la compagnie l'eût sans doute offusqué. M. Perrier, M. Loisel par exemple, ou M. Giard ou M. Depéret ou M. Martel unissent son nom à ceux d'Oken, Bonnet, Haller, Hunter, Gærtner, Duhamel, Robinet, etc... D'autres mêmes sont moins indulgents. Le fondateur de la géologie moderne, pour M. de Launay, ce n'est pas Buffon, mais soixante-dix ans plus tôt le danois Stenon qui fut connu au xviiᵉ siècle et que Buffon ignora ou déforma. La grande histoire de la zoologie de Carus lui préfère le Génevois Bonnet, en ne portant à son compte que des progrès « bien médiocres », et la « résurrection d'une multitude de vieilles fables ». C'est dire que pour M. de Launay la *Théorie de la Terre* ou les *Époques* sont des systèmes qui pèsent peu, et que pour Carus la doctrine des molécules est de celles qui ne comptent pas dans l'histoire des sciences. Que Buffon soit, comme on l'a dit, « poète », et qu'il compte parmi nos grands écrivains, c'est ce qui n'importe pas à leurs jugements de savants. Ils jugent non l'éloquence mais les systèmes et les jugent sans indulgence.

On en a dit tout autant au xviiiᵉ siècle. La querelle même fut plus acharnée et plus chicanière. Les gens qui faisaient profession de science attaquèrent l'*Histoire naturelle* avec une énergie obstinée. On sait qu'elle fut pour le grand public une révélation et un triomphe. La grandeur réelle de l'œuvre lui assura

aussi quelques éloges autorisés. Nollet parlait de
Buffon respectueusement : « Un philosophe illustre
par les travaux les plus applaudis et jouissant depuis
longtemps de la réputation la plus grande et la plus
méritée. » Maupertuis était célèbre avant 1749 [1].
Buffon lui dut peut-être quelque chose, sans qu'il
l'ait dit, pour sa physiologie et ses molécules organiques : on l'accusa même de plagiat. Maupertuis
pourtant écrivit de lui qu'il avait « découvert une
nouvelle nature ». La Lande, dans le *Journal des
Savants*, en 1779, exalte son style, son savoir et son
génie. De moindres naturalistes apportèrent leurs
fleurs aux couronnes que l'on tressait. Le Roy, l'ami
de Diderot et de Rousseau, a défendu éloquemment,
contre les sottises de Voltaire, l'exactitude et la sagacité de ses descriptions. Duchesne, botaniste notoire,
Buc'hoz qui compila sans lassitude cinquante volumes
d'histoire naturelle, Marivetz, dont la *Physique du
monde* eut quelque succès, firent cortège à ces éloges :
« exactitude, vérité, impression vive, commotion électrique et génie », sont des louanges trop évidentes.
Quand Buffon fut mort les oraisons funèbres des
savants lui furent pieuses. Vicq d'Azyr l'égala à
Platon, Aristote et Pline.

Pourtant ces acclamations sont timides quand on
les confronte avec l'enthousiasme du grand public.
Et elles se perdirent dans un grand tumulte de protestations et d'ironies. La plupart des savants accueillirent l'*Histoire naturelle*, en 1749, avec défiance et
mauvaise humeur. Ils ne désarmèrent pas quand le
succès et la gloire s'imposèrent.

----

1. Maupertuis (1698-1759), célèbre par ses ouvrages et par la
présidence de l'Académie des Sciences de Berlin.

Le *Journal Encyclopédique*, Grimm dans la *Correspondance littéraire*, Montesquieu, le chevalier de Cubières dans le *Mercure* se sont faits pendant trente années l'écho de ces querelles : « L'*Histoire naturelle* réussit médiocrement chez les gens instruits. — De savants naturalistes des pays étrangers et surtout d'Allemagne ont relevé un grand nombre de ses erreurs.

> Nommerai-je à présent les nombreux ennemis
> Qu'étonna son génie et qu'il n'a point soumis. »

Et Fontanes, l'année même où Buffon mourait s'étonnait de critiques qu'il tenait pour jalousie et mauvaise foi. « Vous semblez croire, écrivait-il à Bernardin de Saint-Pierre, que M. de Buffon a été jugé moins sévèrement par la populace des savants. J'ose croire que vous n'avez pas été bien instruit à cet égard... C'est pourtant cet écrivain que j'ai entendu presque traiter avec mépris par quelques-uns de ses confrères. » Sous ces « gens instruits » et sous cette « populace » il est facile d'inscrire des noms.

Buffon, qui n'était pas modeste, s'isolait volontiers dans sa gloire comme dans sa seigneurie de Montbard. Il domine encore pour l'opinion contemporaine les plus illustres naturalistes du xviiiᵉ siècle, les Réaumur ou les Bonnet. Les savants du xviiiᵉ siècle s'obstinèrent au contraire à ne l'honorer qu'en compagnie. On le confondit dans la louange avec dix ou vingt autres. S'il fut à l'occasion le « glorieux » M. de Buffon, il dut partager les hommages avec Daubenton, Bonnet, Deluc, Haller [1]. Ceux-là mêmes avaient

---

1. A. de Haller, poète, historien, physiologiste, moraliste suisse, l'un des hommes les plus célèbres du xviiiᵉ siècle.

des noms illustres et leurs livres trouvèrent dans tous les mondes des lecteurs; mais on y joignit quelques autres dont les noms peuvent nous surprendre : Vosmaër, Allamand, Sonnerat, Brisson, Duhamel du Monceau, Dezallier d'Argenville, Gœdaert, Bloch, Mauduit, Beckmann, Pott : — « Il est peut-être des naturalistes aussi profonds et aussi savants que M. de Buffon », dit le *Journal Encyclopédique*, en 1764. Et c'est l'avis de Rousseau lui-même : « Je lui crois des égaux parmi ses contemporains en qualité de penseur et de philosophe »; celui de l'abbé Sauri, flatteur pour le « célèbre » M. de Buffon, mais, plus encore pour « l'illustre » M. Daubenton; de l'abbé Viallon; de Ray qui lui juxtapose trente-trois noms. Bonnet ou Daubenton lui-même n'organisent dans la *Correspondance littéraire* une « bibliothèque d'histoire naturelle » que pour adjoindre à Buffon, et sans préférence pour son œuvre, une vingtaine de ses confrères. Ceux qui s'occupent d'étudier les animaux ne se laissent qu'à demi séduire par ce cheval ou ce castor ou ce cygne qui ravirent les oreilles des femmes. La Chesnaye-Desbois pour son *Dictionnaire*; l'abbé Ray pour sa *Zoologie universelle et portative... ouvrage également destiné aux naturalistes et aux gens du monde*, Beaurieu pour son *Cours*, le P. Cotte pour son *Manuel*, d'autres encore, paient à Buffon le tribut qu'ils lui doivent, mais ils avouent les mêmes dettes pour une ou deux douzaines de travaux de première ou de seconde main.

On fut moins aimable encore pour le premier volume de l'*Histoire naturelle*, pour cette *Théorie de la Terre* qui renouvela pour les profanes les jours glorieux de la *Pluralité des mondes* de Fontenelle. Buffon

n'était pas le seul à s'être laissé tenter par l'énigme
des origines; vingt autres avaient construit leur système pour expliquer les abîmes des mers et la cime
glacée des montagnes. On cita Buffon pêle-mêle avec
ces vingt autres. Quelques-uns sans doute le hissent au
pinacle, et réservent pour lui des éloges plus rares; le
pédagogue Taitbout, par exemple, ou le cosmographe
Marivetz. Mais la plupart n'ont pas pour l'*Histoire de
la Terre* d'autre déférence que celle qui convient pour
Burnet, Woodward, Whiston, Stenon, Hartsœker
ou Bourguet : ainsi les spécialistes Bertrand ou Deluc,
l'Allemand Wallerius[1], d'Holbach qui traduit Lehmann, le *Nouveau Dictionnaire raisonné de Physique
ou d'Histoire naturelle*, quelques autres encore, philosophes, naturalistes ou gens du monde. Quelques-uns
mêmes jugèrent Buffon comme il jugeait ses devanciers; ils le renvoyèrent aigrement aux secondes
places ou l'oublièrent : les Anglais Johnston ou
Martin par exemple, l'*Histoire universelle des Systèmes
de Philosophie*, les Allemands Voigt ou Lehmann.
Ceux-là ne comprenaient sans doute de Buffon que
ses preuves, non l'attrait de son éloquence. Mais
quelques Français parlèrent comme eux : Sennebier
évoque le siècle de Bonnet, de Haller et de Spallanzani, non de Buffon; l'*Encyclopédie* n'étudie la formation des montagnes que pour oublier la *Théorie de la
Terre*, et le compilateur Saverien ne résume à deux
reprises Leibnitz, Scheuchzer, Stenon, Bourguet,
Moralet, Burnet, Maillet, Woodward et Whiston que
pour s'arrêter, comme par hasard, à la date où Buffon
publie.

1. Naturaliste allemand, connu surtout en France par les traductions de d'Holbach.

Ces contestations, confusions et dédains ne sont pas décisifs encore. Ils signifient sans doute que Buffon s'est trompé, comme tout le monde, ou du moins qu'il n'a pas convaincu, qu'il y eut d'autres savants qui furent, comme savants, ses rivaux ou ses égaux; ou même qu'on fut aveugle ou jaloux. Ils ne jugent pas par eux-mêmes la valeur de l'œuvre. Les reproches ou les éloges des spécialistes n'engagent pas toujours la science. Ils peuvent à l'occasion se contredire plaisamment. Flourens loue Buffon sans mesure parce qu'il affirmait la fixité des espèces; M. Perrier, M. Giard et bien d'autres lui savent gré aujourd'hui d'avoir ébauché pour sa part la doctrine de l'évolution. Cuvier s'étonne que Buffon ait attribué à la chaleur et à la lumière la coloration de la peau des nègres; Flourens vint ensuite qui approuva Buffon. Tous ceux qui croient au feu central repoussent la doctrine où Buffon le nie. Il en est pourtant pour n'y pas croire plus que lui, et M. de Lanessan, aujourd'hui, est du nombre. Ce sont là querelles ou revirements de la science qui n'éclairent qu'à demi les problèmes des méthodes ou ceux de l'opinion.

Mais on fit à Buffon des reproches dont la portée était plus profonde. Buffon, comme le dit Diderot, était un « philosophe systématique », qui se proposait autre chose que de bien voir et de bien décrire. On s'engoua, répétons-le, de l'*Histoire naturelle*, non parce qu'elle était précise, mais parce qu'elle était éloquente et qu'elle semblait expliquer le monde. Seulement ce qui mit les livres de Buffon sur les tables de toilette et les consoles des boudoirs fut aussi ce qui souleva le plus violemment contre lui l'opinion des spécialistes et de quelques autres. Pour eux

Buffon ne fut le plus souvent qu'un assembleur de
nuages et un pourchasseur de chimères. Il fut même
celui qui menaçait la vraie science par ses prestiges.
D'autres autour de lui poursuivirent les mêmes fantômes avec des ambitions plus naïves et d'évidentes
inexpériences. Ceux-là, parce qu'ils étaient médiocres,
dénonçaient clairement leurs erreurs ; malgré les lecteurs qu'ils trouvèrent ils prolongeaient sans méprise
possible un passé que l'on savait condamné. L'*Histoire
naturelle*, au contraire, donnait à ce passé l'apparence de la vraie science. Les savants n'avaient lutté
contre les systèmes et défendu l'expérience que pour
les retrouver triomphants dans la gloire soudaine de
Buffon. Avec lui c'était la « vue de l'esprit » qui
triomphait. Les naturalistes se soulevèrent, et cette
querelle où tout le monde s'engagea, dénonce clairement à elle seule les orientations nouvelles de la
science du xviiiᵉ siècle.

Sans doute des savants comme Needham ou Condorcet mêlèrent à quelques réserves bien des éloges.
Mais il y en eut davantage pour nier résolument que
le progrès scientifique fût d'accord avec ces succès
d'opinion ou pût même s'en accommoder. Ils affirmèrent sans réticences que les vues générales de
Buffon masquaient des « systèmes abstraits » et
qu'elles étaient une duperie. « Je ne m'écarterai guère
des sentiments de ce public, écrit en 1772 l'abbé
Nonotte, en disant que M. de Buffon n'a prétendu
donner qu'un roman dans son histoire de la théorie
de la terre. » Les savants qui étaient courtois ou que
la polémique n'emportait pas mitigèrent leurs sévérités : « roman philosophique... le peintre de la nature
n'en est pas toujours le dessinateur... cette histoire

naturelle est-elle assez naturelle, » concluent Bonnet
en copiant Voltaire, et l'abbé Playcard Augustin
Fidèle Ray en s'inspirant de Bonnet. D'autres ména-
gent moins les termes. Le chimiste Rouelle condamnait sans phrases tous les systèmes de M. de Buffon,
et Romé de l'Isle allait jusqu'à l'indignation : « Rien
n'est plus nuisible à la physique et aux progrès des
connaissances humaines en général que de donner
pour des *vérités de fait* de pures hypothèses soutenues
d'un appreil de calculs et de démonstrations géomé-
triques, tandis qu'on passe sous silence ou qu'on
déguise les faits qui détruisent ces hypothèses. »

Il y eut même des critiques plus violentes et qui
jugent plus précisément un siècle qu'on a méconnu :
siècle qui eut non la passion mais la haine des systèmes abstraits, quand ces systèmes n'étaient
qu'éloquence ou philosophie, quand l'architecture
des hypothèses masquait bien ou mal le dédain de
l'observation, de l'histoire, des documents, et révélait
l'illusion de comprendre sans s'informer. Les « philosophes » affirmèrent que Buffon n'était pas des
leurs, parce qu'il ne pensait pas comme eux. En
gardant la tradition hautaine des *Discours* et des
Vues générales, il méconnaissait leur dessein précis
de ramener toute science et toute connaissance à la
patience qui observe et la prudence qui expérimente.
La *Correspondance littéraire*, Grimm, Diderot,
d'Alembert, Condillac, l'abbé de Lignac[1] aidé sans
doute de Réaumur y mirent ou des politesses ou des
injures, mais ils s'accordèrent : « Je conçois à mer-

1. L'abbé de Lignac, oratorien, mort en 1762, connu par des
ouvrages de science, de philosophie et de polémique.

veille la passion des systèmes dans les esprits
médiocres, dit la *Correspondance*, mais je ne puis la
concevoir dans un homme du mérite de M. de Buffon. »
Grimm y revient à cinq ou six reprises : « engouement, conjectures données pour des certitudes et
soupçons philosophiques pour des vérités incontestables ». Les *Lettres à un Américain* que de Lignac
rédigea, que Réaumur conseilla sans doute, payèrent
aux systèmes de Buffon la monnaie de ses dédains
pour ceux qui s'attardaient aux amours de l'araignée
et aux mues du ver à soie : douze lettres qui parurent
en 1751, avec une suite en 1756, qui valurent sinon
par l'agrément du style, du moins par la précision
de la critique. Elles eurent contre elles des gens de
poids, comme Diderot ou le Roy, mais elles firent du
bruit dans le monde des académies et des philosophes,
et furent lues avec complaisance. Condillac avait pour
lui, comme de Lignac, toute une part de l'opinion,
quand il rédigeait d'une plume hargneuse ce *Traité
des Animaux où après avoir fait des observations
critiques sur le sentiment de Descartes et sur celui de
M. de Buffon, on entreprend d'expliquer leurs principales facultés.* C'était lui-même qu'il défendait et son
système contre celui de Buffon; ses raisons n'étaient
à l'occasion que des formules, ses expériences que
des logiques encore scolastiques, ses arguments que
des diatribes. Mais il disait tout haut, avec une allégresse de pamphlétaire ce que d'autres pensaient
tout bas : « Qu'un philosophe donc qui ambitionne
de grands succès, exagère les difficultés du sujet
qu'il entreprend de traiter; qu'il agite chaque question comme s'il allait développer les ressorts les
plus secrets des phénomènes ; qu'il ne balance point

à donner pour neufs les principes les plus rebattus;
qu'il les généralise autant qu'il lui sera possible...
Alors considérant avec complaisance vos hypothèses,
vous direz : elles forment le système le plus digne du
Créateur. Succès qui n'appartient qu'aux philosophes qui, comme vous, aiment à généraliser,
etc..., etc... »

Ceux-là mêmes qui n'avaient pas de cause à
défendre pensèrent comme Grimm ou Condillac.
Clément (de Genève) s'inquiète « d'une certaine
déclamation d'idées, d'un enthousiasme de raisonnement, d'un ton de Malebranche fait pour entraîner
l'imagination, mais qui ne satisfait pas toujours les
esprits sévères ». Lamoignon de Malesherbes relève
les « erreurs plus grandes encore » où l'entraîne
« l'esprit systématique ». Le comte de Tilly qui n'est
pourtant pas un « esprit sévère », et dont les expériences accoutumées ne furent guère que celles
d'amour, condamne les théories et les systèmes de
Buffon comme « peu dignes de confiance ». Critiques
qui réjouirent amplement tous ces ennemis de Buffon
qui ne voulaient pas de système parce qu'il gênait le
leur et que la *Genèse* gagnait tout ce que perdaient
la *Théorie de la Terre* ou les *Époques de la Nature*.
L'abbé Feller, l'abbé Royou, l'abbé Viet, l'abbé
Duhamel et les autres ne se firent pas faute
d'emprunter leurs armes aux philosophes. On se
gaussa surtout de la comète. De 1749 jusqu'à la
mort de Buffon on fit gorges chaudes de cet astre
errant qui écorne le soleil et lance la terre avec la
lune dans leur course éternelle. « Système si vraisem-
blable et si combattu », avoue le *Mercure de France*.
Pour l'attaquer certains rédigèrent tout exprès des

opuscules démonstratifs, Bertrand à Besançon, à
Paris Turgot ou Gautier. Bernardin de Saint-Pierre
lui-même, qui croyait aux marées par la fonte des
glaces polaires, tenait cette comète pour aventureuse.

Il y eut dans ces hostilités sourdes ou violentes
des motifs où la science n'avait rien à voir. Les
systèmes de Buffon soulevèrent des critiques qui ne
furent que des prétextes. En bataillant pour la
vérité on servit des passions moins avouables. Il
importe avant de conclure de faire la part qui leur
est due.

Buffon d'abord ignora les coteries. Par goût et
par nécessité de travail il s'isola. Il passait à Montbard la meilleure partie de l'année. A Paris le jardin
du roi l'occupait tout entier. A peine apparaissait-il
de temps à autre dans quelques salons, chez Mᵐᵉ Geoffrin, Mᵐᵉ d'Épinay, Mᵐᵉ Dupin, Mˡˡᵉ de Lespi-
nasse, le baron d'Holbach et plus tard Mᵐᵉ Necker.
Après l'échec de Bailly à l'Académie française, il
cessa pour toujours d'assister aux séances. Les
visites qu'il faisait étaient rares; Diderot qui en reçut
était un privilégié. Sans doute les solitaires ne sont
pas nécessairement des méconnus ou des jalousés.
On eût pardonné à Buffon d'être seulement seigneur
de Montbard, intendant du Jardin du roi et auteur
de l'*Histoire naturelle* s'il y eut mis quelque modestie
et quelque simplicité. Seulement Buffon fut un
homme qui vivait seul parce qu'il estimait qu'il
dominait. Il laissa croire, s'il ne le crut pas, qu'il se
tenait pour un écrivain et un savant d'un autre ordre
que les Condillac, les d'Alembert, voire les Voltaire
ou les Rousseau. Il y eut contre lui des témoignages
qui furent sévères. « M. de Buffon, dit une voyageuse

anonyme, était un mauvais voisin, un méchant seigneur... Il est peu de personnes à Montbard à qui je
me sois adressée qui ne se plaignent de lui... »
Hérault de Séchelles, qui fit le voyage de Montbard,
qui vit certainement Buffon, met une sournoise complaisance à transmettre aux curieux de sa gloire
quelques propos du grand homme : « Au reste il ne
se loue pas, il se juge, il se juge comme le jugera la
postérité. » Tout au moins se mettait-il en glorieuse
compagnie, s'il ne comptait « que cinq grands génies,
Newton, Bacon, Leibnitz, Montesquieu et lui ». Le
témoignage du voyage anonyme n'est pas confirmé ;
le récit d'Hérault de Séchelles, comme les propos
malveillants des *Mémoires* de Marmontel méritent
assurément quelque défiance. Mais il y a la phrase
de Diderot : « J'aime les hommes qui ont une grande
confiance en leurs talents. » Surtout Buffon ne dissimulait pas la haute estime où il se tenait. Il eut jusqu'au respect de sa tenue et de son allure. La légende
des manchettes de dentelle qu'il revêtait pour écrire
n'est qu'une légende. Mais d'autres, après Hérault de
Séchelles, nous ont dit le soin qu'il prenait de la
dignité de son costume. Hume lui trouvait le port et
la démarche d'un maréchal de France. Le chevalier
Aude, biographe attendri, avoue son goût pour la
magnificence des habits. Le secrétaire Humbert
Bazile nous a confié que pour se mettre au travail
« il se faisait accommoder et vêtir comme s'il allait
paraître en cérémonie ».

Bien plus cet homme distant et dédaigneux, et qui
se tenait pour seigneur de Montbard, comte de
Buffon, fonctionnaire royal, non comme homme de
lettres, mit entre lui et ceux qui le connurent les

froissements et les rancunes. Indifférent aux polémiques, gardant pour lui la force souveraine du
silence, il suivit une route où les heurts firent quelque
tapage. Il avait été le collaborateur de Duhamel du
Monceau, à l'heure où Duhamel était déjà célèbre et
où il était lui-même presque inconnu. De longs
démêlés et qui ne furent pas tous à son honneur le
brouillèrent avec Duhamel, et tous ceux de l'Académie des Sciences qui étaient pour lui. Quand il
attaquait Linné et les nomenclateurs, sans mesure
ni ménagement, ce n'était pas Linné seulement,
adversaire lointain, qu'il décriait; c'était aussi tous
ceux qui s'étaient efforcés de classer méthodiquement les espèces, les Dezallier d'Argenville, Brisson,
Klein, etc... Si les *Lettres à un Américain* furent
violentes, ce sont les victimes de Buffon qu'elles
vengeaient. Buffon s'accommodait mal de la gloire
d'un Réaumur, et c'est son nom qu'il suggérait
lorsqu'il raillait les disséqueurs de mouches et ceux
qui inventèrent la géométrie des abeilles. Chez le
baron d'Holbach ou Mme d'Epinay ou Mme Geoffrin
il rencontra des « économistes » et il laissa voir,
Galiani l'a dit, qu'il ne les aimait pas. L'accueil que
reçut l'*Histoire naturelle* dans les milieux scientifiques
dut beaucoup aux descriptions où Daubenton avait
mis une précision et une compétence incomparables.
Les éloges qui allèrent à l'œuvre se partagèrent constamment entre Buffon et Daubenton. Buffon put
laisser croire qu'il en était jaloux; du moins il traita
Daubenton comme s'il n'était ni un égal ni un collaborateur. Il autorisa la publication d'une édition
in-12 où, sans qu'on prévînt Daubenton, les descriptions anatomiques furent supprimées.

La querelle Condillac-Buffon est moins claire. Le *Traité des Sensations* est de 1754, et de 1749 le volume de l'*Histoire naturelle* où Buffon ébauchait sur la physiologie et la pensée humaine quelques idées et quelques systèmes. Buffon était naturaliste. Condillac psychologue. Leurs intentions n'étaient pas les mêmes ni leurs méthodes. Condillac ne dit rien des idées de Buffon; on en conclut qu'il y avait rivalité et jalousie. S'il faut en croire Condillac, Buffon se vengea par quelques propos dédaigneux : « Il (Buffon) a voulu répandre qu'il avait rempli l'objet du *Traité des Sensations.* » La réponse fut ce *Traité des Animaux* où Condillac, homme paisible, mit dans la polémique une étrange fureur d'invectives. Condorcet, après Condillac, se heurta à l'hostilité de Buffon ou du moins à son amitié pour Bailly. Buffon fit campagne contre lui, à l'Académie, pour l'élection de Bailly, et l'échec de ses démarches fut tenu par lui comme une injure. De toutes ces défiances, rancunes et colères se forma une hostilité violente ou sourde. Marmontel, qui n'inventa rien mais qui refléta tant de choses, en fut dans une page de ses *Mémoires* l'interprète malveillant et fidèle.

C'est assurément ce dont il faut tenir compte quand on veut peser à leur poids les critiques qui s'acharnèrent contre Buffon. Ce fut parfois leur parti, non la cause des principes, que les Encyclopédistes défendirent; ce fut non la science, mais leur science que les savants justifièrent contre Buffon. Pourtant l'accord fut trop unanime, il lia des esprits trop divers pour ne pas se justifier par de sincères convictions. De tous ceux qui luttèrent, une bonne part n'étaient guère batailleurs, ni Réaumur, ni

l'abbé de Lignac, ni Daubenton, ni d'autres. Leurs
colères se mesurèrent à d'autres raisons que leurs
intérêts. Ils affirmèrent que Buffon n'était pas des
leurs parce que la science qu'il concevait n'était pas
celle à laquelle ils s'étaient dévoués. Par le succès
même de ses théories Buffon menaçait leur dessein
précis de ramener toute science et toute connaissance à la patience qui observe et la prudence qui
expérimente. En luttant contre lui, du moins contre
ses systèmes, c'est bien l'avenir qu'ils croyaient
défendre contre le passé, et la science qu'ils voulaient expérimentale contre celle qui prolongeait les
droits périlleux de la « raison ».

On sait de reste que, s'ils triomphèrent, ils ne
triomphèrent pas contre Buffon. La gloire de Buffon
et son œuvre survécurent presque sans fissures au
Traité des Animaux et aux *Lettres à un Américain*. Ce
fut peut-être, comme ils le craignaient, aux dépens
de la science expérimentale. Ce fut aussi, vraisemblablement, pour fixer un juste milieu entre les
méthodes trop strictes et celles trop ambitieuses. A
côté de la « froide patience », dont Buffon se lassait,
il y eut ceux, nous l'avons vu, qui défendirent les
droits nécessaires de l'hypothèse et le rôle bien
compris des systèmes. On dit, avant Buffon, ou sans
le nommer, que la théorie, quand on savait mesurer
ses droits restait un principe d'ordre pour les lecteurs
et, pour le savant, une suggestion féconde. L'exemple
de Buffon vint en donner justement la preuve. La
« dégénération » des espèces, leur évolution, la
« coordination des organes », la « géographie zoologique », les « époques de la nature » proposèrent ces
doctrines qui ne sont pas sans doute décisives, que

l'avenir renouvelle sans cesse, mais qui orientent puissamment les labeurs et qui détiennent de la vérité une part suffisante pour tracer des routes qui soient claires.

La querelle des systèmes, dont la querelle Buffon fut l'escarmouche la plus acharnée, fixa donc pour la science l'essentiel de ses destinées. Le merveilleux est la négation même de la science; il ne menaçait au xviiie siècle que les méthodes incertaines et les esprits mal avertis. La théologie ne réclame pas la science ni ne la désire; elle se dit supérieure à elle et vit, en tout cas, en dehors d'elle. Merveilleux et théologie résistèrent au xviiie siècle à la science expérimentale; mais les esprits conquis aux méthodes précises comprirent clairement qu'il fallait choisir; il n'y eut pas d'équivoques ni d'obscurs dangers. La question des systèmes soulevait d'autres périls Car les systèmes se réclamaient évidemment de la raison; c'est d'elle qu'ils estimaient tenir leurs certitudes. C'était donc de la même faculté ou du moins du même mot que la science expérimentale relevait et que toute science concevable relève. De fait le mot de science et le mot de raison étaient associés par une séculaire confusion. Tout ce qui prétendait formuler des règles et des lois prétendait dans le langage au nom de science. Le poème épique n'était pas une science, mais la « Poétique » en était une; une Oraison funèbre n'était pas scientifique, mais la Rhétorique croyait l'être. Au xviiie siècle, ce que les tables des matières, les rubriques, les manuels intitulent *Sciences* ou *Cours de sciences* ou *Dictionnaire des sciences* ce sont couramment avec les mathématiques ou la physique,

la logique par exemple ou la rhétorique. Le point
décisif pour l'histoire naturelle, comme pour la physique, était donc de fixer les droits mêmes de cette
raison qui s'élevait au nom du passé, de la scolastique et de la philosophie contre leurs ambitions
neuves et leurs jeunes méthodes. Par les polémiques
qui s'engagèrent, menèrent aux extrêmes et peu à
peu s'équilibrèrent, on en vint aux ententes nécessaires. On comprit que l'observation des faits et les
réponses de l'expérience étaient seuls la science
rigoureuse et la vérité stable; on comprit aussi que
si les faits répondent, l'esprit ne les interroge que
par l'hypothèse et qu'il les coordonne et les interprète par la théorie et le système. Sur ces points les
méthodes ne s'accordèrent pas strictement; mais
elles oscillèrent entre des limites qui depuis sont
restées fixées. Sur ce que valent les théories on discute aujourd'hui encore, et les observateurs s'opposent, comme au xviiiᵉ siècle, aux systémateurs.
L'histoire naturelle scientifique, comme toute physique, avait pris d'elle-même à la fin du xviiiᵉ siècle
une conscience assez claire pour qu'un siècle de
progrès ne l'ait pas altérée.

CHAPITRE III

L'ORGANISATION DE L'EXPÉRIENCE

La question des systèmes résolvait pour la science la question d'existence. Il restait à savoir comment vivre exactement. Se réclamer du fait et de l'expérience est poser un principe qui par lui-même est inerte. La nature, quand on l'interroge, ne répond qu'aux questions qui sont bien posées. Il fallut donc organiser les méthodes, dénombrer les ressources, explorer les voies légitimes. Toutes les sciences s'y appliquèrent. L'histoire naturelle poursuivit les enquêtes les plus précises parce qu'elle avait à se guider dans les recherches les plus complexes et les problèmes les plus périlleux.

Il fut bien entendu d'abord que l'observation et l'expérience n'admettaient pas de substitutions. On convint aisément qu'il fallait consulter la nature, non les livres, et renier le principe d'autorité. Mais il est des autorités plus dangereuses qu'Aristote ou que Pline, ce sont les traditions, habitudes et complaisances de l'esprit, c'est la tendance à prêter à la

nature ce qui est en nous et à lui dicter les réponses
qui nous conviennent; c'est ce que Bacon appelait
des idoles et que condamnèrent après lui tous ceux
qui étudièrent et renouvelèrent au xviiiᵉ siècle sa
doctrine. « M. de Buffon, disait Needham, est le premier qui ait eu assez de force pour se mettre au-
dessus des préjugés. » Entendons qu'en poursuivant
avec Needham ses expériences, il fit effort pour ne
pas supposer ce qu'il ignorait et prêter aux faits
incertains les préférences de son esprit. D'autres,
avant Needham et Buffon, avaient enseigné ces
défiances : « Rien n'est plus nécessaire, disait l'abbé
Nollet, que de renoncer à tout préjugé; car un esprit
livré à la prévention ne manque guère de suivre dans
ses décisions le penchant secret qui l'entraîne. » Dès
1736, Deslandes appliquait à la science ce que saint
Augustin disait de la philosophie : « *Non sit nobis
Philosophia in Phantasmatibus nostris*; *melius est
enim qualecumque verum, quam quicquid pro arbitrio
fingi potest.* » Tout son traité précisait les prudences
nécessaires : « Un autre défaut où tombent la plupart
des philosophes prévenus d'un système, c'est de
s'imaginer voir ce qu'en effet ils ne voient pas; c'est
de se persuader follement que partout se rencontrent
les objets de leur complaisance. » Craintes et sévérités qui devinrent banales et qui inspirèrent jusqu'aux manuels : « Ces ennemis si difficiles à vaincre,
dit un *Dictionnaire portatif d'Histoire naturelle* de
Leclerc, sont les *Préjugés philosophiques*... préjugés
d'axiomes, d'enthousiasme, d'habitude et de nou-
veauté... »

Ces préjugés avaient pour eux la force de notre
paresse et la complicité de nos vanités : « La médita-

tion est si douce, disait Diderot, et l'expérience est
si fatigante que je ne suis point étonné que celui
qui pense soit si rarement celui qui expérimente. »
Il y faut en effet les lenteurs de la recherche et la
patience qui s'accommode des réponses obscures et
des silences. Mais tous ceux qui parlèrent méthodes
affirmèrent que ces vertus faisaient seules la vraie
science, et qu'elle vaut ce que valent les faits. Dès
le xviiᵉ siècle, les Pascal ou les Huyghens l'avaient
dit, et d'autres avec eux dont la science s'attardait
pourtant dans les parterres de la rhétorique, de la
morale et de la théologie. Le P. Lamy qui fit l'éducation de tant de jeunes gens, et de Rousseau lui-
même, leur enseignait « comme l'on doit se servir
des sciences, pour se faire l'esprit juste et le cœur
droit, et pour se rendre utile à l'église » ; mais il leur
apprenait aussi, dès 1684, que les faits valaient mieux
que la méditation et qu'il convenait de regarder
plutôt que de raisonner. Théodote apprend plus de
choses dans le « divertissement » que dans le « cabinet » où sont ses livres. Dans ses voyages, à la
promenade, il fait « mille expériences, mille observations, tantôt sur une mouche, sur un ver, sur une
fleur, sur cent petits accidents ». Ce souci minutieux
des « petits accidents » ce fut la règle pour tous les
naturalistes qui parlèrent au xviiiᵉ siècle de méthode.
Même d'aventureux systémateurs, qui prêtèrent à la
nature des romans dont on s'égaya, firent profession
de sagesse et serment de circonspection. Maillet qui
inventa les hommes marins, Robinet qui découvrit
les matrices, cordons et placentas des minéraux rivalisent de zèle minutieux : « Des lumières sûres fondées
sur des recherches longues, pénibles et exactes, sur

des faits certains et incontestables, sur des monuments existants et sensibles... Je n'adopterai mes pensées qu'après leur avoir fait subir l'épreuve des faits et de l'expérience... la Nature est trop sage pour se laisser surprendre. Ce n'est que dans un commerce simple et assidu qu'elle nous admet à sa confidence et nous instruit de ses mystères. » Ceux qui n'eurent pas à étayer des édifices chancelants parlèrent plus posément le même langage. D'Alembert le précisa fortement dans l'article *expérimental* que publia l'*Encyclopédie* et dont s'enthousiasma le premier *Journal de Physique*. Avant lui Deslandes et Dezallier d'Argenville affirmaient les mêmes rigueurs, et Bertrand ou Nollet après lui : « Recueillir des faits bien avérés et bien certains, faire des expériences en grand nombre et les varier de toutes les manières possibles. — La physique historique remplie de faits certains et avérés par les conséquences que l'on tire des phénomènes et des expériences. — Se borner aux faits et les vérifier. — L'expérience est si nécessaire que sans elle il est impossible de ne pas s'égarer; elle est en physique ce que les premiers principes sont en mathématiques. »

On mit d'ailleurs la doctrine en pratique et patiemment. L'histoire de la science naturelle au XVIIIᵉ siècle est celle des observations les plus laborieuses et les plus rigoureuses. Les systèmes ne manquent pas sans doute, puisque Buffon a les siens, Bonnet sa *Palingénésie*, Bertrand sa *Théorie de la Terre*, etc. Mais Réaumur ne fut toute sa vie qu'un observateur; l'abbé Lelarge de Lignac le fut comme lui; Trembley dut ses polypes et sa gloire à ce qu'il avait bien observé. Déjà, dès la fin du XVIIᵉ siècle, Perrault dans son *Mémoire pour servir à l'Histoire naturelle des Animaux*, ne réclamait pas d'autre crédit ni d'autre éloge : « Nous ne prétendons répondre que des faits que nous avançons et ces faits sont les seules forces dont nous voulons nous prévaloir contre l'autorité des grands personnages qui ont écrit avant nous. » En 1700 Jean Gœdaert, qui n'est pas savant de profession, et qui s'intitule Pictor Medioburgensis, publie une *Histoire des Insectes* dont il enlumine à la main les figures. Les chapitres pourtant s'intitulent : première, deuxième, troisième expérience, etc... La nature paya d'ailleurs généreusement ceux qui lui dévouèrent sans compter leurs patiences. Abraham Trembley, lui non plus, ne faisait pas profession de science. Seulement il avait la curiosité scrupuleuse et le respect méticuleux des faits. S'il découvrit les polypes, ce fut, comme il l'a raconté, sans soupçonner qu'ils étaient là. Et s'il établit les fonctions inattendues qui leur permettent de survivre au sectionnement et au retournement, ce fut parce que l'allure de ces filaments révélait à ses yeux attentifs des faits nouveaux et des problèmes. En 1749 l'adversaire de Buffon, l'abbé de Lignac, publiait, l'année même où parut l'*Histoire naturelle*, un *Mémoire pour servir* « *à commencer* » l'histoire des araignées aquatiques, où il jugeait sans indulgence les fantaisies de ses devanciers. Tel le P. Kircher qui démêla chez les insectes « les sentiments les plus secrets... Tout cela aboutit à faire sortir les petits d'un excrément visqueux. La chute ne serait pas accueillie dans un temps où l'on ne se paye plus de mots. » En 1736 Deslandes avait publié sur la méthode ce *Traité* dont nous avons retenu tant d'exactes leçons. Il lui paraît

en 1750, quand il le réédite, trop abstrait et par là
trop arbitraire; il le complète en multipliant les
exemples que lui donnent les justes physiques et les
solides histoires nature'les.

Si bien que les gens soucieux non d'être vrais
mais de faire illusion empruntèrent à ces tout-puis-
sants scrupules les armes mêmes qu'on respectait.
Nous avons dit avec quelle passion tenace on avait
attaqué Newton et défendu contre ses doctrines les
passés les plus chancelants. Le *Journal des Beaux-
Arts et des Sciences* apporta en juin 1769, contre la
présomption des « newtonistes » un argument qui fit
grand tumulte. Jean Coultaud, ancien professeur de
physique à Turin, lui écrivait de Samoëns-en-Fau-
cigny. On sait que, selon la doctrine de Newton la
pesanteur doit diminuer à mesure qu'on s'éloigne du
centre de la terre. Or Jean Coultaud, du 1er juillet
au 1er septembre 1767, avait fait sur une montagne
de 1085 toises, à travers les périls des escalades, les
fatigues des nuits à la belle étoile et les rigueurs des
froids soudains, des expériences sur le pendule. Elles
concluaient sans réticences, que la pesanteur aug-
mentait avec l'altitude. Grand émoi; le P. Berthier
triompha contre Newton que d'Alembert défendit
avec embarras. En 1771, Mercier, de Sion en Valais,
apporta à Jean Coultaud, dans le même *Journal des
Beaux-Arts et des Sciences* l'appui de ses expériences; elles furent, elles aussi, décisives contre
Newton. Il fallut que Le Sage et Deluc eussent le
scrupule d'une contre-épreuve, et par suite la curiosité d'une enquête. Elle découvrit que les expériences étaient des chimères et les expérimentateurs
des fantômes, qu'on n'avait eu trace à Samoëns, ou

à Sion, ou à Genève, ni d'eux-mêmes, ni des pen-
dules qu'ils disaient y avoir acquis.

L'aventure même n'était pas unique, et bien des
observateurs qui furent sagaces cédèrent à l'orgueil
d'embellir et au plaisir d'émerveiller. Témoin, disait
Deslandes en 1736, Leuwenhœck « qui, pour se conserver la réputation d'avoir les meilleurs microscopes, publiait souvent par vanité des observations
rares et frappantes, mais captieuses, et qu'on n'a pu
vérifier depuis. Témoin encore M. Joblot, professeur
royal en mathématiques, dont l'exactitude n'a point
tenu contre l'envie de trouver dans quelques-unes
des infusions qu'il préparait des animaux portant un
masque à face humaine. » La conclusion fut que le
savant devait s'imposer une défiance salutaire et que
la règle était non d'admirer mais de vérifier. « Plus
les faits sont singuliers, disait Réaumur, plus ils
demandent à être attestés... Autrefois c'était peut-
être un titre à un fait pour être cru que d'être merveilleux; mais ce qui m'a paru prouver à l'honneur
de notre siècle que généralement parlant on est par-
venu à savoir douter, c'est que quoique la découverte
des insectes qu'on multiplie par morceaux ait fait
une nouvelle dont on s'est beaucoup entretenu à la
cour et à la ville, cependant je n'ai vu aucune personne qui l'ait crue, sur le premier récit qu'elle en
avait eu. » C'était bien l'avis de Trembley lui-même
lorsqu'il révélait les polypes : « Il ne suffit donc pas
de dire qu'on a vu telle chose. Ce n'est rien dire, si
en même temps on n'indique comment on l'a vue, si
on ne met ses lecteurs en état de juger de la manière
dont les faits qu'on rapporte ont été observés. »
Bonnet, Deslandes ou même de chimériques systé-

mateurs comme l'abbé Poncelet s'abritaient sous les
mêmes modesties. « Je ne veux point qu'on m'en
croie sur ma parole — une patience extrême, beaucoup d'habitude, un grand amour pour la vérité,
une sage défiance de mon imagination — loin de
blâmer ceux qui se plaisent à répéter les expériences
déjà faites, on doit les en louer infiniment. »

Les formules étaient courageuses et d'ordinaire
elles étaient sincères. Mais il fallait pour les suivre
autre chose qu'un esprit bien averti. Le plaisir que
poursuivent les sciences n'est pas un plaisir de jeu.
La curiosité de savoir nous pousse invinciblement;
les solutions partielles et les réponses qui ouvrent
seulement de nouveaux problèmes ne sont pas de
celles qui nous suffisent. Il fallait donc pour être un
bon serviteur de la science renoncer aux raisons qui
nous lient à elles. Il fallait chercher sans l'ambition
de conclure. Il fallait braver les déceptions inces-
santes pour nous-mêmes, les ironies de ceux qui
dédaignent la science, les labeurs d'issue obscure et
les enquêtes d'apparence vaine. Courage et désintéressement qui sont des vertus restées aujourd'hui
nécessaires; les railleries et les dédains renaissent
incessamment contre tant d'acharnements qui semblent des curiosités à jamais stériles. L'histoire
naturelle au XVIIIᵉ siècle a connu les mêmes objections et les mêmes courages. Les muses des sciences,
disait le comte de Tressan « exigent de ceux qu'elles
instruisent plus de méthode et de sagesse que d'imagination, plus de candeur que de désir de briller ».
De bons savants, et que d'ailleurs le succès paya,
comme Boerhave, Bonnet ou Bertrand, ou d'autres
comme Deslandes qui discutèrent de méthodes, nous

ont dit longuement qu'ils ont fait effort pour être
modestes et se résigner à des découvertes sans
« avantage ». « Il vaut mieux, disait Bertrand, laisser
des phénomènes sans explication que d'admettre des
choses contraires à la vérité ou à la nature. » Ceux-là
mêmes qui furent des chercheurs obscurs ou de simples vulgarisateurs ou des journalistes ou des régents
de collège, Dezallier d'Argenville, Toussaint, le
P. Abat, le *Dictionnaire* de Leclerc, tiennent fidèlement
le même langage. « Peut-être que des observations
et des expériences obscures, dont on ne soupçonne
pas même les conséquences, étant bien saisies et
bien appréciées, présenteront de nouvelles faces dans
un autre point de vue. — Peut-être sortira-t-il un
jour de connaissances, traitées aujourd'hui de stériles, une lumière qui tout à coup dissipera l'obscurité des conjectures, et produira des systèmes à couvert de toute objection. — Car il n'est point de
vérité inutile, il n'est point de découverte dont on ne
puisse tirer quelque avantage. — Il arrive encore
souvent qu'un fait que l'on avait aperçu du côté
purement curieux vient servir d'appui à une vérité
intéressante. »

Travailler pour la science, c'est donc travailler
non pour le présent, mais pour l'avenir, non pour
notre succès mais pour celui de la vérité. Même il
n'est pas assuré que les routes que nous suivons
auront jamais leur terme dernier. Ce problème des
destinées lointaines de la science et des raisons profondes qui la justifient est de ceux qui relèvent d'une
polémique toujours aiguë. Aujourd'hui, comme alors,
on posa « l'A quoi bon » et l'on prêcha le scepticisme.
On le prêcha même plus violemment.

Le xvɪɪɪᵉ siècle sans doute n'a pas toujours vu si loin. Tout entier à la griserie de connaître, il a suivi les routes de l'expérience sans s'inquiéter de leurs lointaines obscurités. Les philosophes ont discuté de la raison plutôt que de la science. Les savants qui créèrent leur science, qui se libérèrent des systèmes abstraits, ne s'inquiétèrent pas des fins dernières de l'expérience et des conclusions où les énigmes des destinées fussent enfin vaincues. Il y en eut pourtant quelques-uns pour se poser la question et pour la résoudre courageusement contre la science. Ils affirmèrent qu'en prolongeant à l'infini l'avenir des recherches scientifiques, les vérités éparses s'uniraient en vérités systématiques, mais que l'unité dernière était une chimère inaccessible. Modeste pour lui-même le savant devait l'être même pour les générations qui le suivraient : « Il ne nous a pas été accordé de tout savoir », disait Réaumur dans son *Histoire des Insectes*. Dès la fin du xvɪɪᵉ siècle, Perrault, après lui Pluche, Musschenbrœk, Baker, précisaient, avant 1750, les résignations dont les pragmatismes modernes ont voulu faire la loi nécessaire de la science : « sur toutes les choses créées qui sont sous nos yeux, il ne peut y avoir pour nous que l'un de ces trois partis à prendre. L'un serait de n'en vouloir rien connaître ; l'autre serait d'en vouloir tout comprendre ; le dernier serait d'en rechercher et d'en mettre à profit ce qu'on en peut savoir. Le premier parti est d'une indolence qui va jusqu'à la stupidité. Le second est d'une témérité qui est toujours punie. Le troisième est celui de la prudence qui sans ambitionner ce qui est au-dessus de l'homme s'occupe avec modestie et se sert avec reconnaissance de ce qui a été fait pour l'homme. — Nous ressemblons à des voyageurs qui marchent aux approches d'un beau jour. Une lueur réjouissante, quoique faible, commence à colorer les objets. Nous les distinguons surtout autour de nous. Nous ne confondons point la rivière avec le chemin qui la borde. Et c'en est assez pour nous : nous pouvons nous conduire[1]. — Nos sens, quelques secours que nous leur prêtions, ne peuvent nous servir que jusqu'à un certain point; et notre entendement est lui-même borné quant aux jugements qu'il fait sur leur rapport. Il est évident par là que nos sens et notre entendement sont faits l'un pour l'autre. Mais il y a une espèce de manie ou de démangeaison qui nous porte à vouloir découvrir les causes cachées et invisibles... causes qui seront vraisemblablement toujours inconnues[2]. »

C'est dire que la science, en même temps qu'une école de réflexion et de critique, devait véritablement devenir une école de vertu. Les compilateurs et les pédagogues si nombreux qui furent prêtres ou qui furent pieux, juxtaposent alors aux enseignements qu'ils demandent aux sciences ceux qui sont faits « pour le cœur » et viennent d'ailleurs. S'ils avaient lu de plus près les « physiciens » ou s'ils avaient eu confiance en eux ils auraient pu prêter aux sciences les forces qui forment le cœur comme celles qui modèlent l'esprit : « L'usage des livres, la solitude, la contemplation des œuvres de la nature, disait Buffon, en recevant à l'Académie le duc de Duras, l'indiffé-

1. Pluche.
2. Baker.

rence sur le mouvement du tourbillon des hommes,
sont au contraire les seuls éléments de la vie du
philosophe. » Par philosophe entendons surtout,
comme on l'avait fait si longtemps, celui qui s'occupait de la science. La vie des Trembley, des Nollet,
des Adanson, des Daubenton et de dix autres justifiait sans réserves ces paroles sereines et l'abandon
paisible qu'ils faisaient d'eux-mêmes à l'amour de la
vérité. Ils l'ont dit avant Buffon, à l'occasion. « Il
faut considérer de plus, écrivait l'abbé Nollet, que
la vérité, de quelque part qu'elle vienne, est un bien
que nous devons chérir comme le diamant qui est
précieux par lui-même » ; et l'abbé Dicquemare parlait du naturaliste comme de celui qui voue ses
années au service d'un Dieu : « Sans amour du merveilleux, sans préjugés, sans prétentions au fragile
honneur de faire des systèmes, bannir tout autre
intérêt que celui de la vérité, avoir le courage de voir
les années s'écouler dans l'attente de résultats incertains et dans un travail pénible et dispendieux. »

Bien des naturalistes ont accepté ces destinées,
mais Buffon plus qu'aucun d'eux. La postérité ne s'y
est pas trompée. Elle a uni dans la même gloire
l'écrivain ou le savant et l'homme qui a laissé les
plus fermes exemples de sacrifice à son labeur. Elle
s'est souvenu qu'en se vouant à sa tâche Buffon l'a
confondue avec les plus hautes et les plus fécondes
des vertus. « Dans M. de Buffon, disait Mᵐᵉ Necker,
la vertu paraissait un don de la nature, comme le
génie ; s'il n'avait jamais altéré la vérité, ce n'était
peut-être ni par amour pour elle, ni par horreur pour
le mensonge, mais il avait l'habitude de peindre les
objets réels et il n'avait jamais pensé qu'on pût en

peindre d'autres. » Mme Necker aimait assez Buffon
pour se laisser prendre aux illusions de l'amitié.
Mais tous les faits et tout ce qu'il écrivit confirment
qu'il a eu l'abnégation de soi-même devant son œuvre.
Quand les faits, après trente ans de recherches ont
imposé des conclusions nouvelles et la négation de
doctrines qu'il avait défendues, il a condamné clairement ces doctrines. « M. de Buffon fut grand, disait
Vicq d'Azur, dans l'aveu de ses fautes ; il les a relevées
dans ses suppléments avec autant de modestie que
de franchise et il a montré par là tout ce que pouvait
sur lui la force de la vérité. » Il a corrigé ses idées
sur la fixité des espèces, sans le dire clairement,
parce que les progrès de sa pensée, de la dégénération à l'évolution, se sont faits par étapes successives ;
il a corrigé ses dédains pour les nomenclateurs, sans
le dire encore, parce qu'il ne s'est corrigé qu'à demi
et qu'il est resté incertain jusqu'au bout entre les
commodités pratiques des classifications et l'aveu de
leur valeur objective. Mais entre la *Théorie de la Terre*
et les *Époques de la Nature*, il fallait choisir. Les
Époques nient constamment la *Théorie* et Buffon l'a
voulu, comme il l'a dit, sans réticences ni subter-
fuges. « M. de Buffon, disait encore Mme Necker dont
l'admiration est parfois maladroite, est tellement
pyrrhonien qu'il développe fortement deux opinions
contraires : l'une dans son morceau sur la nature de
l'homme et l'autre dans sa nomenclature des singes. »
C'était non du scepticisme mais la patience courageuse qui tente la vérité par les chemins mêmes qui
s'opposent. Le courage de se contredire rend aisés
tous les autres, et Buffon les pratiqua.

Son dédain des intrigues, le silence qui fut contre

les attaques sa seule réponse, s'expliquent pour une
part par son orgueil : « Chacun a sa délicatesse
d'amour-propre ; la mienne va jusqu'à croire que de
certaines gens ne peuvent pas même m'offenser... Il
n'y a eu que quelques glapissements de la part de
quelques gens que j'ai cru devoir mépriser. » Il
s'explique aussi parce que répondre c'est s'attarder
et parce que, entre la vérité et l'erreur, ce sont non
les polémiques mais les faits eux-mêmes qui décident :
« Fermons l'oreille aux aboiements de la critique : au
lieu de défendre ce que nous avons fait, recueillons
nos forces pour faire mieux ; ne nous célébrons jamais
entre nous que par l'approbation ; ne nous blâmons
que par le silence ; ne faisons ni tourbe, ni coterie. »
La réponse la plus sûre d'ailleurs, c'est celle de
l'œuvre qui se continue et s'achève. Buffon, s'il a
obtenu la gloire, l'a désirée comme le couronnement
d'une double tâche à laquelle il se voua tout entier :
transformer le jardin du Roi pour donner à l'histoire
naturelle les ressources qui lui manquaient ; achever
ou mener aussi loin qu'il le pouvait son « tableau de
la nature ». A sa mort, le jardin avait doublé d'étendue
et les collections s'étaient transformées.

Pour son œuvre, il avait imposé à sa vie la discipline d'une règle monastique. Lever, chaque jour, à
Montbard, avant six heures. Travail solitaire dans
son donjon sur la colline, pendant neuf à dix heures
chaque jour et pendant plus de cinquante années
d'un labeur qui résista aux souffrances morales. Il
résista même aux affections qui distraient et aux
amitiés qui détournent. « Je me suis demandé,
écrivait-il à Mme Necker, pourquoi je quittais
volontairement tout ce que j'aime le plus, vous que

j'adore, mon fils que je chéris. En examinant les motifs de ma volonté, j'ai reconnu que c'est un principe dont vous faites cas qui m'a toujours déterminé : je veux dire l'ordre dans la conduite... Vous pourriez croire que c'est l'amour de la gloire qui m'attire dans le désert et me met la plume à la main ; mais je vous proteste, ma belle et respectable amie que j'ai eu plus de peine à vous quitter que la gloire ne pourra jamais me donner de plaisir, et que c'est le seul amour de l'ordre qui m'a déterminé. » Vertu modeste, si c'est là le nom qu'on lui donne. Buffon disait encore à Hérault de Séchelles que le génie n'est qu'une plus grande aptitude à la patience et que sa gloire était d'avoir passé cinquante ans à son bureau. Mais cet ordre et cette patience sont pour la science les forces les plus puissantes et les plus fécondes des vertus.

Du génie qui vivifia au XVIIIᵉ siècle l'histoire naturelle, nous avons dit tout l'essentiel. Par la querelle des systèmes elle prit conscience de ses vraies destinées. En enseignant la docilité aux faits, l'affranchissement de l'autorité et des préjugés, la prudence qui borne nos ambitions, le courage qui nous conduit sur des routes où le terme est encore inconnu, elle donna à l'esprit scientifique les ressorts moraux sans quoi les forces de l'intelligence ne sont rien. L'histoire naturelle du XVIIIᵉ siècle ne s'est tournée vers un avenir triomphant que parce qu'elle s'est créé une conscience et une volonté[1].

1. Les détails mêmes des méthodes relèveraient d'une étude étrangère à ce travail qui est surtout sociologique. Il y a des conseils, des résumés ou des aperçus, à peu près chez tous les naturalistes. Voir notamment Buffon, *Préface* à la *Statique* de Hales ; *Discours sur la manière d'étudier et de traiter l'Histoire natu-*

Ce n'est pas que cette conscience fut toujours pleinement lucide. Les préjugés scolastiques ou théologiques ne trompaient guère. Mais le préjugé, ou croyance sans preuve, est inséparable de l'esprit humain; la réflexion scientifique ne s'en libère qu'en apparence. C'est le cœur, disait Pascal, qui comprend les trois dimensions de l'espace. La physique complique le problème des axiomes mathématiques; des vérités sur lesquelles elle s'appuie on sait que les plus vivaces ont été et demeurent menacées. L'histoire naturelle s'aventure plus loin encore dans les domaines où les pièges des préjugés se dissimulent à chaque pas. La matière vivante peut se concevoir comme soumise strictement aux lois de causalité qui régissent la matière inerte, mais la démonstration n'est pas faite. Le préjugé du finalisme est de ceux qui ne sont pas réductibles à l'absurde et qui s'accommodent des plus modernes philosophies. Pourtant si la doctrine est légitime, elle ne l'est que pour la spéculation théorique. Dans la pratique scientifique les conceptions finalistes sont stériles ou trompeuses. Le naturaliste qui part des fins qu'il suppose nécessaires est condamné à ne jamais dépasser les apparences. La philosophie bergsonienne s'est fortement élevée contre les entreprises métaphysiques de la science; elle affirme cependant que le biologiste doit concevoir les phénomènes de la vie comme assujettis à un inflexible mécanisme. C'est donc à juste titre

relle; Deslandes (n° 62); Diderot (*De l'Interprétation de la Nature*); l'abbé Nollet (n° 166); Martin (nᵒˢ 151 et 152); Musschenbrœk (nᵒˢ 161 et 162); *Nouveau Dictionnaire raisonné* (n° 249), article *Expérimental*; l'*Encyclopédie*, même article (par d'Alembert); Leclerc de Montlinot (n° 132), *Discours* en tête du *Dictionnaire*.

que l'histoire naturelle s'est défendue contre les
méthodes des finalistes et qu'elle s'est modelée, dès le
XVIIIe siècle, sur l'exemple de la physique. Sa victoire
fut pourtant malaisée, incertaine même, et la doctrine finaliste resta menaçante. Entre la scolastique et
la science l'issue du débat était assurée ; l'expérience
devait triompher d'une logique stérile. Mais le finalisme avait pour lui des vraisemblances — et peut-être
des réalités — trop profondes pour ne pas opposer
au mécanisme biologique des arguments invincibles
ou tenaces. Quand le XVIIIe siècle s'acheva l'ennemi,
loin d'être vaincu, semblait prendre une vigueur nouvelle.

Le finalisme était impliqué dans toute cette théologie qui demandait à l'histoire naturelle un prétexte
à célébrer la sagesse de la Providence. Nieuwentyt
ou Sulzer étaient d'accord avec ses principes en affirmant que dans la nature « tout est fait pour nous »
et que l'aimant avait été créé pour nous fournir la
boussole. Les théologies des insectes, de l'air, de
l'eau, de l'astronomie et des poissons n'eurent d'ailleurs qu'un temps. On comprit qu'il fallait étudier la
nature d'abord pour la connaître et non par reconnaissance et par piété. Mais l'étude concrète et objective de la nature pouvait, dans ses conclusions, nous
conduire aux mêmes fins que les empressements des
sermonnaires. Ce finalisme plus judicieux ou plus
habile trouva pendant tout le siècle des théoriciens.
Pluche, qui fut pourtant un sagace observateur, en
donna le premier de robustes formules : « Tous les
corps qui nous environnent, les plus petits comme les
plus grands, nous apprennent quelques vérités : ils
ont tous un langage qui s'adresse à nous et même qui

ne s'adresse qu'à nous. Leur structure particulière nous dit quelque chose. Leur tendance à une fin nous marque l'intention de l'ouvrier... Si nous voulons rechercher modestement les raisons pour lesquelles il nous a été départi une si petite portion de lumière, nous trouverons que la mesure en a été prudemment réglée sur nos besoins... Notre raison tient aux sens par le ministère desquels elle est informée de tout ce qui a rapport à la vie à laquelle elle préside. Cette raison est assujettie à un corps. Elle est accompagnée de pieds et de bras. Tous ces organes ne lui ont pas été donnés pour contempler, mais pour travailler, pour agir, pour s'exercer à tout bien. Voilà sa fin. » Les naturalistes qui juxtaposèrent les intentions pieuses aux curiosités scientifiques ou les théologiens qui empruntèrent à l'histoire naturelle des arguments qu'ils crurent précis se transmirent fidèlement la doctrine.

Diderot soutenait le mécanisme dans ses *Pensées sur l'Interprétation de la Nature*, mais les polémistes Hayer et Soret s'acharnèrent à le réfuter. L'abbé Hespelle et l'abbé Feller démontrèrent copieusement que la création tout entière était faite pour l'homme. Et Clément de Boissy intitule son article I de la 2ᵉ Section du tome II : *Tout est créé pour l'homme*. Il y eut pour justifier leur méthode quelques noms plus autorisés. L'Introduction des *Instructions sur la Religion et sur plusieurs Sciences naturelles* de Rivard affirme que « tant d'ouvrages si admirables et si magnifiques ont été faits pour notre utilité et notre usage ». L'abbé Serane tenait à son disciple des discours attendris : « Mon ami, lui dis-je, Dieu t'a fait des présents infinis dont tu ne connais presque rien encore... Mon enfant

tout ce que tu connais, et dont tu n'as pas d'idée
encore, porte l'empreinte de la bonté du Créateur
pour l'homme. » Et Buc'hoz[1] après deux cents
volumes d'in-folio, d'in-quarto et d'in-octavo, dissertait encore en 1789 pour montrer que « tout a été
créé pour l'homme ». Rivard, Serane ou Buc'hoz ou
d'autres étaient couverts par les plus glorieuses des
autorités. Dès 1720, Rollin empruntait au manuscrit
de Pluche tout ce qui peut enseigner aux enfants les
bontés infinies de la Providence. Dans ses *Études de
la Nature*, Bernardin de Saint-Pierre affirme qu'il ne
s'est occupé « que du bonheur de l'homme... Toutes
les lois de la nature sont dirigées vers nos besoins. »
Buffon lui-même était, par éducation mathématique
et par scrupule d'observateur un mécaniste. C'est lui
qui raillait les « intentions » que Réaumur déduisait
de la géométrie des abeilles et du problème des
rhombes résolu par leurs cellules. C'est lui qui combattait Linné et les nomenclateurs parce qu'ils prêtaient au Créateur les plans qui n'étaient que dans
leurs systèmes. Pourtant il installait l'homme au
centre du monde, le saluait comme le roi de la création, organisait sa description des espèces d'après les
fins qu'elles avaient pour l'homme ou leur proximité
avec ses demeures. Il opposait en phrases lyriques
aux horreurs de la nature sauvage les splendeurs de
la nature cultivée. Quand Feller voulait démontrer
que tout est fait pour l'homme, c'est à Buffon qu'il
empruntait des arguments en le réclamant fortement
pour garant : « Ce serait une injustice révoltante de

1. Le médecin P.-J. Buc'hoz (1731-1807). En 1787, il dressait
déjà une liste de 260 vol. publiés par lui.

compter parmi ces forcenés (les matérialistes) le
célèbre M. de Buffon. L'éloignement qu'il témoigne
quelquefois des observations fondées sur les causes
finales est plutôt une espèce de distraction qu'un système bien affermi et bien conséquent... Il y a cent
endroits dans l'*Histoire naturelle* où l'auteur abandonne en quelque sorte les matérialistes et le mécanisme des choses, pour n'en considérer que le résultat
et l'usage. »

La théorie par elle-même, quand on s'en tenait aux
principes d'ensemble, pouvait rester judicieuse ou du
moins spécieuse. Des spéculations ingénieuses peuvent imaginer quelque biais par où l'homme restera
sinon le centre de l'univers tout au moins celui de la
vie. Les exemples qu'on choisit décèlent plus clairement avec quelle tranquillité de sottise et quel puéril
orgueil on resta fidèle au finalisme le plus étroit. Le
goût du merveilleux s'efface ou se dissimule quand
le siècle avance ou du moins il se relègue hors de la
science. L'obstination théologique elle aussi, peu à
peu, se déguise ou s'adapte et les grands traités
physico-théologiques ne dépassent pas le milieu du
siècle. Le finalisme au contraire n'abandonne rien de
ses complaisances; il fait siennes les découvertes et
tient pour ses conquêtes les plus sûres les progrès
mêmes de l'observation. Par là se mesurent plus clairement, avec la profondeur de ses ridicules, la solidité de sa puissance.

Pluche, dans son *Spectacle de la Nature*, en avait
donné des exemples d'une fâcheuse précision : « Dieu
a salé la mer parce que sans son sel elle nous aurait
été pernicieuse au lieu de nous servir... la même main
qui a fait les poissons de la mer a préparé dès le com-

mencement l'eau dont ils avaient besoin. » Les marées sont créées pour que les vaisseaux entrent plus aisément dans les ports. Les oiseaux sont utiles pour l'homme, les chenilles pour les oiseaux, la verdure pour les chenilles. Le plan du Créateur a des subtilités plus ingénieuses encore : « Parmi ces couleurs les unes sont douces et amies de l'œil... s'il y avait beaucoup de rouge ou de blanc répandu sur les dehors de la terre, notre vue en aurait été fatiguée. Si le noir était fréquent dans la nature, il l'aurait tapissée de deuil. Que le vert y soit généralement répandu : la vue en sera aidée et réjouie, même sans savoir pourquoi... Et cependant, pour ne point contredire par un vert trop uniforme le dessein général de distinguer les objets, je vois que le vert d'une prairie n'est point celui d'une terre ensemencée, que chaque arbre, chaque plante a le sien [1]. »

Pluche écrit de 1732 à 1740, quand les progrès de la méthode expérimentale ne sont pas encore décisifs; la théologie domine encore l'histoire naturelle ou l'accapare en partie pour ses fins. Mais trente-sept ans plus tard, en 1769, il a gardé des disciples. Feller démontre après lui que le vert des plantes et le bleu du ciel ont été combinés par le peintre divin pour la plus grande commodité de sa créature. Le finalisme s'avisa chaque année de réflexions qui le conduisent aux conclusions les plus pieusement saugrenues. La sagacité de Pluche devient, par comparaison, timide et nonchalante. Voici un *Tableau des grandeurs de Dieu dans l'économie de la Religion, dans l'ordre de*

---

1. Ce passage est de ceux qui sont copiés par Rollin sur le manuscrit de Pluche.

la Société et dans les Merveilles de la Nature, par l'abbé
de Lacan (1769), et qui fut réédité. La grandeur de
Dieu mérite en effet qu'on se prosterne : « Remarquons
encore ici un trait de la bonté divine, dans l'antipa-
thie qu'il a mise dans plusieurs espèces d'animaux...
car il ne leur permet cette guerre que pour notre
tranquillité... le requin est ennemi de la baleine,
parce qu'elle est pour nos vaisseaux un dangereux
écueil... par conséquent les animaux sont tous formés
pour l'homme, quoique nous n'en connaissions pas
toujours la propriété et l'usage. » Clément de Boissy,
en 1782, embrasse de plus vastes et plus réconfor-
tantes certitudes. Il établit les « combinaisons générales de toutes les parties de l'univers entre elles et
pour les besoins de l'homme ». Ainsi « l'astre qui nous
éclaire varie son cours pour nous procurer les avantages de la diversité des saisons... la distance du soleil
à la terre est aussi calculée sur nos besoins... le degré
de ces feux souterrains est tellement mesuré qu'il
suffit pour jeter sur la surface de la terre la chaleur
nécessaire aux plantes en s'unissant avec l'ardeur du
soleil... les eaux sont placées dans le plus parfait
équilibre pour le bien des hommes... tous les métaux
sont placés à des distances très commodes... les plus
utiles sont plus près de la surface de la terre, etc...,
etc... » Encore Clément de Boissy ou l'abbé de Lacan
sont-ils des théologiens plutôt que des naturalistes et
des prédicateurs non des savants. Bien qu'ils lisent
Buffon ou Réaumur ou Linné, ils songent à la gloire
de Dieu et au salut de nos âmes plus qu'au profit de
nos esprits. Mais il y eut des naturalistes qui furent
sérieux et qui eurent des lecteurs et qui ne firent
servir leur savoir qu'à compliquer leurs déraisons. Le

Dictionnaire d'Histoire naturelle de La Chesnaye-Desbois établit en 1759 que la sagesse du Créateur a
formé les animaux pour l'usage de l'homme : « On
voit des poissons forcés de quitter par une loi naturelle les abîmes de l'Océan, où ils sont en sûreté,
pour approcher des rivages où on leur tend des
pièges... les plongeons parcourir en troupes la vaste
étendue des mers pour les chasser sur le rivage, et
les mauves (ou mouettes) indiquer où ils se trouvent
en volant sur la surface des eaux... On sait que le
ver-à-soie file pour nous procurer des vêtements... Il
est donc de notre devoir de mettre à profit de si
grands avantages et de nous élever vers cet être
suprême de qui nous les tenons. »

La doctrine même eut son triomphe, un triomphe
qui fut durable et lui assura pour longtemps des
destinées éclatantes. Nous avons dit comment les
Études de la Nature avaient donné à Bernardin de
Saint-Pierre la célébrité[1]. La gloire même de Buffon
ne fut ni plus soudaine ni plus assurée. L'ouvrage eut
trois éditions en une seule année, des contrefaçons
immédiates à Marseille et à Lyon, des éloges en
Angleterre, la reconnaissance attendrie de tous ceux
qui voyaient décroître la prospérité de leurs pieuses
compilations. D'un seul coup les *Études de la Nature*
rendaient à la méditation théologique les privilèges
qui la fuyaient. Car c'était, Bernardin de Saint-Pierre
l'affirmait, un livre de science méthodique et scrupuleuse, mais d'une science qui renonçait à la vanité
des apparences mathématiques pour retrouver par

---

1. Voir notre ouvrage : *Le Sentiment de la Nature en France de
J.-J. Rousseau à Bernardin de Saint-Pierre,* Paris, 1907.

elles, et derrière elles, les principes profonds des
choses. « Ces forces combinées (les lois) ne sont pas
plus les mobiles de la course des astres que les cer-
cles de la sphère n'en sont les barrières. Ce ne sont
que des signes qui ont, à la fin, remplacé les objets
qu'ils devaient représenter. » Ces mobiles, les *Études
de la Nature* les démontraient. Le grand principe
était celui des « harmonies », des adaptations de la
nature à des raisons d'élégance, de poésie, d'ordre,
pour la joie du poète et du sage qui les contemplent;
c'était aussi ses adaptations aux fins qui assurent la
commodité et la prospérité du genre humain. Les
railleries de la critique littéraire ont vulgarisé depuis
les propos émouvants des *Études de la Nature*, le
melon divisé par côtes pour être mangé en famille,
les puces noires pour qu'elles se trahissent sur la peau
blanche, par contre l'écume des flots qui est blanche
pour signaler les écueils qui sont noirs, etc., etc.
Balivernes qui sont, comme le voulait Bernardin de
Saint-Pierre, demeurées immortelles mais qui firent
moins de tort à la science des équations qu'à la
gloire de leur inventeur.

Notons pourtant qu'en 1784 elles ne suscitèrent
pas de stupeur. La *Correspondance littéraire* avoue
que le fond de l'ouvrage ne porte « que sur des observations fausses, des principes de physique tout à fait
erronés ». Mais les réserves du *Journal des Savants* et
des autres journaux sont discrètes et se perdent dans
l'enthousiasme qui salue la splendeur des tableaux
et la piété de leurs desseins. Lezay de Marnezia célé-
brait « les grands tableaux, les vues morales, les rela-
tions intimes qu'il établit entre la Providence et
l'homme ». On s'attendrit comme lui et l'on crut.

Personne ne songea à s'étonner. Bernardin de Saint-Pierre n'avait conçu sa doctrine qu'avec la complicité tacite ou avouée de presque tous ses contemporains. Son génie de peintre et de poète aurait pu traduire les splendeurs de la nature sans les déguiser en systèmes scientifiques : *Paul et Virginie* ne fait pas appel aux « lois harmoniques » de la création. Mais d'autres avant lui ou autour de lui avaient tenté l'accord entre la science et la piété, entre la froide patience des faits et les intuitions qui pénètrent les mystères des choses. Il suivit docilement leur route. Il ne dit rien qu'ils n'aient dit. Il leur apporta seulement l'autorité souveraine de son génie du pittoresque.

Assurément la doctrine des causes finales avait rencontré, comme la scolastique ou les systèmes, des adversaires. On dit, dès le XVIIIe siècle, des « causes finaliers », ce qu'en dirait la science moderne. On affirma que l'indulgence de Pluche pour la raison des marées et celle du vert dans la nature était la marque d'un esprit faible. L'abbé Feller s'indigne de ces railleries. Il s'en indignait contre des adversaires autorisés. Diderot condamnait très énergiquement les causes finales dans ses *Pensées sur l'Interprétation de la Nature* et la *Correspondance littéraire* affirmait les mêmes sévérités. Buffon sans doute organisait la nature autour de l'homme qui la domine. Il avait donné pourtant contre les causes finales des raisons plus fortes et plus sincères que l'abbé Feller ne le suggère. Mais ces protestations sont assez rares. Devant les complexités de la vie, l'obscurité de ses causes et l'apparente clarté de ses fins, les meilleurs esprits hésitaient. D'excellents naturalistes ne voulurent recommander que la prudence et opposèrent à la doc-

trine des raisons de pratique plutôt que des arguments de principe. On pensa que c'était abaisser la
Providence que de « prouver sa divine sagesse par les
plis de la peau du rhinocéros ». On ne nia pas qu'il
y eut des arguments plus respectueux : « Tout ce que
nous voulons conclure, disait Réaumur, c'est que
nous devons être extrêmement retenus sur l'explication des fins que s'est proposées celui dont les secrets
sont impénétrables, que nous louons souvent mal une
sagesse qui est si fort au-dessus de nos éloges. » Voltaire tenait le même langage, en gardant aux causes
finales quelque tendresse. En 1750, Deslandes, qui
avait pourtant fait figure de sceptique et d'impie, se
contentait en rééditant son *Recueil de Traités* de
conseiller la prudence : « Ce serait véritablement y
tomber (dans ce défaut) que de trop s'appuyer sur la
raison des causes finales, et de la faire valoir au-dessus de toutes les autres. »

Ainsi s'expliquent le succès des *Études de la Nature*
et leur portée. Les sciences naturelles se heurtaient
par elles à un obstacle plus puissant que les survivances scolastiques ou théologiques. L'opinion
publique qui avait donné à la science son élan décisif
en apportant aux Pluche, aux Réaumur, aux Buffon,
aux fossiles et aux « cabinets », les forces du succès
et de la mode, lui opposait en même temps l'une de
ces forces capricieuses qui n'obéissent qu'aux raisons
de nos instincts. Buffon déjà avait assuré à l'histoire
naturelle un triomphe que les savants jugèrent périlleux. Par l'ambition de ses conclusions il avait res-
tauré contre la prudence expérimentale les droits
funestes des explications audacieuses et des synthèses
hâtives. La querelle violemment poursuivie jusqu'à

sa mort prouva du moins que les résistances scientifiques étaient conscientes de leurs forces. Bernardin
de Saint-Pierre eut le triomphe plus aisé. C'est donc
que la science eut contre les finalistes des réponses
moins assurées que celles qu'elle réservait aux systémateurs.

L'histoire naturelle a rencontré au XVIIIᵉ siècle un
autre de ces obstacles ou de ces méprises qui se sont
perpétués obstinément ; elle s'est heurtée à l'*A quoi
bon* qui délibère sur l'existence même de toutes les
sciences. Elles peuvent être sans doute un jeu de
l'esprit, et les collections ou les cabinets furent pour
les curieux du XVIIIᵉ siècle l'un de ces divertissements
qui trompent la fatigue des jours. Mais par la science
expérimentale et méthodique le jeu devenait un labeur
qui absorbe les années et les vies. On lui demanda
raison de ces exigences. Il n'y en a pas qui valent,
même aujourd'hui, pour ceux que hante le désir de
l'absolu et l'angoisse des certitudes sans limite. Pour
les autres il y a le besoin même et la joie du vrai, et
la ferveur de la conquête. La science se défend en
eux par des forces qui sont les plus sereines des forces
morales. Le XVIIIᵉ siècle, nous le verrons, les a
connues et les a vantées. Mais ce n'est presque jamais
à elles qu'il a songé lorsqu'il s'est interrogé sur les
fins prochaines ou lointaines des observations et des
expériences. On lui a posé des questions de piété et
de destinée dans l'au-delà : il a répondu par les théologies physiques et, quand elles furent discréditées,
par l'histoire naturelle sermonneuse et sentimentale
des *Études de la Nature*. On lui a demandé, quand
il n'y eut plus de prise dans les recherches pour les
oraisons et les extases, d'apporter les raisons qui les

justifiaient. Elle a répondu, non qu'elle poursuivait
la vérité pour elle-même, mais par le désir maladroit
et tenace des justifications utilitaires. L'expérience a
montré depuis que la science qui mettait seulement
la nature au service de nos besoins ou de nos cupi-
dités était vouée aux recherches vaines. Mais le
xviiiᵉ siècle s'est élevé rarement jusqu'à la doctrine
du désintéressement; dans la pratique il a cultivé
l'histoire naturelle avec une ferveur où les intérêts de
la vie n'avaient pas de part; dans la théorie c'est à
eux constamment qu'il a fait appel.

Il y eut des gens, comme Linguet, pour démontrer
que la société n'avait que faire de ces balivernes et
que le goût pour l'histoire naturelle ne valait pas
sans doute les joies de la polémique et celles des
injures échangées. On opposait depuis longtemps à
ces dédains force réponses. Pluche, qui enseigna bien
des sottises avec tant de choses excellentes, avait
dicté le thème, dès 1732 : « J'aime mieux M. de Réaumur occupé à exterminer les teignes de nos tapisseries
avec l'huile de térébenthine, ou les punaises de tout
un logis avec la fumée du tabac, que M. de Bernouilli
absorbé dans son algèbre, ou M. Leibnitz combinant
les divers avantages et inconvénients des mondes
possibles. Pour être raisonnable et savant faut-il toujours être à mille lieues des autres? » Réaumur, en
effet, enseignait avec les tactiques de la chasse aux
punaises ou aux teignes force recettes profitables,
celles qui nous donnent le miel des abeilles ou font
éclore les poussins sans les poules. Quand M. Pagny
annonçait en 1757 un cours de physique, il prévenait
qu'on ferait « l'application de chaque expérience aux
besoins et aux commodités de la vie. » Ce furent les

exemples et les méthodes qu'on proposa aux naturalistes. Les journaux fort souvent ne virent pas plus
loin que les bénéfices d'apothicaire ou les gains de la
« maison rustique ». En 1721 la *Bibliothèque anglaise*
affirmait que « d'un côté les insectes rendent témoignage à une Providence qui veille à leur conservation
et à leur propagande; de l'autre on ne doit pas penser
que ces créatures soient inutiles ». Ainsi en jugent
Desfontaines, le *Mercure* en 1764 ou l'*Année Littéraire*
en 1768 : « Les objets d'histoire naturelle sont ceux
qui se présentent le plus souvent dans la conversation,
dans le commerce de la société et dans les usages de
la vie. » Les polémistes et les pédagogues ne dépas-
sèrent pas, bien souvent, ces sages aperçus : « Depuis
les progrès de la physique expérimentale, disent Hayer
et Soret, tous les arts se sont perfectionnés. » Le
R. P. Navarre et Philipon de la Madelaine n'enseignent rien d'autre dans leurs programmes : « L'histoire naturelle embrasse tout ce qui nous environne,
nous alimente, nous vêtit, nous meuble, c'est-à-dire
tout ce que nous avons le plus besoin de connaître. »
On a retrouvé les cahiers de physique qui se dictaient
au collège de Condom dans la deuxième moitié du
XVIIIe siècle : ils sont tout entiers attachés à la pratique et à l'usage.

Ces gens-là n'étaient pas des naturalistes; leurs
habitudes d'esprit et de métier les attachaient aux
intérêts immédiats et aux exigences de la vie. Mais
les naturalistes eux-mêmes ont parlé leur langage et
ravalé leurs longs efforts à des calculs de bénéfices et
aux recettes des ménagères. Ce sont la physique et
l'histoire naturelle, disait Alléon Dulac « qui nous
mettent en état de faire produire au feu, à l'air, à l'eau,

aux animaux, en un mot à toutes les forces de la
nature, les mouvements que nous désirons ». Et le
Dictionnaire de Leclerc (1763) précisait : « L'observateur... préférera de donner à ses concitoyens, à son
pays, à l'univers entier, un recueil d'observations sur
l'agriculture que des recherches étendues sur un
nouvel arrangement de murex ou d'oursins. Il n'étudiera la nature que pour l'employer et la transporter
dans les arts. » Buc'hoz surtout qui absorba toute sa
vie dans les recherches et les compilations et qui y
porta par instants une véhémence à demi mystique
fit de longs efforts pour défendre contre la recherche
désintéressée l'histoire naturelle « économique ». Les
*Lettres périodiques... sur les avantages que la société
économique peut retirer de la connaissance des animaux* (tome I, 1769), son *Histoire générale et économique des Trois Règnes de la Nature* (1777), rééditée
en 1789, tentèrent de vouer l'étude de la nature aux
mêmes fins que poursuivaient les ploutocrates ou les
physiocrates. Et s'il étudie, par exemple, le mouton,
ce sera pour nous instruire copieusement des meilleures recettes culinaires qui l'accommodent.

Ces noms ne furent pas les plus illustres. Mais
presque tous ceux qui fixèrent les méthodes de l'histoire naturelle et assurèrent ses destinées de science
pure, se cachèrent à eux-mêmes ou cachèrent aux
autres qu'ils lui demandaient avant tout les joies du
travail et de la conquête du vrai. Ils eurent le scrupule que leurs spéculations payassent en monnaie
sonnante et en résultats sociaux. Musschenbrœk, par
exemple, avait donné assez brièvement, en 1739, les
avantages de la physique (quatre numéros et cinq
pages). Dans la réédition de son *Cours*, en 1769, ces

éloges pratiques lui semblent insuffisants. Il les triple
(seize numéros et quinze pages), avec les exemples
glorieux des services que les Réaumur, les Hales,
les Deslandes, les Duhamel, ont rendus aux arts
manuels, teinturiers, éleveurs, etc... Réaumur, après
lui, s'était targué pour la science des avantages qu'elle
multiplierait. En 1737, Astruc qui publiait d'excellents *Mémoires pour l'Histoire naturelle de la province
du Languedoc* dictait au naturaliste les devoirs que
le bien des hommes lui impose : « Le principal objet
de l'histoire naturelle doit être d'examiner la qualité
du terroir, la disposition des lieux, la température du
climat, etc..., afin de profiter de ces connaissances
pour augmenter la quantité de denrées que le pays
produit déjà, et pour y en faire venir de nouvelles que
le pays est en état de produire par le secours de l'art. »
Un Anglais, Coakley Lettsom, publiait un *Voyageur
naturaliste* assez célèbre pour qu'on le traduisît en
1775. Il y tenait exactement le langage d'un abbé
Pluche ou d'un R. P. Navarre : « Étendre sa curiosité
sur les ouvrages de la nature, dit un auteur célèbre,
c'est s'ouvrir une quantité innombrable de routes
certaines pour arriver au bonheur... L'homme attaché
aux ouvrages de la nature a d'un côté la perspective
assurée de découvrir sans cesse de nouveaux motifs
de rendre hommage au souverain auteur de l'univers,
et de l'autre l'espérance plausible de contribuer par
ses recherches au bien de la société. »

Quelques-uns parlèrent en termes plus courageux
et demandèrent à leurs convictions philosophiques ou
à leur ardeur pour la vérité des raisons plus généreuses : « Ne fut-ce qu'une science vaine, disait Bertrand, ou de pure curiosité, elle serait encore inno-

cente quoi qu'on dise et assez justifiée par ces belles
paroles du sage : *Et mundum tradidit disputationi
eorum.* » Diderot ou Condillac qui avaient voué toute
une part de leur vie à ces disputes spéculatives ont
su dire que la science se justifie par elle-même et
qu'elle est à elle-même sa récompense. Cependant
Bertrand, Condillac ou Diderot ont fait appel, quand
ils parlaient de l'histoire naturelle aux mêmes raisons
utilitaires et pratiques. C'est sur l'utilité de l'histoire
naturelle que Diderot insiste lorsqu'il organise le plan
d'une université pour la Russie ; Condillac quand il
écrit pour le prince de Parme son *Cours d'Histoire*
enseigne avant tout les avantages que la société, directement ou indirectement, tire de la culture scientifique.

Pourtant ces raisons sont courtes. Si Réaumur
pouvait alléguer les abeilles, et les teignes et les
punaises, il n'y a pas de profit à connaître les mœurs
des fourmis ou la stratégie du fourmi-lion. Buffon
parlait du cheval, de la chèvre et du canard, voire
du chameau, du lama et de l'agami. Mais il parlait
avec la même complaisance du loup, de la panthère,
du hibou ou de la pie. Il ne s'inquiétait pas qu'ils
fussent ou féroces ou pillards. L'histoire naturelle
restait vaine, pour la meilleure part, si l'utilité pratique est la seule fin des labeurs humains. On s'avisa
tout de suite d'un expédient qui complétait les raisons « économiques ». Ce furent les raisons morales
et les bénéfices de sentiment. L'histoire naturelle
devint une source de vertu et un principe de progrès
intérieur. Tous les auteurs de théologies physiques,
tous ceux qui démontrèrent par elles l'existence de
la Providence ou l'inspiration des livres saints abou-

tirent évidemment à ces généreuses conclusions.
Mais ceux-là mêmes qui se gardèrent de l'exégèse et
de la théologie, prêtèrent à l'histoire naturelle les
onctions qui mènent aux vertueuses pensées. Desfontaines concluait avec quelque dédain que la conchyliologie est l'une de ces sciences « qui contribuent à
faire paraître moins longue cette courte vie ». On
s'affranchit autour de lui de ce scepticisme, et l'on
confondit volontiers les enquêtes scientifiques et les
méditations morales. Voici, en 1721, des *Entretiens
sur un nouveau Système de Morale et de Physique* et
en 1763 des *Mélanges de Physique et de Morale* qui
juxtaposent des études sur le bonheur, le pouvoir
politique et la génération. En 1757 Toussaint reprend
une publication qui périclitait, et fonde des *Observations périodiques sur l'Histoire naturelle, la Physique et les Arts*. Il affirme dans son *Prospectus*
qu'elles étendront leur compétence sur les Beaux-
Arts, la morale et la métaphysique.

Surtout, quand le siècle s'avance et que Rousseau
a fait appel des froides raisons aux divinations sou-
veraines du cœur, on prisa les âmes sensibles et non
les curiosités réfléchies. La science avait en apparence partie liée avec la raison des philosophes ; elle
risqua de perdre en quelques années tout ce prestige qui allait aux instincts du cœur, aux exaltations
qui saisissent la certitude sans les lenteurs trompeuses
des méthodes. On se proposa donc de prouver que
la science et le sentiment ne suivaient pas des routes
divergentes. Une âme sensible devait trouver sa
pâture dans les découvertes de l'histoire naturelle,
comme dans les langueurs passionnées ou les vertueuses énergies de la *Nouvelle Héloïse*. Pluche avait

dit, dès 1732, ce qui convenait : « Il n'y a personne,
de quelque âge et en quelque état que ce soit, qui
ne trouve bon qu'on remue son cœur, et qu'on y
fasse naître des sentiments à la vue des merveilles
que Dieu opère sans cesse autour de nous et pour
nous. » Le *Mercure de France* unissait ainsi dans
l'éloge l'enseignement scientifique et les leçons qui
vont à l'âme : « Ouvrage infiniment cher à tous ceux
qui aiment l'histoire naturelle ou la vertu. » Les
années passent et le même *Mercure* trouve les mêmes
compliments pour un autre *Cours d'Histoire naturelle* (1770) : « Ses réflexions annoncent un cœur, un
esprit simple et ingénu. » Les pédagogues appellent
l'histoire naturelle au secours de la morale et mènent
les cœurs à travers elle vers les vies attendries et
pieuses. Le P. Cotte, Serane, le *Dictionnaire* de
Leclerc laissent venir vers eux les âmes sensibles
tout autant que les esprits curieux. Beaurieu qui fut
le disciple de Rousseau, qui démarqua et « roman-
tisa » son *Émile* dans l'*Élève de la Nature*, refusa de
s'attarder aux froids enseignements et aux sèches
compilations. « La partie physique n'est, pour ainsi
dire, dans cet ouvrage (*Cours d'Histoire naturelle*)
que l'accessoire de la partie morale... il faut que
notre cœur soit associé à cette étude. »

Ces auteurs sont des pédagogues et se croient
charge d'âmes. Mais pour ces profits moraux comme
pour les bénéfices commerciaux, les naturalistes de
profession les plus illustres ou les plus lus se sont
associés à leurs ambitions. Ils se sont attardés à
l'occasion aux plus laborieux paradoxes ou aux plus
naïves sottises. Musschenbrœk précisa sur les méthodes de l'observation et de l'expérience les plus

lucides et les plus robustes des conseils. Mais il s'at-
tarda plus longuement encore à justifier les sciences
physiques. Il démontra qu'elles servaient non seulement le teinturier ou le ménage des champs mais
encore les vertus qui nous libèrent de la crainte de
la mort, nous conduisent aux pensées pieuses, etc...
Réaumur raisonne comme lui, et Bertrand écrivit
tout un chapitre sur l' « usage moral du spectacle de
la terre ». La *Correspondance littéraire* s'arrêta
quelque temps aux scepticismes attendris qui renient
dans les labeurs humains tout ce qui n'est pas la
sagesse précédente du bonheur. « La science, écri-
vait-elle à propos de Buffon, n'est pas faite pour
l'homme, et elle ne lui est utile qu'autant qu'elle
adoucit les peines de la vie, qu'elle sert de délasse-
ment des grands travaux et des grandes affaires, et
qu'elle contribue à nous rendre plus humains, plus
tolérants, plus justes et plus doux. »

Buffon, d'ailleurs, était autre chose qu'un prétexte, et son œuvre même justifiait largement la
conclusion. Nous avons dit avec quel zèle il voulut
« animer » ses peintures en confondant sans cesse
les instincts des bêtes et les mœurs des hommes. La
pente était aisée, de ces comparaisons et de ces
symboles aux conclusions qui châtient les vices et
couronnent les vertus. Aussi, lorsqu'il rencontre ce
qu'il appelle le courage, la fidélité, la patience, ou la
lâcheté, le vol et la voracité, Buffon trahit ou exprime
ses sympathies et ses mépris. Dès le XVIII⁰ siècle on
l'a lu, comme il le voulait, pour former son cœur
autant que pour informer son esprit. Mme Necker ne
fut pas la seule à se laisser prendre aux « deux ou
trois gouttes de sensibilité ». Le secrétaire de Buffon,

Humbert Bazile, louait son maître d'avoir su « mêler
aux plus sèches descriptions, dans une juste mesure,
des idées morales qui fixent l'âme et captivent la
pensée ». Leclerc dans son *Dictionnaire* et Beaurieu
dans son *Abrégé de l'Histoire des Insectes* vantent
dans l'*Histoire naturelle* « les vérités utiles de la
métaphysique et de la morale... les grands principes
de la morale et de la politique... M. de Buffon ouvre
au cœur et à l'esprit une vaste carrière. » Et quand
le *Journal Encyclopédique* lut au tome I des *Oiseaux*
la description de leurs amours, son enthousiasme se
mouilla d'attendrissement : « Tout ce morceau est
plus intéressant que le roman le plus tendre, et les
détails qu'il renferme sont, à bien des égards,
d'excellentes leçons de morale. »

Par là Buffon trouva grâce devant Bernardin de
Saint-Pierre pour qui les savants ne comptaient pas.
Et les *Études de la Nature* se proposèrent seulement
de trouver dans la beauté des choses les tendres
romans du cœur et les fortes leçons de la morale.
Sans doute elles se prétendaient œuvre de science ;
Bernardin ne doutait pas que sa théorie des marées
fut un des puissants efforts de l'esprit humain. Mais
sa science était de celles qui se fondent sur les ruines
des autres sciences et qui mettent leur fin ailleurs que
dans la rigueur des calculs. « A la vérité la philosophie nous a ramené dans ces derniers siècles à la
nature ; mais c'est bien plus pour en faire l'anatomie
que pour en composer des tableaux. Depuis la botanique jusqu'à l'astronomie, toutes nos sciences ne
présentent que de tristes analyses. » Les *Études* les
illuminèrent par les splendeurs des soleils couchants
et les mouvantes beautés du feuillage des bois. Elles

les vivifièrent surtout par le souffle d'un cœur généreux et l'ardeur de la vertu : « Il est surtout nécessaire, lorsqu'on parlera aux enfants des lois générales de la physique, d'en faire l'application aux besoins de la société... On substituera donc à une partie de nos études grammairiennes de l'antiquité celles des sciences qui nous approchent de Dieu et nous rendent utiles aux hommes. » Les *Études* en donnèrent les modèles et les formules. Le projet d'Élysée qui les termine en est le symbole et la conclusion. Bernardin dessine pieusement son parc « anglais » et « romantique » où le poème des feuillages, des fleurs et des perspectives abritera les statues et les monuments qui commémoreront les grandes âmes et les nobles vies, en exaltant pour l'âme des enfants et des promeneurs les vertus sociales, les sciences utiles et les dévouements au bonheur des hommes.

On chercherait à peu près vainement, dans tous ceux qui jugèrent au XVIIIe siècle les méthodes ou les œuvres, une critique précise de cette histoire naturelle romanesque et bienfaisante. La *Correspondance littéraire*, en 1764, s'irritait de ceux qui en firent abus : « Je ne les crois propres qu'à gâter le goût de la jeunesse par cette fausse et insipide poésie et les pauvretés morales dont l'auteur a cru embellir son sujet. » Mais il s'agissait de Beaurieu qui prodigua plus que tout autre les ruissellements de son âme sensible et la flamme de son style. Les sévérités de la *Correspondance* restèrent si bien sans écho qu'en jugeant les *Études de la Nature* elles-mêmes elle ne trouva que des éloges pour les intentions. L'histoire naturelle devait par là poursuivre ses destinées dans une compagnie périlleuse et dont les séductions furent les plus fortes. Après avoir triomphé de l'idole du merveilleux et de l'idole théologique, la science garda des piétés tenaces pour l'idole économique et pour celle du cœur sensible. Le xixᵉ siècle s'est affranchi peu à peu de tout ce qui liait la science aux intérêts immédiats et changeants de la vie et de tout ce qui l'asservissait aux lois que nous nous imposons non pour connaître mais pour agir. Le désintéressement de la science est devenu le principe même qui la commande, et des faits innombrables en ont justifié pour les plus aveugles les fécondes nécessités ; les découvertes qui ont transformé l'existence humaine sont issues pour la plupart des expériences et des théories dont l'intérêt pratique, et parfois même spéculatif, semblait le plus incertain. La science se justifie donc aujourd'hui par elle-même, et il n'est pas de savant qui s'inquiète si les vérités qu'il poursuit sont de celles qui sauront réformer les âmes et pétrir les cœurs.

L'histoire naturelle du xviiiᵉ siècle s'y est trop souvent méprise. Pourtant elle avait combattu, dès la fin du siècle, pour les victoires vraiment nécessaires. Elle avait affranchi ses intérêts des périls qui pouvaient réellement l'asservir. Ceux qu'elle ignora ont gardé jusqu'à nous leurs menaces. De la science utilitaire on parle aujourd'hui autant que jamais ; on affirme que la science théorique n'est qu'une spéculation vaine, que ses vérités ne sont qu'une apparence et une convention. Ceux qui les poursuivent pour elles-mêmes trouvent encore pour les condamner autant de systèmes philosophiques que d'esprits pratiques. De même le besoin nous reste invinciblement de ne pas séparer la science de ce qui fait les raisons profondes et les lois nécessaires de notre vie; si l'on n'oriente plus l'histoire naturelle vers l'édification de la jeunesse et des âmes pieuses, c'est la morale tout entière qu'à tort ou à raison on essaye de relier à la science. Les ennemis dont l'histoire naturelle au XVIIIᵉ siècle ne sut pas triompher sont de ceux qui peut-être sont pour elle éternels, ou peut-être même des périls utiles.

TROISIÈME PARTIE

LA DIFFUSION DE LA SCIENCE

———

CHAPITRE I

LE TRIOMPHE DE L'HISTOIRE NATURELLE

Les luttes que poursuivit l'histoire naturelle enga-
geaient autre chose que son avenir. Les menaces de
l'esprit théologique ou le goût du merveilleux, les
compromis nécessaires avec les intérêts pratiques
de la vie ou nos destinées morales intéressaient tout
ce qui relève de la pensée humaine. La victoire de la
méthode expérimentale ou ses reculs servaient ou
trompaient bien des espérances. Quand les positions
essentielles furent conquises, les conséquences furent
profondes. L'histoire naturelle aurait pu rester enfermée dans le cercle assez restreint des savants et
collectionneurs. Dès la première moitié du XVIIIᵉ siècle, nous l'avons vu, elle avait pour elle les curiosités des gens du monde, le prestige de la mode et
l'attention des pédagogues. Ces succès se multiplièrent après 1750. Quand le siècle se termina, la

tragédie ou le drame, Ossian ou Rousseau n'avaient
pas conquis plus de lecteurs, distrait plus de loisirs
et nourri plus de méditations que la génération des
polypes ou les sociétés des castors.

L'opinion d'ailleurs ne vint pas d'elle seule aux
naturalistes. Il y en eut, et des plus notoires, pour la
solliciter, pour prétendre aux succès qui dépassent
les Académies. Ils revendiquèrent pour leurs méthodes
et leurs découvertes la gloire d'agir sur les foules et
le droit de conduire les générations : « Hâtons-nous,
disait Diderot en 1754, à propos de Stahl et de
Newton, de rendre la philosophie populaire. Si nous
voulons que les philosophes marchent en avant,
approchons le peuple du point où en sont les philosophes. » A la fin du siècle, Condorcet affirmait que
la philosophie avait accepté la tâche et l'avait à
demi remplie : « Jusqu'à cette époque les sciences
n'avaient été que le patrimoine de quelques hommes;
déjà elles sont devenues communes et le moment
approche où leurs éléments, leurs principes, leurs
méthodes les plus simples deviendront vraiment
populaires. » Les naturalistes tout au moins avaient
fait effort pour que l'accès devint facile vers ces
méthodes et ces principes. On multiplie les *Manuels*,
Dictionnaires, *Abrégés*. Bazin simplifie tout ce qui
est preuves de méthodes et précisions d'expériences,
car elles sont « rebutantes pour la partie du public
qui est plus curieuse de connaître les découvertes
que la manière dont elles ont été faites ». L'abbé
Dicquemare écrit pour « les écoliers et même les
jeunes personnes du sexe » et Duchesne pour celles
qui « par état, ne peuvent faire une étude particulière
de l'histoire naturelle ». « Nous nous mettons à la

portée de tout le monde », ce sont les termes mêmes
ou l'idée des *Observations curieuses* du P. Bougeant,
du *Nouveau Dictionnaire raisonné de Physique*, de
Baker, Ray, La Chesnaye, Lambert, etc. Tâche
agréable et commode quand il n'est question que des
instincts des insectes et des mœurs surprenantes ou
tragiques des animaux des forêts vierges. Ambition
plus malaisée quand il s'agit des systèmes du monde,
des ellipses et des carrés des distances. Fontenelle
pourtant avait donné l'exemple, et l'on se flatta de
l'imiter. Merian, en traduisant les *Lettres cosmolo-
giques* de Lambert, les dégageait de son mieux « des
épines de la géométrie et de l'astronomie ». Le
P. Regnault et Marivetz voulurent ainsi ne garder de
leurs systèmes que les roses : « Nous désirons nous
rendre dignes de toute l'attention des savants, mais
nous souhaitons, avec autant d'ardeur, qu'il ne soit
pas nécessaire d'être savant pour nous entendre. »

En conséquence on s'efforça de parler le langage
de tout le monde et de laisser, quand il se pouvait,
les vocabulaires techniques et les formules trop
savantes pour les termes du commun et les raisons
accessibles à tous. « Combien d'autres, disait l'abbé
Nollet, se plaisent à rendre en caractères algébriques
des vérités qui ne perdraient rien de leur valeur
quand elles seraient exprimées d'une manière intelligible à tout le monde. » Aussi prenait-il soin de
définir les termes les plus simples : angle, atmosphère, centre, base, cercle, etc. Le P. Pézenas, en
traduisant l'Anglais Baker se prévalait des mêmes
scrupules, comme Buc'hoz en fondant son journal,
La Nature considérée sous ses différents aspects :
« J'éviterai autant qu'il me sera possible toutes les

expressions qui ne sont pas de l'usage ordinaire. —
On a évité tant qu'on a pu tous ces termes scientifiques qui rendent toujours le langage des savants
inutile à la plupart des hommes. » Même J.-P. Lansac
se flatta de parler du système du monde dans les
termes où l'on discute des problèmes de la morale,
et de n'employer « ni calcul, ni géométrie » pour que
tout le monde fut « à portée » de son génie.

Condescendances et prudences dont le succès
n'était pas assuré; l'espoir d'échapper aux équations
et aux théorèmes ne suffit pas pour qu'on quitte le
roman ou la table de jeu et qu'on coure aux naturalistes. Il fallut pour que l'opinion publique vint à
eux d'autres raisons que leur bonne volonté. La première, et la plus décisive, fut sans doute le triomphe
de l'*Histoire générale, naturelle et particulière* de
Buffon et Daubenton.

Nous avons dit que les gens de science chicanèrent
ou s'indignèrent, et qu'ils furent presque tous pour
Buffon des confrères malveillants et revêches. Les
« philosophes », comme les naturalistes, contestèrent
ses méthodes quand ils ne s'étonnèrent pas de son
style. Contre eux, il n'eut même pas pour le défendre
les adversaires de la philosophie. Ces défenseurs de
l'orthodoxie multiplièrent au contraire, pour discréditer son œuvre, les articles, les brochures et les
volumes. Et pourtant sa gloire fut, dès le premier
jour, éclatante; elle grandit année par année; elle
fut plus unanime, peut-être, auprès du public moyen
que celle d'un Voltaire ou d'un Rousseau.

Ce n'est pas dire qu'à côté des savants, des philosophes et des défenseurs de la *Genèse* il n'y ait eu
pour Buffon que des éloges. L'*Année Littéraire* fit des

réserves. Mme du Deffand s'ennuie. Voltaire escarmouche et plaisante, quand il n'affecte pas d'oublier
Buffon en discutant de l'histoire de la terre. Mais
Voltaire lui-même dut se résigner. Il comprit qu'il
fallait ménager son rival et l'avouer « grand naturaliste ». On sait qu'en 1774 il prit le parti de se récon-
cilier officiellement avec lui et d'apporter ses couronnes à son triomphe. C'était bien en effet un
triomphe et qui égalait le donjon de Montbard à la
« chaumière » de Ferney.

Tous les témoignages contemporains s'accordent.
Dès les trois premiers volumes, en 1749, l'opinion
publique fut conquise. D'Argenson, Condorcet,
Grimm affirment qu'ils vinrent « étonner l'Europe ».
Vingt mille exemplaires, dit Marivetz, physicien et
rival de Buffon, passèrent de main en main. Diderot
annote l'*Histoire naturelle*, la cite et la célèbre comme
une des œuvres glorieuses qui égalent son siècle à
ceux de l'antiquité. Rousseau, à travers ses épou-
vantes et ses renoncements, quand il dédaigne de
lire et d'écrire reste pourtant fidèle à Buffon comme
à Linné. Quand le hasard de ses routes le conduit
à Montbard, il se prosterne sur le seuil de Buffon.
Bernardin de Saint-Pierre accorde à Buffon l'éloge
qui pour lui prévaut; il l'inscrit entre Fénelon et
Jean-Jacques. Des noms illustres leur font un
cortège imposant, le comte de Tressan, Mirabeau, Mme de Genlis, Marmontel, le lieutenant des
chasses Le Roy. Les « critiques », Sabatier de
Castres, dans ses *Trois Siècles de la Littérature*,
Palissot dans ses *Mémoires* qui eurent tous les deux
les honneurs d'une réédition, la Harpe un peu plus
tard, apportèrent à Buffon les hommages que les

Encyclopédistes s'irritèrent de ne pas avoir. Les journaux payèrent leur tribut fidèle. Le *Mercure*, à travers tout le siècle, fait cortège à sa gloire. Fréron et le *Journal de Trévoux*, quand ils ne défendent plus la Sorbonne et la *Genèse*, avouent le prestige du génie ; le *Journal Encyclopédique* et celui *de Paris* s'émerveillent.

On alla même tout de suite jusqu'aux extrêmes. Voltaire ne fut égalé que par de rares thuriféraires à Sophocle ou à Virgile ; Buffon, plus heureux, prit place aux côtés d'Aristote et de Pline : « le Pline et l'Aristote de la France, dit le *Journal Encyclopédique* » ; et la formule se transmet du *Mercure* à l'*Année Littéraire*, de Rousseau à Diderot et à dix autres. Pour être éclatant, l'éloge sembla trop bref à quelques-uns. Le style « sensible » apporta à la gloire de Buffon le débordement de ses extases et le ruissellement de ses métaphores. Le lire et le méditer, dit Leclerc, c'est « faire passer dans son âme ce feu qui dévore et cette hardiesse sublime qui donne la force de penser ». Panckoucke et quelques autres se sont brûlés à ce feu. De telles gloires sont de celles qui se chantent sur la lyre. La majesté de la nature unie au génie de son historien ouvraient de ces carrières étincelantes que les poètes devaient tenter. Les petits y suivirent les grands ; les gloires de province s'y rencontrèrent avec celles de Paris et les poétesses avec les poètes, Lebrun avec Fabre d'Églantine, Cubières avec la comtesse de Beauharnais, M. Baillot de Dijon avec M. L... qui est de Bagneux, etc.

Il y a même, pour affirmer que Buffon fut illustre des gloires moins littéraires et plus sûres. L'*Histoire naturelle* se vendit à vingt mille exemplaires, disent les uns, à cinquante mille assurent les autres. Buffon connut d'une façon continue cet enthousiasme des foules et cette gloire qui se précisent en réceptions, cortèges, réjouissances et statues. Lorsqu'il revint à Montbard, après la douloureuse maladie qui menaça ses jours, il y eut pour le recevoir canon, pétards, mousqueterie et banquet. L'Académie de Dijon inaugure son buste en grande pompe. Le roi lui accorde les entrées de sa Chambre et érige en comté les terres de Buffon; il permet qu'on dresse sa statue. Pour cette statue de Pajou, pour le buste qu'on en mit au Louvre, les poètes les plus chers aux Muses, Lebrun, Saurin, Delille cherchèrent l'inscription qui fût digne du statuaire et de l'écrivain. En 1784, au musée Pilâtre de Roziers, le bailli de Suffren et M. de Flesselles couronnent un buste de Buffon au son d'une cantate à deux voix, chœur et grand orchestre. Quand Buffon fut mort, Montbard fit à ses cendres les funérailles qui accueillent les héros. Sur la colline qui fait face au château, pendant un an, la chapelle mortuaire tendue de crêpes brûla de tous ses cierges autour du cercueil. Durant un demi-siècle, comme un autre Ferney, Montbard fut un lieu de pèlerinage où l'on se glorifiait d'être accueilli. Lebrun, La Harpe, Fanny de Beauharnais, le chevalier de Cubières y apportaient leurs hommages et leurs vers, comme le comte de Lauraguais, le prince Henri de Prusse, Hérault de Séchelles, Helvétius, Ramond. Après la mort du grand homme on n'approchait de son cabinet, dit de Norvins, « que comme d'un temple, dont son vieux valet était le gardien et son fils le pontife ».

L'influence de Buffon porta plus loin encore. Les contemporains qui s'enivrèrent de sa gloire préparèrent pour leur succéder les futures générations. Le génie de Buffon reçut cette consécration que donnent les manuels scolaires et le labeur résigné des écoliers. Les pédagogues, nous le dirons, firent à l'histoire naturelle une place d'honneur dans leurs programmes. Ils avouèrent pour leurs maîtres Pluche et Nieuwentyt et Réaumur; mais c'est à Buffon surtout qu'ils demandèrent d'être leur guide. L'abbé de Saintignon avait pillé Buffon sans le lui dire et Buffon, si l'on en croit l'abbé Nollet, en gardait quelque mauvaise humeur. Il dut renoncer bientôt à se défendre contre tous ceux qui s'enrichirent de ses dépouilles. L'*Élève de la Raison* le copie sans prévenir. Mais dix autres sont plus polis. C'est Buffon que conseillent ou suivent Caradeuc de la Chalotais et les compilateurs les plus lus, Beaurieu, La Chesnaye-Desbois, Verdier, Sutaine, Serane, etc.

Par là, comme par le rayonnement de son prestige, Buffon servit autre chose que sa propre gloire; il servit la cause même de la science. On sait quelles raisons pitoyables décident à l'occasion de la curiosité publique, et par elle parfois des progrès qui comptent. Ce qui fixe les conversations et les modes, c'est ce qui se résume dans une aventure saillante, un texte bref, un nom glorieux. Il faut à la vie qui se disperse au hasard des intérêts quotidiens un centre évident qui la fixe. Buffon et son génie rendirent à l'histoire naturelle ce service qu'ils la symbolisèrent. Ferney devint, à la fin du siècle, le pèlerinage ou l'idéal des esprits curieux d'indépendance et de critique. Ermenonville et l'île des peupliers assemblèrent autour du tombeau de Rousseau ou de son souvenir les promenades et les rêves des âmes sensibles. La science, malgré le succès de Pluche et la gloire d'un Réaumur n'avait, avant Buffon, que des noms connus ou des noms célèbres; elle n'en avait pas qui fussent éclatants et populaires. Celui de Buffon donna à l'histoire naturelle le prestige qui s'attache aux idées comme aux sentiments qui sont clairs. C'est à lui d'ailleurs que dès le xviiie siècle on fit communément honneur des salles de cours qui se multiplièrent, des livres qui s'écrivirent, des femmes et des jeunes filles qui s'armèrent de la loupe et du microscope. C'est à lui que les « curieux » de province dédient leurs brochures pour intéresser les lecteurs aux cailloux qu'ils ont classés ou aux carrières qu'ils ont sondées. C'est lui que les polémistes mêmes qui le combattent avouent comme leur maître et leur guide : « La physique de cet illustre philosophe, écrit l'abbé Feller, est devenue celle de toutes les nations... En général tout ce qui a été revu, traduit, commenté, depuis l'impression de l'histoire naturelle a reçu l'empreinte des hypothèses de M. de Buffon... Déjà son nom plane sur les idées humaines et traîne après lui toutes les intelligences enchaînées pour ainsi dire au char de feu qui le transporte au temple de l'immortalité. »

Thomas, Condorcet, Sabatier de Castres, l'abbé Rozier, Nogaret, confirment les défenseurs de la *Genèse :* « Le mouvement qu'il a imprévu s'est communiqué de Paris à Pétersbourg et de l'Europe jusqu'à Philadelphie... Les naturalistes se sont livrés à leurs travaux avec une ardeur nouvelle. On les a vus se multiplier à la voix de M. de Buffon,

dans les provinces comme dans les capitales, dans
les autres parties du monde comme en Europe... La
plupart de ses lecteurs, enthousiasmés par le grand
et riche tableau de la nature qu'il a su peindre avec
tant d'énergie, de charme'et de vérité, ont suspendu
ou même entièrement abandonné d'autres études
pour se livrer uniquement à celle-ci. » L'œuvre de
Buffon est de celles qui conquirent les femmes et
pénétrèrent les lointaines provinces. Mme Roland le lit
à seize ans. Laurette de Malboissière note dans son
Journal qu'elle a lu vingt-deux pages de Buffon. Pour
louer Mme Dumesnil, le *Journal des Dames* se félicite qu'elle ait approfondi la science des Jussieu et
des Buffon. Dans la bibliothèque de son oncle, au
fond d'un château du Maine, Tilly, pour tromper son
ennui découvre au milieu de quelques romans de La
Calprenède, de deux ou trois volumes de Corneille,
du *Parfait Maréchal*, du *Grand Jardinier*, de la *Cui-
sinière française* et de quelques livres mystiques, les
Provinciales et les *Œuvres* de Buffon. Et pour les
châteaux de la fin du siècle, en 1787, le libraire
ambulant qui passe à Zotinghem, près de Boulogne,
porte avec Rousseau, Montesquieu, Voltaire et Dorat,
tous les volumes de l'*Histoire naturelle*.

Buffon, sans doute, ne créa rien. Il n'y avait
presque rien qui fût strictement de Buffon dans ses
trois premiers volumes, en 1749, sinon la comète qui
fit sourire et les molécules organiques dont la fortune
fut illusoire [1]. Il n'inventa pas non plus ni l'attrait
du microscope, ni le charme des fossiles, ni les

---

1. C'était déjà l'avis de Lamoignon de Malesherbes (t. I et II de
ses *Observations*).

délices des Cabinets. Mais il fit que les succès de
l'histoire naturelle prirent en peu d'années figure de
triomphe. Et c'est cet afflux des curiosités et des
dévouements dont il faut suivre les courants profonds.

Les cultes déjà lointains gardèrent leurs fidèles.
Les pierres lenticulaires et les faluns de Touraine
sollicitent toujours les curiosités du *Mercure*. On
organise pour les « curieux » des recherches ou
même des voyages dans la montagne. Les cabinets
se multiplient. Dezallier d'Argenville en signale,
en 1780, soixante-douze qui sont nouveaux; les
dames, voire les abbesses, ont les leurs. Le *Guide de
Paris* de Thiéry y conduit les étrangers. Et les visiteurs s'y empressent. Le roi de Danemark, Louis XV,
Mesdames, les princes du sang visitent celui du
prince de Condé que Valmont de Bomare dirige.
Bérenger, qui est poète et bel esprit, s'attarde, à
décrire ceux de Marseille. Marmontel s'émerveille à
Montpellier des poissons fossiles de Séguier. Les
« jolies femmes » même, si Masson de Pezay dit
vrai, y apportent leurs hommages. Les achats et les
ventes défraient d'ingénieux commerçants. Pour
initier les débutants et guider les amateurs ou les
voyageurs il y a d'ailleurs, de 1750 à la fin du siècle,
dix *Manuels*, *Traités*, *Mémoires*, etc.

Le succès des Cabinets fut consacré sans retour
par la gloire et la prospérité du *Cabinet du roi* et du
Jardin du roi. Buffon, ici encore, fut la volonté
tenace qui transforma les collections et les jardins.
Les quelques mois qu'il passait à Paris étaient
presque tous absorbés par les soins minutieux et les
patientes énergies qui menaient à bien ses desseins.

On sait, dans le détail, grâce à sa *Correspondance*
et à ses comptes, comment, par des avances con-
stantes sur ses fonds personnels, il devança les pro-
messes incertaines d'un trésor toujours obéré ou
vide; comment des achats ingénieux et des arran-
gements subtils lui permirent de doubler les jardins,
de construire des serres, des galeries, un vaste
amphithéâtre pour l'enseignement, de replanter
l'école de botanique. Les collections s'enrichirent
par l'adroite diplomatie dont il sut user. Les dames
de la cour donnèrent ou payèrent pour le plaisir
d'être citées dans l'*Histoire naturelle*. Des brevets de
« Correspondant du Cabinet du roi » récompensèrent
les intendants et fonctionnaires zélés qui collection-
nèrent pour lui dans les colonies. Enfin Buffon
acheta de son argent ou donna ce qu'il reçut, par
exemple les collections que lui envoya Catherine II.
Aussi le Cabinet du roi devint célèbre. On y conduit
les étrangers de marque, le comte du Nord qui
assiste à des expériences sous la direction de Daubenton. Vers 1755, on y recevait déjà douze à quinze
cents personnes toutes les semaines.

Ce goût pour les fossiles ou les collections se lie
au puissant mouvement d'opinion qui, en un demi-
siècle, fit de l'histoire naturelle une curiosité et une
discipline plus prospères que les charmes de la
poésie descriptive ou les attraits de l'économie politique. Parmi toutes les sciences qui conquirent
l'opinion publique et firent pénétrer dans la vie
moyenne la curiosité du vrai, l'histoire naturelle a
joué sans doute le rôle essentiel. Du moins, dès le
XVIIIᵉ siècle, il y a dix témoignages qui s'accordent.
En 1751, 1758, 1762, 1779, Gautron de Robien, la

Correspondance littéraire, Geoffroy, Dallet se répètent : « Les ouvrages de physique sont aujourd'hui si bien accueillis du public qu'on est toujours sûr de lui plaire lorsqu'on lui en présente quelqu'un dont la matière est choisie avec discernement. Le goût pour l'histoire naturelle s'étend de plus en plus. Depuis quelques années l'étude de l'histoire naturelle est plus cultivée qu'elle ne l'a jamais été. Aujourd'hui que toutes les sciences et les arts ont atteint le dernier point de perfection, il semble que plus particulièrement qu'autrefois, l'esprit cherche à se délasser par l'application intéressante et amusante qu'il donne à l'histoire naturelle. Ce goût fait à présent les délices d'une infinité de personnes. » Anderson en 1750, Bertrand en 1753, Buc'hoz en 1773 les confirment, et l'aimable *Mercure* parle comme le grave *Journal Encyclopédique* : « L'histoire naturelle est, de toutes les sciences, celle qu'on cultive avec le plus d'application dans un siècle éclairé comme le nôtre. Aujourd'hui l'étude de l'histoire naturelle est celle qu'on cultive le plus. » Baculard d'Arnaud, romancier infatigable et glorieux, providence dit Grimm « des couturières et des marchandes de modes » pensa même s'en inquiéter. Sans doute il est des sages qui savent faire « une étude vivante de l'histoire naturelle ». Mais il est des gens moins avisés. Le comte de Level se jette « à corps perdu » dans la « fureur de l'histoire naturelle » il y néglige « les obligations les plus essentielles », y consume sa fortune; la belle Mélise, dame d'esprit et âme vaine, en « balbutie quelques mots »; le jeune Émile en « balbutie des expressions techniques »; bref la foule des sots ignore la « science de l'homme » et

se « prend d'engouement » pour celle de l'histoire
naturelle.

Pour satisfaire toutes ces ardeurs il y a mieux que
les livres. Il y a les cours, où l'on se montre autant
qu'on apprend, où l'on sait écouter des choses
graves quand ces choses sont à la mode. Dès 1737
M. Beuvain faisait chez M. Rogeau, maître de mathématiques, rue des Lavandières proche celle de Saint-
Germain-l'Auxerrois, un cours de Physique expérimentale où l'on étudie les animaux. Après 1750 il y en
eut de plus prospères. Deux surtout furent courus et
poursuivirent à côté des leçons de l'abbé Nollet une
carrière qui fut glorieuse. Valmont de Bomare, qui
ne s'intitulait alors qu'apothicaire, ouvrit le sien le
16 juillet 1757, rue de la Verrerie. Les *Observations
périodiques* de Toussaint, l'*Année Littéraire*, les
Affiches de Paris, le *Mercure* annoncèrent son enseignement. La tentative prospéra. En 1764 le cours a
lieu trois fois par semaine « concernant les minéraux, les végétaux et quelques productions de l'art
relativement aux besoins et à l'agrément de la vie ».
Le dimanche le cours est gratuit. En 1769 il a fallu
dédoubler l'enseignement; deux séries de cours : les
lundi, mercredi, vendredi, et les mardi, jeudi,
samedi. « On y compte annuellement des personnes
de tout âge, de tout ordre, et de l'un et l'autre sexe. »
Laurette de Malboissière le suit « avec des gens de
connaissance ». Valmont y a gagné d'être « très
célèbre », d'adjoindre à son titre d'apothicaire ceux
plus glorieux de Directeur des cabinets d'histoire
naturelle et de physique de S. A. S. Mgr le Prince
de Condé, instituteur d'histoire naturelle de S. A. S.
Mgr le duc de Bourbon. En 1772 le succès fit la con-

currence. Bucquet ouvrit le 4 novembre un cours d'histoire naturelle et chimie, les mardi, jeudi et samedi. L'affluence y fut nombreuse et fidèle.

Autour d'eux des gens graves vinrent s'asseoir, les étudiants qui ambitionnaient d'être apothicaires ou ceux qui voulaient couronner heureusement leurs études. Mais les gens du monde eux aussi s'en mêlèrent avec une ardeur tapageuse et un sérieux fort appliqué; « ceux qu'on appelle les gens du grand monde, écrit Marivetz, se font aujourd'hui une gloire d'être admis dans ces laboratoires, dans ces cabinets qu'ils dédaignaient autrefois ». Le comte de Tressan, le *Nouveau Dictionnaire raisonné de Physique et d'Histoire naturelle* le confirment : « La légère superficie savante de⸱ sociétés de ce temps s'est retirée du côté de l'érudition pour s'étendre du côté des sciences. » De fait le comte de Tressan, quand il fut jeune homme, se piqua de physique et de fossiles, et le baron de Frenilly, à vingt et un ans, avec son ami d'Orcy leur voua des ardeurs impétueuses : « Je m'étais insensiblement fourni de toutes les munitions requises pour entrer en campagne contre les insectes... j'étais fou de botanique... nous étions fort amoureux de minéralogie. » Le baron Thiébault, qui hurlait de douleur en lisant la *Nouvelle Héloïse*, savait partager ses loisirs avec de moins tumultueux labeurs : « Un autre de mes amis s'occupant d'histoire naturelle faisait une collection d'insectes et de papillons; il m'en fallut à tout prix. » Dans les salons graves l'histoire naturelle a sa place. Chez d'Holbach, Roux et Darcet exposent leur théorie de la terre. Chez M. de France, payeur de rentes et fort entiché de physique, de chimie et d'histoire naturelle,

Arnault rencontre Valmont de Bomare, Haüy, Fourcroy. Le marquis de Marigny dont les goûts sont
moins austères s'est contenté de commander à Bache-
lier, pour le salon du petit château de Choisy, quatre
panneaux qui symboliseront les quatre parties du
monde. Masson mit toute son application à devenir
marquis de Pezay et ne s'illustra que par d'aimables
badinages ou de tendres déclamations. Il sait pourtant qu'il convient d'insérer dans les *Soirées helvétiennes, alsaciennes et franc-comtoises* une méditation
géologique sur les montagnes. Il n'est pas jusqu'à
Dorat qui n'ait songé, entre deux *Baisers*, à tâter de
l'histoire naturelle après quelques coquetteries avec
la métaphysique et la morale : « L'histoire naturelle
ne m'a pas mieux réussi. Avec cette maudite science
qui embrasse tout, on apprend tous les jours qu'on
ne sait rien. » Pour que les gens du monde n'aient
de la science que les grâces et qu'ils s'épargnent les
études obscures, on rédige les manuels qui conviennent.

Beaurieu publie un *Cours d'Histoire naturelle...
ouvrage propre à inspirer aux gens du monde le désir
de connaître les merveilles de la nature.* On traduit de
l'allemand Voigt de *Nouvelles Lettres sur les Montagnes ou Livre classique particulièrement destiné aux
gens du monde* La science des animaux s'enseigne
dans la *Zoologie universelle et portative*, de Ray,
*ouvrage également destiné aux naturalistes et aux
gens du monde.*

Où les gens du monde se rencontrent les dames
s'aventurent aisément. Les femmes complétèrent par
le goût de l'histoire naturelle le *Vaugelas* dont se
moquait Molière et la cosmographie que Fontenelle

leur révéla. De ces femmes savantes l'abbé Coyer en
1750 et La Dixmerie en 1759 s'entendaient pour
s'égayer. Mais d'autres affirmèrent que les railleurs
n'y entendaient rien et que les femmes avaient droit
à connaître autre chose que les hauts de chausses et
la cuisine. La comtesse du *Spectacle de la Nature*
s'irritait déjà qu'on ne lui parlât que de bagatelles et
louait celle qui « sauve son esprit du naufrage et
montre un peu de justesse et de solidité ». Vingt-
cinq ans plus tard Boudier de Villemert se félicitait
que le bon ton fut pour la science et non pour les
distractions frivoles : « La physique et l'histoire
peuvent-elles seules fournir aux femmes un agréable
genre d'études... Plusieurs de nos dames ont montré
sur cet objet une louable curiosité... on trouve déjà
chez quelques femmes le bon goût des collections de
curiosités naturelles plus précieuses que les magots
de la Saxe et de la Chine. » Mme de Surville et
Mme d'Almane qui ornent l'*Adèle et Théodore* de
Mme de Genlis rangent dans leur bureau un Dictionnaire d'histoire naturelle, collectionnent les minéraux,
madrépores et coquilles. Le *Journal des Dames*,
jaloux de la gloire de leur sexe, se vante d'opposer
une rivale aux illustres savants que sont Pluche ou
Buffon : « la Champagne a la gloire de posséder cette
illustre dame » ; Mme la douairière de Courtagnon est
« la première de cette province qui ait cultivé avec
succès l'histoire naturelle ». Nogaret, qui chante en
vers ses amours pour ses nautiles et ses fossiles,
rend hommage à la science de deux dames de dis-
tinction, la marquise Daligny et la présidente de
Bandeville. Au château de Brienne, en 1778, Deparcieux vient de Paris, tous les ans, passer six semaines

ou deux mois « et faire des cours aux dames ».
Laurette de Malboissière, nous l'avons vu, et
Mᵐᵉ Roland lisent Buffon. Mᵐᵉ Rolland étudie Nollet,
Réaumur et Bonnet. L'abbé Fromageot, quand il
rédige son *Cours d'études des jeunes demoiselles*, joint
à la physique, l'histoire naturelle et s'attarde à en
justifier les féconds enseignements. Le *Journal des
Dames* le cite et l'en loue. Le *Mercure de France*
trouvant dans ses manuscrits, en 1756, des *Conjectures sur la cause des tremblements de terre...
adressées à Madame* *** se réjouit qu'elles soient
écrites « de façon à pouvoir être lues des femmes »
et les insère dans « la partie fugitive qu'elles par-
courent plus volontiers ».

Pour servir la curiosité publique, des journaux
se fondent et prospèrent assez bien. Gautier, Toussaint, puis l'abbé Rozier organisent et poursuivent
des *Observations sur la Physique, l'Histoire naturelle
et les Arts,* depuis 1752. Buc'hoz publie quarante-
cinq volumes de *Lettres périodiques*, de 1771 à 1780.
Les journaux mondains s'assurent, pour leurs
lecteurs, l'agrément des curiosités de la nature.
Marmontel, dans le *Mercure*, fait la part la plus large
aux comptes rendus, prospectus, polémiques. Le
Journal Encyclopédique, l'*Année Littéraire*, les *Affiches de Province*, celles de Paris, le *Journal de Paris*,
les *Annales de Linguet* accordent eux aussi à l'histoire
naturelle des articles, des analyses ou des annonces.

L'histoire naturelle, dans la deuxième moitié du
XVIIIᵉ siècle fut donc l'une de ces forces qui conduisirent pour leur part les destinées d'une société. Il y
a dans l'histoire littéraire ou dans celle des sciences
des querelles ou des curiosités qui nous semblent

retentissantes; mais les polémiques qu'elles poursuivirent suscitèrent plus de bavardages qu'elles ne
remuèrent de tendances profondes. Quand Rousseau
proposa dans son premier Discours de vivre sous les
cabanes dans une heureuse stupidité, il offrit à tous
ceux qui se piquaient d'écrire un thème alléchant et
fertile. Académiciens de Lyon ou de Rouen, polémistes, journalistes, le roi Stanislas lui-même taillèrent
leur plume et firent provision d'arguments. Pourtant
il ne semble guère que cette polémique ait intéressé
fortement ceux qui se souciaient peu de paradoxes et
n'espéraient pas la vie sauvage. De même, quand
Pascal poursuivit ses expériences et publia ses brochures, il précisait autre chose que les lois de la
pesanteur de l'air ou celles de l'hydrostatique. C'est
la méthode même des sciences qu'il contribuait à
fixer et l'avenir de la pensée humaine qu'il préparait.
Les expériences et les brochures furent discutées
passionnément. Pourtant le succès ou l'influence de
son œuvre scientifique ne dépassa guère à cette date
un cercle de savants et d'hommes cultivés. L'histoire
naturelle au contraire conquiert au xviiie siècle un
empire dont les limites sont celles mêmes de ceux
qui pensent ou affectent de penser. Dépassant les
aboratoires et les sociétés savantes, le goût de
l'histoire naturelle s'assura sur la société française
les prises solides que donnent la complaisance des
journalistes, les système des pédagogues, les passions
des collectionneurs, la curiosité des femmes et la
sanction de la mode.

CHAPITRE II

L'HISTOIRE NATURELLE
ET L'ART DE PLAIRE

Les succès de l'histoire naturelle furent de ceux qui se payèrent. La science y courut des aventures périlleuses. On l'affirma du moins, dès le XVIIIᵉ siècle et violemment. La science par elle-même est sévère, et ceux-là seuls viennent à elle qui dédaignent les parures frivoles et les charmes qui sont apprêtés. Si l'opinion publique goûta l'histoire naturelle, c'est peut-être parce qu'elle eut le goût des apprêts et des parures. L'histoire naturelle aurait cultivé non l'art de prouver, mais celui de persuader, celui de plaire. Y gagna-t-elle au total plus qu'elle n'y perdait? Renonça-t-elle au contraire, pour de vains triomphes, au meilleur d'elle-même? Le problème fut bruyamment discuté. Il est même de ceux qui restent actuels et qui se posent sinon pour les sciences de la nature, du moins pour celles de l'histoire.

Nous avons dit que les sciences, la philosophie, les belles-lettres n'avaient que lentement séparé leurs domaines. Par là, ceux qui cultivèrent au XVIIe siècle l'histoire naturelle ne lui donnèrent le plus souvent qu'une part de leurs loisirs ou de leurs travaux. Ils l'unirent sans défiance dans leur vie à leurs goûts pour la discussion littéraire. Ils l'associèrent aussi bien dans leurs œuvres. Si Burnet, Woodward, Deluc ou Bertrand restent théologiens en s'occupant de géologie, des naturalistes fort connus comme Hartsœker ou comme Robinet mêlèrent aux discussions sur la gravitation où à celles sur les minéraux les raisonnements plus enjoués de la psychologie et de la morale. Le *Recueil de plusieurs Pièces de Physique* de Hartsœker, nous offre généreusement, avec les secrets de la génération et de sûrs remèdes contre la peste, d'ingénieuses déductions sur la psychologie des passions. Quand Robinet traite *de la Nature*, il nous conduit à ses fins par le chapitre VII qui disserte « de l'essence et de l'existence d'une cause », et par le chapitre XX qui est une « Apologie du babil des femmes ». Dubois fonde, en 1772, un *Tableau annuel des Progrès de la Physique, de l'Histoire naturelle et des Arts*, qui s'en tient d'ailleurs à son premier volume et qui s'orna d'un article sur les femmes turques et d'une description des jardins de Stowe. Les gens de lettres d'ailleurs rendirent la politesse ou s'autorisèrent de ces libertés. Sans parler de ceux qui dissertèrent en prose, les poètes firent appel à la langue des dieux. Aiskin publiait en anglais, en 1777, un essai sur l'application de l'histoire naturelle à la poésie. Le *Journal Encyclopédique* le résuma avec complaisance. Mais la France avait devancé les conseils d'Outre-Manche. Dès 1702, Brodeau de Moncharville dans le *Mercure*, Gagnère en 1753 mettaient en rimes le système du monde ou les principes de la physique. Les poètes descriptifs, Saint-Lambert ou Roucher, l'illustre Lebrun-Pindare s'ingénièrent dans leurs *Saisons*, leurs *Mois* ou leurs *Odes* à exalter les « veilles fortunées » qui pénètrent les secrets de la nature. On sait enfin que l'*Hermès* de Chénier devait forger des vers antiques sur les pensers nouveaux qu'apportait la science des Torricelli, des Newton, des Galilée ou des Buffon. Les gens de science de leur côté, Pluche par exemple ou La Chesnaye-Desbois, s'ornèrent copieusement des inspirations de Virgile, Lucrèce, Rapin ou Vanière. Bernardin de Saint-Pierre, enfin, fit de l'étude de la nature ce que la *Correspondance littéraire* appelle sans ironie un sublime roman et un beau poème. Il affirma que pénétrer la nature c'était l'éprouver et l'admirer. Ainsi, l'œuvre de science devenait œuvre d'art et de littérature et l'histoire naturelle se confondait avec l'étude du sentiment de l'innocence ou de la mélancolie, du plaisir du mystère ou de l'ignorance, de celui de la ruine, des tombeaux ou de la solitude.

Cette science n'était pas inébranlable. L' « art de péindre », comme on disait, ou celui de toucher les cœurs, ne triomphèrent pas de celui d'observer et d'expérimenter. Mais la science, en liant commerce avec la littérature courait des périls plus sournois. Sans changer la méthode ni les choses, il y avait peut-être la façon de les parer et de les dire. On pouvait peut-être, comme beaucoup le crurent, trouver la forme qui charme tandis que les faits établissent la preuve.

Quelques-uns affirmèrent qu'il n'y avait pas de science légitime quand elle ne voulait pas faire toilette, et que les raisons des chiffres ou celles de la physique ne dispensaient pas des termes galants. Le comte de Tressan croyait encore, en 1751, que « le goût » proscrit dans la société « la langue des sciences ». C'était l'avis sans doute, en 1747 ou 1751, de M. D. R. ou de M. de Pontbriand qui nous entretiennent des comètes ou de *Vues nouvelles sur le Système de l'Univers* : « Je me hâte d'entretenir la Marquise de, avant qu'il soit établi de ne parler de physique aux femmes mêmes qu'en combinant des équations et conformément à des formules fournies et réintégrées par les nouveaux calculs. » Qu'une comète rencontre la lune, comme elle pourrait rencontrer la terre, il n'y a lieu que d'en sourire : « La lune serait vraisemblablement victorieuse et lui ferait laisser sur le champ de bataille une bonne partie de sa chevelure... Nous verrions la comète s'en retourner, je crois, bien honteuse d'avoir ainsi perdu à la bataille ou sa barbe ou sa queue. »

Pourtant ces gentillesses ne trouvaient déjà plus de lecteurs, et le *Mercure* lui-même se moquait de cet « enjouement » dans les sujets qui sont sérieux On convint volontiers que, même pour les dames, on devait causer de science autrement que d'une parade de Collé ou d'un roman de Crébillon. L'enjouement chercha des ressources qui fussent discrètes. On suivit simplement, pour l'histoire naturelle, l'exemple de Fontenelle et les grâces élégantes qui naissent aisément d'un dialogue entre personnes qui sont bien nées. Pluche, d'ailleurs, dès 1732, en avait donné le modèle. « M. le chevalier, disait son Prieur de Jonval, puisque vous savez déjà penser vous-même et donner de la netteté et des grâces aux pensées des

autres, voilà qui est fait, vous serez le Fontenelle de
notre Ácadémie. » Et cette académie champêtre et
distinguée, prieur, comte, comtesse et chevalier,
poursuit en dialogues ses études sur les plantes, les
insectes ou les fossiles. Quand Bazin abrège
l'*Histoire des Insectes* de Réaumur ou son *Histoire des
Abeilles*, il le fait aussi par dialogues dont il justifie
dans son avertissement les avantages et les droits.
Dialogues encore dans l'*Histoire des Abeilles* de
Simon, chez Beaurieu, les *Tableaux de la Nature*,
l'*Eraste* de l'abbé Filassier, l'*Abrégé d'Histoire naturelle* de Perrault.

Perrault se justifiait lui aussi : « Le célèbre
M. Pluche en a donné l'exemple, et c'est assez mal à
propos que certains écrivains ont prétendu tourner
en ridicule son prieur et sa comtesse avec leurs petits
dialogues familiers. » La méthode des dialogues, en
effet, comme toutes celles qui liaient la science et
l'art de plaire, avait éveillé bien des craintes et multi-
plié les protestations. Nous avons dit, par ailleurs [1],
que la réputation de Fontenelle, glorieuse et respectée
pendant cinquante ou soixante ans, déclina vers
1760, lorsqu'on se piqua d'être « naïf » et qu'on
s'attendrit pour les cœurs simples. Comme on con-
testa le bel esprit de ses bergers on renia le style
qu'il prêtait aux choses de la science. La *Correspondance littéraire* le blâme et le *Micromégas* de Voltaire le discrédite par la parodie. L'abbé du Breil de
Pontbriand défend ses propres dialogues, mais
s'interdit d'être séduisant : « Rien de galant, rien

---

1. *Le Sentiment de la Nature en France, de J.-J. Rousseau à Bernardin de Saint-Pierre*, 2ᵉ partie, livre II, ch. ɪv.

d'enjoué n'ornera des entretiens à qui je ne souhaite
que de n'être point trop ennuyeux. Mon véritable
dessein, en conversant avec Madame de X..., c'est
d'être intelligible avec bienséance. » On se défia pourtant de cette « bienséance ». Caradeuc de la Chalotais, en choisissant les bons livres pour les collèges,
raillait la manie du bel esprit et celle même de l'abbé
Pluche : « Le *Spectacle de la Nature* est excellent,
mais le dialogue est de mauvais goût. » On l'avait
devancé, à vrai dire, pour louer les simplicités
sévères. Le traducteur de la *Théologie des Insectes*
de Lesser, en 1745, prévenait que son livre n'était
pas composé pour les dames, et la même année le
Mercure de France se ralliait à la science austère
contre celle qui plaît : « Lorsqu'il est question de
traiter des matières philosophiques, disait-il à propos
de l'*Histoire naturelle des Abeilles* de Bazin, il est sca-
breux d'employer la forme du dialogue, surtout
quand on met les femmes de la partie. » Les femmes
d'ailleurs affirmèrent à l'occasion qu'elles savaient
être sévères. Le *Journal des Dames*, en 1761, jugeait
sans indulgence les *Journées physiques :* « Je pense-
rais donc que les *Journées physiques* pourraient être
débarrassées de ce jargon de toilette que l'on rencontre tout au travers de l'explication sereine des
phénomènes, sans que le livre perdît de son mérite. »

Le *Journal des Dames* s'associait fièrement aux
exigences sévères du traducteur de l'Anglais Childrey,
du comte de Tressan ou de Condillac. Il y eut même
repentir et conversion. Le livre de Vallemont qui
nous a fourni de si pittoresques exemples de crédulités scientifiques, s'entretenait de la palingénésie
avec des grâces irrésistibles : « Que ce serait un

enchantement bien doux pour Mme la marquise
de X..., de pouvoir jouir du plaisir de voir l'ombre et
le fantôme de son défunt perroquet... C'était un grand
criard. Ce qui faisait supporter sa criaillerie, c'est
qu'il parlait à merveille. Il avait été élevé à la Cour;
il disait ce qu'il ne pensait pas. Il y a bien des gens
qui, comme les perroquets, parlent tout à fait machi-
nalement. » Le *Journal des Savants* qui fut indulgent
pour les sottises des idées railla les charmes de ce
style. Vallemont sans doute fut convaincu, puisqu'il
supprima le passage dans sa deuxième édition.

Pourtant le style de Vallemont ou celui de
Fontenelle, les dialogues de Pluche ou ceux de
Bazin ne furent que des escarmouches. La question
dépassait les jalousies d'auteur et les chicanes qui
s'en vont où vont les modes. Elle intéressait la science
tout entière et décidait pour une part de ses destinées. Elle imposait aux spécialistes de ne songer
qu'à leur science ou invitait à se faire lire et à gagner
les esprits moyens. Pour en décider, il y eut, comme
pour les « Systèmes » une bataille qui fut acharnée. Là encore ce fut autour de Buffon qu'elle se
livra.

Buffon n'avait d'abord été qu'un savant. Membre
de l'Académie des Sciences, il ne voulait intéresser
que ses pairs. Sa traduction de Hales, ses mémoires
de mathématiques, de physique ou d'agriculture ne
prétendaient qu'à persuader les agronomes ou les
physiciens. Mais l'*Histoire naturelle générale et particulière* fut autre chose que la description du cabinet
du roi et le tableau scientifique de la nature. Ce fut
une œuvre d'art et un monument littéraire. « C'est
de l'histoire naturelle et du style, disait Hérault de

Séchelles qu'il aime le mieux à s'entretenir. Je ne sais même si le style n'aurait pas la préférence. » Il lui voua dans tous les cas des labeurs plus assidus que ceux de ses observations ou de ses lectures. Il rédigea parfois ses ouvrages, six fois dit Mme Necker, douze ou quinze écrit son fils, dix-huit raconte Hérault de Séchelles. Six ou dix-huit signifient l'un comme l'autre que Buffon autant qu'un savant fut un écrivain et qu'il servit, avec un idéal scientifique, un idéal d'esthétique et d'harmonie. Idéal exigeant et précis s'il est vrai qu'il travaillait une phrase une maxime entière, et rendait raison, dit Mme Necker « de tous les motifs de préférence qu'il a eus pour tous les mots de ses discours, sans exclure même de cette discussion les moindres particules, les conjonctions les plus ignorées ». Un Rousseau, un Chateaubriand ou un Flaubert eurent sans doute les mêmes scrupules, et la musique ou la couleur de leur phrase pesèrent plus à l'occasion que l'exactitude de la pensée. Mais la science n'admet pas de ces sacrifices, et c'est la fidélité stricte de la forme à la pensée qu'elle exige. Or Buffon n'hésita pas, quelquefois, à plier ses idées aux exigences de l'expression. A cette date où les barrières du style se rompent, où par le néologisme, le goût du réalisme, la véhémence des polémiques, le style commence à accepter les trivialités pittoresques de la vie, il fut le défenseur acharné du style noble. « Il fut poète », avoue glorieusement son secrétaire Humbert Bazile. Entendons, comme le comprend ce digne homme, qu' « il voulait dans son style de la clarté, de l'harmonie, de la pompe », qu'on ne doit point se laisser « emporter par l'amour de l'exactitude au point de

n'employer que le mot propre ; il est trivial parfois et
doit être soigneusement évité ». Propos qu'Humbert
Bazile transcrivait sans malice et vraisemblablement sans mensonge, car Hérault de Séchelles et
Mᵐᵉ Necker les confirment : « Le mot technique
n'est pas celui qu'il faut préférer... mais on doit se
servir du mot auprès. » Avec cela, comme le dit
Buffon « quelques fleurs », ou l'art de savoir « jaser »
et nous aurons cette aristocratique et dédaigneuse
éloquence que Buffon se flatta d'égaler à la majesté
de la nature.

Il ne douta pas ni de ses droits ni de son triomphe,
et l'opinion publique lui fut complice. La querelle
du style, noble ou plébéien, n'était tout à fait décidée,
ni en 1749, ni même en 1760. Greuze pouvait appeler
son tableau *la Cruche cassée*. Ce qui convenait à un
peintre messeyait à un poète, et le traducteur de
Gessner, Huber, craignait pour une idylle le même
titre. Ce ne fut que lentement, par l'influence de la
poésie descriptive, du drame, etc... que les scrupules
du goût s'élargirent. Encore les droits que réclamaient les poètes descriptifs et les rimeurs d'idylles
se justifiaient pour ceux qui parlent de la vie rurale,
des labours, des herses, des cruches et des sabots.
Les tolérances s'imposaient moins pour ceux qui
tentaient les grands genres et les nobles splendeurs
de la tragédie, de l'épopée ou de l'éloquence.
Mᵐᵉ Necker, par exemple, fidèle à l'autorité de
Thomas ou à celle de Buffon n'acceptait ni « commencer à voir clair », ni « pour bien faire », ni
« faisons bien », que Racine avait écrits. Les sujets
qu'abordait Buffon étaient de ceux qui portent en
eux-mêmes les hautes exigences du poème épique.

Le style de son *Histoire naturelle* fut donc accepté avec une pieuse admiration.

Le *Journal Encyclopédique*, le *Mercure* exaltent le « dernier effort de l'esprit humain » ; l'*Année Littéraire* avoue qu'elle admire ; et le *Journal des Savants* s'attarde à « la plus noble conquête que l'homme ait jamais faite ». Les journaux d'ailleurs pouvaient s'autoriser de noms illustres ou notoires. Diderot, Rousseau, Bernardin de Saint-Pierre s'accordent : « C'est la plus belle plume de son siècle. » Marmontel, Lebrun, Thomas, Grimm, Clément de Genève, Palissot, le chevalier de Cubières, Garat, le marquis de Ximenès admirent « les sublimes pinceaux ». Des pédagogues, Mᵐᵉ de Genlis, Sutaine, Ménard, abreuvent leurs élèves aux sources pures de ce style. Ceux-là mêmes qui combattent Buffon, comme l'abbé Feller, laissent l'éloquence les séduire et les désarmer.

Cette admiration s'est transmise fidèlement à travers les générations, par delà les tempêtes mêmes qui ne laissèrent des doctrines classiques que des ruines. Longtemps Buffon fut, pour les écoliers, le modèle du bien dire. Ce cheval qu'admirait le *Journal des Savants*, ce paon qui n'est pas de lui mais qui ravissait le *Journal Encyclopédique*, ce cygne que Buffon demandait à l'abbé Bexon de bien peigner, demeurèrent pour les programmes et pour les maîtres les exemples que l'on propose avec une piété attendrie. Pourtant, dès le xviiiᵉ siècle, on a devancé les scrupules qui ont relégué ces vaines éloquences loin de nos classes. Il y eut dans le concert d'éloges des hésitations, des ironies ou des indignations. Avant le xviiiᵉ siècle, l'histoire naturelle, comme toutes les

sciences, n'était pas affaire de littérature et ne s'inquiétait pas de plaire ou de réussir. Elle s'exprimait
presque toujours en latin et restait inconnue du
public qui pleurait aux souffrances d'*Andromaque*
on se gaussait du *Bourgeois gentilhomme*. Les choses
commencèrent à changer avec le *Spectacle de la Nature*, avec l'*Histoire des Insectes* de Réaumur. Elles
se transformèrent avec éclat quand Buffon publia
son œuvre. Pluche n'était pas un homme de lettres ;
il faisait seulement métier de pédagogue ; il écrivait
avec des grâces maladroites et d'ailleurs modestes ; il
espérait qu'en le lisant on apprendrait à mieux voir
le monde, à mieux aimer la Providence, non à parler
plus éloquemment. Les *Mémoires* de Réaumur étaient
encore des in-quarto d'intention fort savante, d'exposé
méticuleux, dédaigneux des agréments du langage,
et qui laissèrent à des compilateurs le soin de les
abréger. Buffon, au contraire, eut tout de suite pour
lui le grand public. Il conquit, dès 1749, dès ses trois
premiers volumes, les curiosités des femmes et les
engouements des salons. Il entra à l'Académie française, sans qu'il l'eût sollicité. Il consentit tout de
suite une édition in-12 qui sacrifiait l'anatomie de
Daubenton. Il devint, par sa gloire, le rival de Montesquieu, qui n'en dit rien, et de Voltaire qui se con-
sola par des sottises. Par là, comme on l'a dit vingt
fois depuis, il fit entrer la science dans la littérature.
Il conquit pour elle les couronnes réservées aux
poètes, aux romanciers ou aux dramaturges. Les critiques qui sont gens de lettres, et les gens de lettres
eux-mêmes lui en ont su gré abondamment. On s'est
moins volontiers demandé si la science s'était accom-
modée de cette littérature comme les lettres s'enor-

gueillirent de cette science; si elle n'avait pas vu là
quelque péril ou quelque gloriole aventureuse. Cette
question, et c'est là seulement ce qui nous importe,
les savants l'ont posée et résolue dès le XVIIIᵉ siècle;
et ce fut, courtoisement ou violemment, contre Buffon.

Il y eut d'abord ceux qui se refusèrent à confondre
les choses, à goûter l'écrivain sous prétexte qu'il parlait de science, ou le savant, parce qu'il mettait un
brin de plume à son scalpel. Beau style, pensèrent-ils,
et qui vaut qu'on l'admire; mais à condition qu'on
n'en conclue pas que les preuves sont plus sûres et la
science plus neuve. « On peut comparer tout l'ouvrage, dit l'abbé Viet, à un grand édifice dont l'architecture est exquise et les fondations vicieuses, ou à
un tableau qui n'a d'autre mérite que le coloris, ou
enfin au plaidoyer d'un avocat célèbre qui enchante
et qui étonne en plaidant une mauvaise cause. » Le
professeur Sennemaud parle comme l'abbé Viet, et
comme lui l'abbé Royou : « Je trouve que M. de
Buffon a mis sa réputation en viager, en donnant
tout au style et au coloris du dessinateur. » Critiques
suspectes d'ailleurs, parce qu'elles sont des critiques
de parti et qui défendent la *Genèse*. Mais d'autres,
plus sûres, les confirment. « J'ai peur, dit Galiani,
qu'il n'y ait plus de poésie que de vérité dans tout
cela. » Les *Lettres à un Américain* mirent quelque
acrimonie, et peut-être quelque mauvaise foi à poursuivre les « songes philosophiques de M. de Buffon »
et à contester ses expériences. Elles ne ménagèrent
pas au style les éloges : « Il faut lui rendre cette
justice, il écrit très bien. » Mais elles affirmèrent
qu'écrire bien n'était pas du tout penser juste et

prouver rigoureusement : « Je me défie de tout livre
de philosophie pour lequel le lecteur se passionne
comme un amateur pour un concerto. »

L'abbé de Lignac qui rédigea ces lettres, et Réaumur qui les inspira, étaient naturalistes et plaidaient
leur cause. Mais d'autres qui n'avaient pas de rival
à discréditer n'admirèrent qu'avec des réserves. Ils
se souvinrent que la vérité se montre nue et qu'on
la travestit aisément quand on la pare. « Ce n'est pas
là peut-être, dit la *Bibliothèque d'un homme de goût*,
la véritable parure des livres d'instruction. » « J'y
trouve quelquefois, conclut Clément de Genève, une
certaine déclamation d'idées, un enthousiasme de
raisonnement, un ton de Malebranche, fait pour
entraîner l'imagination, mais qui ne satisfait pas toujours les esprits sévères. » L'abbé Mayeul-Chaudon,
qui rédige cette *Bibliothèque*, ou Clément de Genève
n'ont d'attache pourtant ni avec les philosophes ni
avec les savants, et leur vie s'est vouée à des curiosités de littérature et d'histoire. Buffon est mort
lorsque Condorcet fait son éloge; et sa tâche de
panégyriste impose des discrétions et des complaisances. Il marque pourtant les dangers de ce style et
le ridicule de ceux qui en ont suivi les ambitions et
la doctrine.

Il y eut enfin ceux qui se refusèrent aux distinctions ingénieuses. Ils affirmèrent qu'il n'était pas
sans doute défendu de bien écrire lorsque la vérité
n'y perdait rien, mais que Buffon s'était moins soucié
d'être vrai que de bien dire, et qu'il lui suffisait non
d'être exact mais d'étonner. Philosophes et savants,
avec les exceptions que nous avons dites, se mirent
d'accord pour défendre la science contre une littéra-

ture périlleuse. Ils renièrent tous ces agréments qui
substituaient à l'art de prouver celui de plaire.
Palissot ou Morellet se sont faits l'écho de ces
plaintes. « Le style de M. de Buffon a paru trop
poétique à quelques esprits chagrins. Ils (d'Alembert,
Diderot, Condillac) l'appelaient charlatan, rhéteur,
déclamateur, phrasier. Ils lui reprochaient de n'avoir
pas le style de la chose ; ses descriptions des animaux
leur paraissaient des amplifications de collège ; et ses
discours généraux sur la nature des déclamations
vagues, fausses et inutiles. » D'Alembert, qui n'était
pas d'humeur acariâtre et s'accommodait des brû-
lantes éloquences de Rousseau, parce que Rousseau
parlait d'autre chose que de science, tenait Buffon
pour un « glorieux », pour un comte de Tuffières [1]
qui « au lieu de nommer simplement le cheval s'écrie :
« la plus noble conquête ! » Le chimiste Rouelle
menait lui aussi grand tapage : « Il était peu touché
de son beau parlage, et quelques leçons de son cours
étaient régulièrement employées à injurier cet
illustre académicien. » Le *Traité des Animaux* de
Condillac s'émerveille dédaigneusement que l'em-
phase d'un style médiocre fasse illusion sur la force
des systèmes. « Il ne se piquera pas de bien écrire
lorsqu'il raisonnera : alors les constructions longues
et embarrassées échappent au lecteur, comme les
raisonnements. Il réservera tout l'art de son éloquence pour jeter de temps en temps de ces périodes
artistement faites, où l'on se livre à son imagination
sans se mettre en peine du ton qu'on vient de quitter,
et de celui qu'on va reprendre, où l'on substitue au

1. Héros du *Glorieux* de Destouches.

terme propre celui qui frappe davantage, et où l'on
se plaît à dire plus qu'on ne doit dire. » Il y en eut
même, parmi ceux qui dédaignaient ou s'indignaient,
qui n'étaient pas philosophes, ni physiciens, ni chimistes. « Style, écrit le comte de Tilly, qu'il est plus
facile de louer sans cesse que de trouver toujours
exempt de blâme. » « Charlatan », juge Roland, et
dont le style est « seulement joli ». Et M. de Champ-
cenetz s'égayait en faciles parodies :

> C'était dans le repos du travail de la nuit.
> L'image de Buffon devant moi s'est montrée,
> Comme au Jardin du Roi pompeusement parée ;
> Même il usait encor de ce style apprêté...

Il y a sans doute dans toutes ces critiques bien des
raisons qui sont troubles ; et quelques austérités de
savants cachent des jalousies obstinées. On se
résigne mieux à ne connaître que les gloires de laboratoires, lorsqu'il est entendu que la science n'est pas
pour le monde et qu'elle ignore les triomphes du
théâtre ou des romans. Détachement plus malaisé
lorsqu'un confrère ouvre les portes qu'on croyait
fermées. Buffon eut à payer quelques dépits. Il reste
pourtant que l'hostilité fut trop unanime pour ne pas
exprimer des convictions désintéressées et des
craintes sincères. Ici, comme pour les systèmes, la
querelle dépassait les polémiques de coteries. Tous
ceux qui protestèrent contre le style de Buffon voulurent pour une part dresser une ferme barrière entre
les simplicités nécessaires à la science et les séductions dangereuses du succès. Entre ceux-ci et Buffon
il est malaisé de décider sans dépasser les données
de l'histoire. Il y a pourtant quelques conclusions
qui s'imposent.

Par le souci du style noble et l'indulgence pour le mot « auprès », Buffon a-t-il faussé parfois sa pensée et donné à l'élégance ce que perdait la vérité? Il serait périlleux d'en juger. Le désir d'émouvoir et de plaire a pesé maintes fois pour lui plus que la stricte expression des faits. Flourens, nous l'avons dit, avoue que les remaniements des *Époques de la Nature* obéissent aux scrupules d'harmonie et de balancement qui seraient ceux d'une tragédie. Les « gouttes de sensibilité » que Buffon mêle à ses *Discours*, le soin de ménager l'orgueil humain, d'unir nos intérêts et nos passions aux forces indifférentes de la nature ont troublé sans doute la stricte vision de l'histoire du monde. Il en fut, peut-être, pour son style ce qu'il en était pour le fond. Mais, pour l'affirmer, il faudrait connaître très exactement et le vocabulaire qu'exigerait aujourd'hui la science, et celui que la science de son siècle offrait à Buffon, et quels sont les termes techniques qu'il dédaigna. Flourens donne des corrections un exemple où Buffon hésite entre *purification*, *épuration* et *dépuration* de l'atmosphère. Le choix qu'il fit de *dépuration* serait à l'honneur de ses scrupules. Disons plus sûrement qu'à ce travail du style, plus appliqué et plus vétilleux que celui d'un Rousseau ou d'un Chateaubriand, Buffon a perdu pour le moins un temps infini. Récrire dix-huit fois ou même six les *Époques de la Nature*, employer tous ses labeurs de l'après-midi à lire et discuter avec les familiers ou les visiteurs le style de ses manuscrits, c'était enlever à la science la moitié de sa vie pour la donner à la littérature. La conséquence en fut sans doute que Buffon fit moins d'observations, d'expériences ou de lectures, qu'il

s'en fia peu à peu à ses collaborateurs et se contenta
pour lui-même des « grandes vues ». Les tableaux
de la nature ressemblent parfois à ces tableaux
qui sont de Rubens parce qu'il y mit sa signa-
ture.

Les destinées de ce style trouvèrent pourtant leur
terme. On s'est résolu depuis lors à être de l'avis de
d'Alembert contre le *Journal des Savants* et à reléguer
« la plus noble conquête » au nombre des périphrases
sans nécessité. On a jugé que l'oie qui prêtait sa
plume à Buffon pouvait la garder pour elle, et qu'il
y avait pour parler des animaux et de la nature un
autre idéal que celui où se rencontrèrent Buffon,
Guéneau et Bexon. Les descriptions de l'*Histoire
naturelle* ont été, dans les programmes scolaires, ins-
crites en sixième et en cinquième, à l'âge où l'on
n'apprend qu'à s'exprimer, et non à parer son style;
encore est-il convenu que l'on choisit, et que ce ne
sont ni le cygne, ni le paon qui sont les modèles. Les
Discours et les *Vues générales* sont écrits dans un
autre style et leur destinée est d'apparence plus heureuse. Ils sont demeurés dans nos programmes pour
la seconde et la première. On les honore pourtant
plus qu'on ne les connaît. Condillac peut-être n'avait
pas toujours tort : les constructions se rencontrent
où le circuit majestueux de la phrase se perd dans un
difficile labyrinthe et où l'absence du mot propre conduit à d'obscures abstractions. A vrai dire, il n'est
pas certain qu'on s'en plaigne, car il est douteux
qu'on relise Buffon, quand on ne l'étudie pas pour
l'histoire des sciences et qu'on cherche seulement son
plaisir. Tout ce labeur littéraire n'aurait donc été
qu'un vain scrupule, et l'art de Buffon l'aurait

mené, plus lentement seulement, là où dorment les pesants Réaumurs et les modestes Pluches.

Pourtant si la gloire littéraire de Buffon n'a guère laissé qu'un fantôme, l'exemple de son style est loin d'avoir desservi les sciences. Il n'est pas sûr que son goût des systèmes, de la morale, des retours sur la vie humaine n'ait pas entraîné pour la science quelques méprises. L'autorité de son nom fut peut-être pour quelque chose dans l'obstination des naturalistes à négliger pour les systèmes les leçons modestes de l'expérience. Les querelles qui divisèrent les Geoffroy Saint-Hilaire et les Cuvier, les « Plutoniens » et les « Neptuniens », au début du XIXe siècle, auraient été sans doute moins bruyantes et moins tyranniques si Buffon n'avait pas opposé l'éclat de son œuvre aux savants qui se défiaient de l'ambition des hypothèses. Mais la séduction de son style fut moins périlleuse. De tous ceux qui ont été par la suite de grands naturalistes, ou plus généralement de grands savants, il n'en est guère qui se soient mis à l'école de Buffon. Certains ont su allier à la précision et à la brièveté cette élégance ou même cette éloquence qui naissent, comme le disait Buffon, « de l'ordre et du mouvement que l'on met dans ses pensées ». Il n'en est pas qui aient prétendu travailler telle phrase une matinée et rédiger dix fois leurs manuscrits. Il n'en est pas qui aient égalé leur amour-propre d'écrivain à leur ambition de savants. Et ils n'ont rien donné à la littérature qui fût, pour leur science, un détriment.

Les sacrifices que Buffon fit au style furent même des sacrifices féconds. Il est nécessaire qu'une œuvre de science, quel que soit le génie qui s'exprime dans sa forme, cesse un jour ou l'autre d'être lue. Tout est dit, quand il s'agit de littérature, et par là ce dont parlent Montaigne ou Racine ou Rousseau ne vieillit guère. Mais fatalement la science se transforme, et pour une part les vérités d'un Pascal physicien, ou d'un Buffon, ou d'un Claude Bernard, deviennent des erreurs ou des ébauches. Si le fond est caduc la forme avec lui devient vaine; un savant qui écrit bien n'écrit pourtant que pour le présent. Mais il n'a pas tort de bien écrire. En écrivant bien Buffon a rendu à la science elle-même des services inégalés.

Ceux qui l'attaquèrent défendirent assurément une chose juste. Ils affirmèrent qu'il était difficile de servir deux maîtres. Leurs critiques prouvèrent qu'il s'était formé une conscience scientifique assurée de son idéal : connaître la vérité et la refléter strictement sans autre parure que la netteté d'un miroir. Il est bon qu'ils aient opposé à Buffon cet idéal, qu'ils aient soutenu contre lui que la nature n'est pas noble ou triviale et qu'il y a pour l'exprimer telle qu'elle est des moyens simples et fidèles. Ils ont ainsi protégé la science contre des méthodes périlleuses, contre le goût des applaudissements; il ont affirmé que la beauté littéraire n'existe que par le consentement de ceux qui l'éprouvent, mais que la vérité scientifique vit pour elle seule, et se suffit à elle seule, dès qu'une seule pensée l'a fixée. Il était bon, même contre Buffon, qu'on défendît cette dignité et ces scrupules.

Il est clair pourtant que leurs résistances et leurs négations ne convainquirent qu'eux-mêmes et leurs confrères. Ils n'empêchèrent pas de couler vers Buffon les flots souverains de l'opinion. De cela les gens de science ne laissent pas de s'irriter. Il leur déplaît parfois que les forts tirages et les complaisances des journalistes soient pour ceux qui ont le souci de plaire avant le souci d'être fidèles. Buffon doit peut-être leur apprendre à s'y résigner. On ne compte pas ceux qui ignorèrent ou dédaignèrent les hostilités des Réaumurs, des Condillac et des autres naturalistes. On sut gré à Buffon, sans réserves, de tout ce qu'il avait fait pour conquérir. Son style, son cheval, son cygne ses *Vues* et *Discours* furent accueillis comme le dernier effort de l'esprit humain. C'est dire que la critique des spécialistes fut exactement comme si elle n'était pas. Les polémiques ne valurent que pour une élite ou si l'on veut pour une minorité. Et ce fut sans doute pour le profit dernier de la science qu'on dédaigna les gens de science.

Buffon, quoi qu'on puisse dire, n'en reste pas moins par son labeur et ses méthodes un vrai savant. Or la science s'isole volontiers ; le commerce avec la nature et ses lois rend médiocre le commerce des hommes. Mais cette science ne saurait s'isoler indéfiniment ; elle touche à la vie pratique, incessamment ; elle se prolonge invinciblement vers la vie morale ; elle implique un idéal dont on rêve nécessairement la diffusion. Il faut donc que des liens se nouent entre le public qui vit loin de la science et cette pensée scientifique esclave de l'ordre et de la certitude. Il arrive que ceux qui vulgarisent sont des ignorants ou des charlatans et qu'ils défigurent la science quand ils croient ou prétendent la servir. Il faut savoir gré au contraire à Buffon d'avoir voulu plaire. S'il avait eu moins de scrupules d'écrivain, et parfois de rhéteur, il eût ajouté peut-être de plus amples trésors scientifiques à tous ceux qu'il avait reçus, mais l'histoire naturelle serait restée beaucoup plus longtemps une affaire de curiosité ou de laboratoires. Le goût des recherches sur la nature vivante ne date pas exactement de Buffon; il date de Pluche et de Réaumur. Buffon pourtant précipita le triomphe. Les femmes s'en mêlèrent, et les pédagogues; l'étude de l'histoire naturelle tendit à se juxtaposer à celle du latin. Les conséquences, et c'est ce qui nous reste à établir, en furent lointaines et profondes.

CHAPITRE III

LES CONSÉQUENCES DU TRIOMPHE

Les transformations sociales qui sont durables portent à l'ordinaire une marque précise. Lorsque les générations ont pris conscience qu'elles ne pensaient plus comme celles qui les précédaient, elles s'efforcent de préparer un avenir conforme à leur idéal ; elles font appel à une éducation renouvelée pour fixer des idées nouvelles. Tout mouvement d'opinion qui n'est pas une mode passagère ou l'illusion de quelques-uns, se transcrit ainsi plus ou moins profondément dans les changements de la pédagogie. Le goût des sciences et plus précisément celui de l'histoire naturelle a donc modifié autre chose au XVIIIᵉ siècle que les conversations mondaines et les plaisirs des collectionneurs. Il a proposé aux écoliers d'autres travaux et d'autres pensées.

On sait que toute l'éducation, à la fin du XVIIᵉ siècle, et au début du XVIIIᵉ, s'asservissait à l'étude du latin. Quand on lui associa plus ou moins celle du grec, l'idéal demeura ce qu'il était : la

formation d'une culture classique selon l'art et la
pensée des maîtres de l'antiquité. Cette tyrannie des
anciens, soigneusement fixée par l'enseignement des
Jésuites, inquiéta quelques esprits dès que la querelle
des anciens et des modernes, dès que les succès des
sciences prouvèrent que tout n'était pas dit. Les
générations nouvelles atteignaient par elles des
vérités que ni Homère, ni Virgile, ni Cicéron n'avaient
soupçonnées. Le *Spectacle de la Nature* de Pluche
avait neuf volumes, sur lesquels il en était sept tout
au moins pour enseigner ce qu'ignoraient les
programmes des Jésuites. On ne pouvait s'y intéresser sans renoncer quelque peu à l'enseignement
traditionnel. Et de fait le chevalier du *Spectacle* a
consacré toute une part de sa jeunesse, avant l'*Émile*
de Rousseau, à étudier les métiers, depuis les potiers
jusqu'aux « tireurs d'or » et à se former par les
voyages. Avant l'*Émile* on a dit plus précisément
encore que la domination du latin était une tyrannie.
C'était l'avis de Locke, celui de Crousaz en 1722, de
l'abbé de Pons en 1738, de l'abbé Prévost en 1741,
puis du romancier Digard, du jésuite Berland, de
Duclos, La Condamine, l'abbé Gédoyn. Protestations
qui sont encore isolées ; mais deux événements vinrent décider de la crise. En 1761 le Parlement de
Paris, suivi par ceux de province, interdisait aux
Jésuites l'enseignement. En 1762, Rousseau publiait
cet *Émile* qui triompha des condamnations et des
railleries pour remettre en question l'éducation tout
entière. L'autorité du latin y perdit quelque crédit.

Les attaques furent violentes et allièrent les esprits
les plus divers ; des philosophes : Voltaire à l'occasion
(« Je savais du latin et des sottises ») ou Diderot ; des

magistrats comme la Chalotais; des gens de noblesse
comme le comte de Tressan; des poètes badins comme
Bérenger; des auteurs notoires comme Mercier ou
Bernardin de Saint-Pierre. Quand Brissot ou le chevalier de Norvins se souviennent de leurs années de
collège, c'est pour maudire les disciplines absurdes
qui pesèrent sur eux. Les pédagogues dédaignent les
études latines. Une vingtaine demandent qu'on oublie
les Romains et qu'on regarde vers la vie : le P. Navarre, professeur au collège de Toulouse, le P. Papon,
préfet du grand collège de Lyon, Mathias, principal
du collège de Langres, etc.

On tenta même autre chose que des théories. Les
Oratoriens firent une part plus large au français, aux
langues étrangères, aux sciences. Au collège de
Troyes, en 1759, le discours de distribution de prix
est en français; en 1783 le même discours, par la voix
du professeur de rhétorique, se prononce contre le
latin. Les élèves organisent une « Académie » où ils
échangent la lecture de leurs meilleurs travaux. Sur
quarante-cinq qu'ils nous ont laissés, quatre seulement
sont en latin. Les maîtres de pension qui se multiplièrent à cette date prétendirent séduire leur clientèle
en reniant l'éducation par le latin. Un membre du
conseil du collège de Montbéliard protestait, en 1769,
contre l'importance donnée aux langues mortes. Il
réclamait « pour le plus grand nombre » des « connaissances usageables ». Il aurait pu s'adresser à
M. de Longpré, maître de pension à Paris, chez qui
le latin n'occupe les élèves que deux ou trois ans tout
au plus. Le prospectus de M. Félix, à Bordeaux,
s'élève avec véhémence contre l'omnipotence du latin.
Sautreau organise à Paris, avec l'appui de d'Alembert

et la sympathie du *Journal des Dames*, une Maison
d'éducation où huit élèves, payant dix mille livres par
an, seront élevés selon des méthodes qui doivent
beaucoup à Rousseau et ne doivent rien à la *ratio
studiorum* des Jésuites ; « l'étude de la langue latine
n'entre pour rien dans celles qu'on se propose de
faire à ces nouveaux élèves. Un jeune homme auquel
on n'a appris que le latin est sûrement très mal élevé. »
C'est l'avis du sieur Besnard, à Angers, en 1783. Il
enseignera surtout le français et « ce dit sieur ne
parle ici qu'aux parents intelligents sans prévention ».
L'abbé auquel on confie Juliette Cavaignac estimait
« qu'on perdait dans les collèges un temps précieux
à apprendre le grec et le latin », et c'est avant tout
d'histoire, géographie, astronomie, grammaire ou
arithmétique qu'il l'instruit.

Contre les latiniseurs il y eut des ironistes. Un
anonyme écrivait : « L'homme au latin ou la destinée
des savants », où il promenait son héros à travers les
mésaventures dont son vain savoir était coupable. Il
y eut aussi, et par eux nous rejoignons notre sujet,
des naturalistes. En 1763, Bertrand, dans la Préface
de son *Dictionnaire des Fossiles*, s'irritait des programmes sacrifiés au latin et au grec que l'on sait
mal et que l'on oublie. Favanne de Montcerville, en
1780, rééditant la Conchyliologie de Dezallier d'Argenville, défendait l'histoire naturelle contre « ce grec
et ce latin... qui ne font pas toute l'éducation ».
Quelques années plus tard, Perrault, dénonçait, en
tête de son *Abrégé d'Histoire naturelle* « tout le ridicule, tout l'absurde et le pernicieux de cette conduite ».

Pédagogues ou gens de science rêvaient d'installer
bien des choses sur les domaines qu'ils allaient con-

quérir : l'étude du français sans doute, celle de l'histoire ou de la géographie, celle de l'économie politique ou des métiers, mais aussi celle de l'histoire naturelle. Ils affirmèrent que l'étude méthodique de la nature devait assurer aux enfants des profits durables et des joies fécondes : ils l'inscrivirent avec ardeur sur leurs programmes. L'histoire naturelle, dit en 1770 l'abbé Coyer, « offre à la curiosité une matière inépuisable ». Elle est « à la base de toutes les autres ». Doctrine énergique qu'un grand nombre de pédagogues approuvèrent[1]. Buffon désirait déjà qu'on l'enseignât aux jeunes gens. Diderot dans son *Plan d'Université* prévoyait pour la quatrième classe les ouvrages de Valmont de Bomare, du chevalier Turgot et un abrégé de Buffon. L'*Eraste ou l'Ami de la Jeunesse* de Filassier eut, de 1773 à 1803, cinq éditions ; le *Livre des Enfants et des Jeunes Gens sans Études* fut réédité, à travers tout le xviiie siècle, en 1728, 1771, 1781. Tous les deux accueillent, l'un cent vingt et une pages de physique et d'histoire naturelle, l'autre dans ses deux dernières éditions des chapitres sur le Ciel, l'Air et le Feu, la Terre, les Plantes, ce qui est dans la Terre, la Mer, etc. L'Adèle et le Théodore de Mme de Genlis savent par cœur Pluche et Bazin, lisent Buffon de dix-huit ans à vingt ans et demi. Crevier prévoit dans son programme, de huit ans jusqu'à quinze ans, le *Livre des Enfants*, l'ouvrage de Martin, les abrégés de Réaumur, les livres de Buffon et de Nollet, etc.

---

1. Au xviie siècle, Fleury inscrivait déjà l'histoire naturelle dans son programme (ch. xxix de son *Traité*). Rollin dans son *Traité des Études* emprunte au manuscrit de Pluche une longue Physique des enfants, mais pour n'en tirer que des enseignements moraux et religieux.

Verdier prescrit des lectures de Pline et Buffon. Le président Rolland met l'histoire naturelle au programme de la philosophie. Sutaine insère dans son catalogue de livres scolaires le *Spectacle de la Nature* et l'*Histoire du Ciel* de Pluche, le *Cours d'Expériences* de Nollet, la *Physique expérimentale* du P. Renaud[1], l'*Histoire naturelle* de Buffon. Bien d'autres, moins connus, suivent leurs exemples, depuis le P. Navarre qui veut un an d'histoire naturelle jusqu'à Clément de Boissy qui en veut trois, en passant par Beaurieu, Serane, Gosselin, dom Devienne, etc.

D'ailleurs on rédige incessamment les Manuels qui feront aux enfants et aux jeunes gens des routes aisées. Le premier titre du *Spectacle de la Nature* de Pluche devait être : *Physique des Enfants*. Dans la deuxième moitié du xviiiᵉ siècle ces « physiques » se multiplièrent abondamment.

On voulut même que l'histoire naturelle fût mêlée aux premiers balbutiements de la lecture et aux premières curiosités de la pensée. « On n'est point encore assez persuadé, écrivait Nollet, en 1738, que le livre de la nature puisse être lu par les enfants mêmes : que cet âge est du moins aussi propre que tout autre pour l'entendre, pourvu qu'on le lui montre par l'endroit qui convient. » On s'en persuada vite après lui, avec une ferveur qui s'aventura dans les plus hasardeux paradoxes. De deux à quatre ans les bébés élevés selon Picardet apprendront l'histoire naturelle de Buffon. L'abbé Coyer recule Buffon jusqu'à sept et neuf ans, et choisit Pluche de quatre à six. D'autres

---

1. Il entend sans doute par là les *Entretiens physiques d'Ariste et d'Eudoxe* du P. N. Regnault (7 éditions au moins au xviiiᵉ siècle).

exposent tout au long leurs raisons. Grivel ne veut pas seulement qu'on apprenne à lire à l'enfant dans un Cours d'histoire naturelle : « Enseignez-lui d'abord à voir autour de lui et de près à près tout ce qui l'environne : les bois, les prés, les champs, les ruisseaux, les fontaines, le ciel, les météores, le feu, les hommes, les animaux et les plantes. » Formey dans son *Abrégé* et le P. Cotte dans ses *Leçons élémentaires* rédigent par demandes et par réponses des catéchismes commodes où les enfants s'instruiront peu à peu des notions essentielles de la pluie, neige, grêle, tremblements de terre, plantes, insectes, etc. C'est l'avis même du retentissant *Essai d'Éducation nationale* de Caradeuc de la Chalotais : « de l'histoire naturelle et des récréations physiques et mathématiques ». Ou bien c'est une mère qui se promène avec sa fillette par une aube d'automne, ou dans un bois qui borde la mer, pour l'entretenir en mauvais vers des *Tableaux de la Nature*, de l'art de la fourmi, des métamorphoses des insectes, des abeilles, etc.

La science que goûtaient les femmes du monde était de celles qui pouvaient avoir des séductions pour les jeunes filles. Les pédagogues qui s'inquiétèrent de leur éducation les convièrent aux pittoresques voyages à travers le monde des plantes, des insectes ou des animaux exotiques. « Mécanique, hydrostatique, optique, disait Nollet avec regret, en 1738, sont des mots qui effrayent les oreilles : une dame oserait à peine les prononcer sans craindre le ridicule. » Quarante-six ans plus tard Lezay de Marnézia affirmait que les sciences « loin d'être utiles aux femmes leur nuiraient ». Mais les femmes n'écoutèrent pas Lezay et se réjouirent des mots barbares quand ils étaient des mots de science. Nous avons dit que Mlle de Malboissière lisait à l'occasion vingt-deux pages de Buffon, et « beaucoup d'histoire naturelle ». Leprince d'Ardenay, un Manceau qui n'a pas l'esprit frondeur et redoute pour son salut d'assister à la comédie, donne à sa fille les livres de science qui sont à sa portée. L'*Abrégé de l'Histoire des Insectes*, de Beaurieu, est dédié « aux jeunes personnes », et l'*Eraste ou l'Ami de la Jeunesse* de l'abbé Filassier « aux jeunes gens de l'un et de l'autre sexe ». L'abbé Fromageot enfin précise à Mme de Sainte-Valérie, première maîtresse des pensionnaires de l'abbaye royale de Port-Royal, les raisons d'oublier pour ses élèves les méthodes chères à Molière ou celles qui plurent à Fénelon : « Je n'imaginai jamais que l'étude de l'histoire naturelle ne convînt pas aux femmes... je fis entrer l'histoire naturelle et la physique comme parties essentielles de son éducation : je les regardai pour elle comme deux sources intarissables d'agréments, et comme l'antidote le plus assuré contre l'ennui et l'oisiveté, *ces deux bêtes si venimeuses*. »

L'antidote fut-il non seulement prôné, mais offert, dans les collèges et les pensions ? Il est assez malaisé de suivre, après 1760, l'histoire de ces maisons d'éducation dont beaucoup s'affranchirent de la discipline des Jésuites sans obéir à des règles communes. Pourtant quelques documents précis affirment que l'histoire naturelle prit place, comme la physique, dans l'enseignement scolaire. Les Oratoriens, dans la deuxième année de philosophie enseignaient la géologie, les volcans, les fossiles, etc. Les Pères du collège de Troyes donnaient en prix l'*Abrégé de l'Histoire naturelle* de Réaumur et les *Contemplations de la*

Nature. A Montauban on offre en 1786 une « histoire
naturelle ». A Rodez, l'enseignement est organisé dès
1761. Le *Plan des exercices* du célèbre collège de
Sorrèze prévoit : 1° un Essai de physique ; 2° l'histoire
naturelle ; on organise en 1756 un « cabinet ». En 1773
l'exercice public du collège de Saint-Omer disserte
d'histoire naturelle par la bouche de Pamphile, Aris-
tarque, Philomose et Philodoxe ; un peu plus tard on
enseigne régulièrement l'histoire naturelle. L' « affi-
che » du collège de la Flèche, en 1776, annonce en
sixième classe l'histoire naturelle des insectes ; en
cinquième, les oiseaux et poissons ; en quatrième les
« animantia » ; en troisième les « metalla » ; en
deuxième, les métiers ; en première année de philosophie l'histoire de la terre ; en deuxième année, celle
du ciel. Le prospectus des discours prononcés le
12 février 1770 par les élèves du collège de Montbéliard inscrit des « Observations sur l'industrie que la
Providence a mise dans les insectes, tirées en particulier de l'histoire naturelle de l'abeille, de la fourmi
et de l'araignée ». A Cahors, dans la dernière moitié
du siècle, les questions posées pour l'histoire naturelle et la physique correspondaient aux programmes
de 5ᵉ A et B, 2ᵉ C et D, mathématiques A et B. Verdier et Fortier organisent à Paris une maison d'éducation qui fut prospère. On y enseigne, en quatrième
et troisième, les « éléments de physique expérimentale
suivant les méthodes des naturalistes, des physiciens
et des chimistes ». En philosophie on envoie les élèves
aux écoles publiques d'histoire naturelle, du jardin
du roi, de physique, etc. A Bordeaux, les élèves de
M. Félix s'initient à l'histoire naturelle.

La portée de cette pédagogie, malgré des hésitations

et des résistances, fut lointaine et profonde. On sait
quelle trace inoubliable laissa dans l'éducation française cet *Émile* qui fut brûlé par la main du bourreau.
Il affirma — et le scrupule fut désormais éternel —
qu'éducation signifie, autant que possible, liberté,
allégresse et plaisir de vivre. L'histoire naturelle joua
son rôle, elle aussi, dans cet effort de délivrance.
Aisément elle s'enseigne au grand air. Elle appelle les
vastes espaces et les campagnes fleuries. On y mena
les enfants, dès le xviiiᵉ siècle, où l'on comprit qu'il
fallait y aller. Les théoriciens, Crevier, Serane, Philipon de la Madelaine, d'autres encore, parlèrent non
de classes mais de promenades. Crevier enseigne, de
onze à douze ans, l'histoire naturelle par des excur-
sions à la campagne. Philipon de la Madelaine consacre tous les jeudis de son collège aux courses vagabondes qui enseigneront, de la première classe à la
troisième (sixième à quatrième) l'ornithologie, botanique, minéralogie ; quand il pleuvra on visitera les
« cabinets ». C'était déjà l'avis de la *Correspondance
littéraire*. Dès qu'il n'est plus question de langues ou
de grammaire, plus de « ces halles fermées qu'on
appelle classes », mais les promenades, les champs,
les ateliers. C'est aux champs que Bernardin de Saint-
Pierre emmène ses élèves pour leur apprendre à
regarder et à décrire. De fait, écrit l'abbé Serane,
« professeur d'histoire et d'éloquence à Paris, fondateur de l'institution de la jeune noblesse en Anjou »,
« le lycée où je dictais mes leçons était un parterre,
un bosquet, un pré... et non dans les villes où l'on ne
voit que des hommes et les bizarres productions de
leurs caprices ». Et voici le bon abbé Faure qui mêle,
dans les *Mémoires* de Fonvielle, l'ombre du vicaire

savoyard avec la silhouette de l'abbé Jérôme Coignard.
« Il me faisait lever avant le jour, me conduisait à
une lieue de la ville, ayant chacun un gros morceau
de pain dans notre poche, déjeunait avec moi au bord
d'une fontaine, le plus souvent à celle de Perpan,
cédait à tous mes goûts, cueillait avec moi les mûres
des buissons, les fruits âpres de l'aubépine, ou ceux
plus doux de l'arbousier, qu'il corrigeait avec du
sucre, cherchait avec moi des champignons, des nids
d'oiseaux ou des grillons, et au milieu de tout cela
me faisait admirer la nature qu'il développait à ma
raison naissante. »

L'influence de l'histoire naturelle prépara d'ailleurs
de plus décisives transformations. On sait ce que
valent les sciences dans le programme de Rousseau.
Émile les cultive pour leurs résultats utiles, et non
pour atteindre la vérité. La vérité selon Rousseau est
celle du Vicaire Savoyard, elle est faite d'héritages
scolastiques et théologiques, d'abstractions selon
Locke ou Condillac, et d'élans de foi mystique. Mais
les sciences pouvaient plier lentement les esprits à
d'autres façons de comprendre la vie et le monde.
Quand on fut las des théologies physiques et quand
on se défia du finalisme attendri d'un Bernardin de
Saint-Pierre, on soupçonna que l'étude de la nature
pouvait conduire les jeunes gens vers d'autres
pensées plus profondes ou du moins plus hardies.
« C'est la raison, disait l'abbé Pluche, qui nous con-
stitue maître et roi de tout ce qui est sur la terre;
c'est elle qui nous met de fait en possession et dans
l'exercice de son empire. » C'est pour cela sans
doute, et parce qu'elle enseignait contre les docilités
dogmatiques le scrupule des faits et des preuves, que

Diderot ou la *Correspondance littéraire* opposaient
aux « études gothiques », l'étude de la nature « la
plus digne d'occuper le premier âge ». Bazin n'était
pas un encyclopédiste, mais un homme pieux et
pacifique; Beaurieu était disciple de Rousseau;
Perrault simple traducteur. Ils ont compris pourtant
et proclamé les raisons profondes qui devaient ouvrir
les collèges à l'étude de l'histoire naturelle. « Mieux
qu'aucune autre », en effet, parce qu'elle soumet
tout à l'observation, elle est propre à détruire les
préjugés de l'enfance « dont les meilleures éduca-
tions ne sont pas exemptes ». A leur place, elle
enseignera non de vaines disciplines et d'illusoires
élégances, mais « tout ce qu'il nous est utile de
savoir dans la vie civile »; elle y tient « non comme
simple appendice ou accessoire, mais comme source
générale de toutes les connaissances qui sont la
base de la société, du commerce, de l'industrie...
Cette étude devrait faire le premier objet, le plus
essentiel et le plus constant de l'attention et de la
curiosité des enfants. » Elle les conduira vers ce qui
importe pour bien vivre, vers la vérité, et par elle
vers la vertu : « S'il est un enthousiasme et j'ose dire
un fanatisme qui élève véritablement l'âme, c'est
celui qu'inspire la nature vue sous de grands
aspects... Oui, l'admirateur, l'amant de la nature,
sera toujours, par une suite nécessaire, celui de la
vérité et de la vertu. » Même c'est elle qui résoudra
le problème de cette éducation sexuelle que Rousseau
posait hardiment et que nous n'avons pas encore
résolu : « O vous, pères et instituteurs de la jeunesse,
dites hardiment à chacun de vos enfants, lorsque
vous les verrez arriver à l'âge de pleine puberté...

Mon fils, tu touches au moment précieux où la
nature veut que tu deviennes père à ton tour...
Ne crois pas ce que te diront ou les livres fades
et pleins de folies que l'on appelle *romans*, ou les
hommes faibles que l'on appelle *amoureux*... Quand
vous aurez fait à votre élève cette leçon préliminaire de morale, expliquez-lui, sans détour, les
moyens admirables que la nature emploie pour la
génération des animaux et de l'homme en particulier. »

Si les sciences naturelles devaient former l'enfance
à l'amour de la vérité et de la vertu, elles avaient les
mêmes forces pour guider ceux qui n'y venaient
qu'à l'âge mûr. Les sciences naturelles furent au
XVIIIᵉ siècle autre chose qu'une mode dont ceux qui
s'en divertissent ignorent les lointaines destinées. Il
y eut alors des polémiques et des engouements qui
suscitèrent des querelles de plume et des discussions
mondaines acharnées. La comédie larmoyante, et le
drame, et le poème en prose, et la question du style
noble, et celle de Shakespeare, furent des prétextes
commodes aux divertissements littéraires et à ceux
des conversations. Mais ceux qui aiguisèrent leurs
arguments ne pensèrent pas que l'avenir de la société
était lié à leur défaite ou à leur triomphe. Ils défendirent des intérêts ou des convictions, et pour quelques-uns le destin de l'art, non le destin des progrès
humains. Au contraire on s'attacha à l'histoire naturelle comme à une foi nouvelle ; on l'enseigna comme
une révélation ; on la défendit comme une doctrine
qui enfermait en elle les secrets invincibles pour
assujettir le monde et livrer à l'homme la vérité avec
le bonheur. Par cet enthousiasme où se confondirent

les sérénités rationnelles des philosophes et les véhé-
mences des âmes sensibles, le triomphe de l'histoire
naturelle fut de ceux qui décidèrent une part de
l'avenir.

Avant même la gloire de Buffon et cette alliance
retentissante entre le prestige de l'art et l'austérité
de la science, les précurseurs exaltèrent les joies
sereines de leurs recherches : « Entre toutes les connaissances humaines, disait Perrault dès 1680, on
peut donc dire que celle des animaux est la plus
belle. » Pluche, Maillet et Deslandes qui sont, avec
Réaumur, les noms les plus connus, convient ardem-
ment leurs lecteurs à les suivre : « Cette masse
informe et grossière qui nous soutient et nous
nourrit, renferme en ses entrailles des miracles sans
fin, capables d'occuper l'étude la plus longue et la
plus opiniâtre... » La raison scientifique fait connaître à l'homme « la beauté de l'ordre ; en sorte que
l'homme peut aimer cet ordre, le goûter et le mettre
dans tout ce qu'il fait : il peut imiter Dieu même ; et
sa raison fait de lui l'image de Dieu sur la terre ».
Les sciences exactes et philosophiques, disait le
Journal des Savants de Deslandes, lui paraissent « les
seules dignes de l'homme qui pense ». Deslandes a
parlé en effet de l'étude de la nature comme Bossuet
des *Élévations sur les Mystères* ou Rousseau des
Rêveries du Promeneur solitaire : « L'étude de la physique est une des plus nobles et des plus vertueuses
occupations de l'esprit humain... celui qui, sensible
à la dignité de son être et possédant son âme en tranquillité, aime à considérer les ouvrages de la nature
et à les analyser curieusement, passe ses jours de
la manière la plus agréable, parce que tout lui pré-

sente des plaisirs purs, nets et exempts de ces
reproches amers que la volupté traîne toujours à sa
suite. » Le *Journal des Savants* est un journal que
l'État appointe et qui donne encore la place d'honneur aux *Patres* et aux *Theologi:* C'est pourtant
comme Deslandes qu'il s'exprime, en 1750 : « L'étude
de l'histoire naturelle est une des plus satisfaisantes
pour l'esprit humain, par le grand nombre des merveilles qu'il y découvre de jour en jour. »

Quand la gloire de Buffon rayonna sur Montbard
comme l'une des plus hautes des gloires humaines,
lorsque Rousseau eut enseigné les ardeurs des âmes
sensibles, on trouva pour la science nouvelle un style
qui fut digne de ses splendeurs. Lorsque Valmont de
Bomare ou Adanson ouvraient leurs cours, ils parlaient comme Virgile invoquant pour son œuvre
Liber et Cérès et les Faunes et les jeunes Dryades.
Ils élevaient leur âme vers « le Spectacle et l'Étude
de la nature », et retrouvaient pour l'exprimer des
extases à demi mystiques : « Nature, priait Adanson,
ô toi qui es tout ce qui existe... » ; et le *Mercure* se
haussait jusqu'à leurs accents : « Ce n'est pas seulement un naturaliste qu'on entend, c'est un de ces
chantres merveilleux de l'antiquité qui, la lyre à la
main, enseignaient les mystères de la nature aux
élèves de la sagesse. »

Les fervents de la science n'ont d'ailleurs pas
caché les récompenses de leur culte, et les grâces que
l'universelle nature savait répandre sur ceux qui se
donnaient tout entiers. Je ne crains point de dire,
écrivait Bourguet, que les vérités de la physique
« doivent assurément tenir le premier rang après celles
de la religion ». Et Bertrand, qui était pasteur, les

confondait dans ses pensées : « Je ne crains point de
dire que la morale et l'histoire naturelle sont avec
l'étude de la révélation les objets les plus importants
des connaissances humaines. » La science de la
religion et celle de la révélation nous conduisent aux
vérités surnaturelles, mais la physique et l'histoire
naturelle nous conduisent à celles de ce monde. Peut-
être sont-elles, comme tant d'âmes pieuses l'ont
pensé, d'un bien faible poids près de celles qui
mesurent l'éternité; leurs attraits sont pourtant
invincibles et leur lumière éblouissante. « Un vrai
naturaliste, disait en 1781 le *Mercure de France*,
oublieux de ses « Pièces fugitives en vers et en
« prose », de ses charades, de ses énigmes, et de ses
romances, est un homme qui, tourmenté par l'amour
de la vérité, et ne concevant point d'autre bonheur
que celui de la connaître, la cherche à travers les
travaux de toute espèce; qui, brûlant d'interroger la
nature, franchit courageusement tous les obstacles
qui peuvent la lui cacher : ni la rapidité des torrents,
ni la largeur des rivières, ni l'aspect sourcilleux des
rochers les plus inaccessibles, ni le choc des éléments déchaînés, ne sauraient l'arrêter. » Plus haut
que les fatigues, les labeurs obscurs et les périls, un
invincible instinct parle en nous-mêmes, qui est la
raison même et l'espoir de nos destinées : « La
nature, disait Roucher, qui n'est pourtant qu'un
poète, a mis dans nos cœurs un violent amour pour la
vérité... Or cette avidité de connaître que l'âge ne fait
qu'irriter dans ceux qui sont dignes de la sentir, qui
peut mieux la satisfaire que les sciences déjà nommées[1].

---

1. L'histoire naturelle et les autres sciences.

Elles marchent appuyées sur les faits, et avec eux nous sommes certains que chacun de nos pas est assuré. »

A suivre leurs routes escarpées, mais glorieuses, nous goûterons les joies qui sont les plus vives et les plus sûres : « Est-il de plaisir plus vif, écrit l'abbé Rozier, et tout à la fois plus innocent! Tournefort fut mille fois plus satisfait sur la cime de l'Ararat et dans la grotte d'Antiparos qu'au milieu de la cour ottomane et des distinctions flatteuses qu'il y reçut. » Rousseau a enseigné les « délices du sentiment » et les plaisirs qui remuent les entrailles; mais l'histoire naturelle sait donner ceux-là comme les autres, lorsqu'on vient à elle avec son cœur : « Malheur à l'âme tranquille qui voit sans être émue la pompe de l'Univers! malheur à l'âme froide qui peut parler sans enthousiasme de la nature et des prodiges qu'elle a répandus dans les profondeurs de l'espace. » Serane n'est pas de ces âmes glacées. Quand il parle des fleurs à ses jeunes élèves, c'est « avec l'enthousiasme qu'inspire à un cœur sensible la contemplation de la nature ». Pour refléter ces ardeurs, la poésie seule peut trouver des accents. Bérenger célèbre en vers les joies du botaniste. Chénier médite et commence cet *Hermès* qui chantera dans sa course triomphante l'*Invention des Sciences*. C'est aux sciences que Roucher fait appel pour régénérer l'inspiration et renouveler les traditions épuisées du lyrisme : « Eh quoi! nous vivons entourés des riches découvertes que les naturalistes, les physiciens, les chimistes, les astronomes ont faites et font tous les jours; et notre poésie reste indigente... songeons à mettre en œuvre les trésors que le génie de l'observation a recueillis dans l'étude de la nature physique. »

Par ces trésors, par l'amour de la vérité, par les dons qu'elle nous prodigue, nous atteindrons ces temples sereins que Lucrèce vouait au renoncement et qu'habite seulement une nature bienveillante et féconde. Marivetz s'attardait à ces rêves qu'on a depuis lui si souvent repris : « L'histoire morale du monde se déduira donc de l'histoire du monde physique; et quel est le philosophe qui doute que cette déduction ne soit rigoureusement juste dans l'ordre naturel? » Espoirs lointains encore, mais on touchait, croyait-on, de prochaines réalités. Quand Beaurieu publia son *Abrégé de l'Histoire des Insectes*, en 1764, ou son *Cours d'Histoire naturelle*, en 1770, il reprit infatigablement les dithyrambes attendris que l'*Année Littéraire* cita avec recueillement : « L'étude de la nature est utile et agréable; on peut dire d'elle, avec encore plus de vérité que Cicéron ne le disait des lettres, qu'elle doit être la nourriture des jeunes gens, l'amusement des vieillards, l'objet de nos conversations, de nos méditations, et nous accompagner partout... Quel spectacle pour qui sait en jouir!... loin de la ville, loin de la cour, il passe des nuits tranquilles et des jours heureux... Un grand homme de notre siècle, M. de Buffon, dans son *Histoire naturelle*, ouvre au cœur et à l'esprit une vaste carrière. Que toutes les âmes honnêtes et vertueuses s'empressent à la parcourir, et bientôt l'univers sera heureux. »

De ce bonheur, il semble même qu'on se grisa. A goûter aux fruits de la science on connut cet orgueil criminel que les théologiens châtiaient comme le plus diabolique des péchés. Soyons modestes, dit Saverien, fuyons l'orgueil. Pourtant par le travail de

la science il semble que « l'homme perfectionne son
être, et qu'il s'approche de la divinité ». Pluche avait
déjà dit que, par lui, nous devenions l'égal de Dieu
sur la terre. Buc'hoz et Fabre d'Églantine s'enivrèrent
des mêmes certitudes. La connaissance de la nature
« est pour ainsi dire l'avant-coureur de la volupté
céleste ; dès qu'on en jouit une fois on marche dans
la lumière, et on mène une vie aussi délicieuse que
si on se trouvait dans un paradis terrestre ».

> Nature ! oui, je le sens, c'est cette heureuse étude
> Qui seule nourrit l'âme, affranchit la raison,
> Des fers, des préjugés et de l'opinion ;
> Et par qui l'homme enfin, confident de Dieu même,
> Devient digne en effet de son Être Suprême.

Pour ce culte, il ne restera plus qu'à construire un
temple. Bonnet rêvait, comme l'avait fait Voltaire
pour les lettres, qu'on lui dressât des murailles de
strophes et des frontons de rimes. Il demande aux
grands poètes de son siècle, les Pope, les Voltaire,
les Louis Racine, de « s'exercer sur un si digne sujet »,
et de « donner le *Temple de la Nature* ». Diderot
et l'abbé Saury, qui pille son article de l'*Encyclopédie*, voulaient à ce temple des assises plus réelles
et conviaient les princes à lui confier la gloire de
leur nom. « Il serait digne d'un grand prince d'élever
à la nature un palais, dans lequel on renfermerait
tous les objets dignes de l'attention des naturalistes... Quel spectacle que celui de tout ce que la
main du Tout-Puissant a répandu à la surface de la
terre exposé dans un seul endroit. » Buffon, en trans-
formant le Jardin du Roi, offrit aux visiteurs l'ébauche
de ce rêve grandiose. On lui voulut pourtant plus de

splendeur. M. Viel publia, en le dédiant à Buffon, et avec les compliments enthousiastes du *Mercure*, un projet, plan et élévation d'un monument consacré à l'histoire naturelle. Sous un portique harmonieux s'élèveront les statues de Fagon et de Buffon. Trois salles abriteront les trois règnes de la nature. Puis des serres, des amphithéâtres, un jardin botanique, des volières, aquariums, enclos pour les bêtes fauves, etc... porteront parmi les générations la gloire et les enseignements de la nature.

La véhémence de l'enthousiasme ne mesure pas nécessairement la dignité de son objet. Des espoirs généreux se sont attachés bien souvent à des illusions passagères et à de décevantes espérances. Cagliostro ou Messmer ont eu des disciples aussi bien que des dupes. Lavater et sa physiognomonie ont gardé jusqu'au milieu du xixᵉ siècle une gloire robuste et des fidèles zélés. Pourtant, ni le magnétisme, ni la baguette divinatoire, ni la science des visages ne fixèrent rien de durable. L'ardeur qui conduisit vers l'histoire naturelle, qui modifia par elle les méthodes de l'enseignement, portait en elle au contraire un avenir illimité.

Par elle toute notre science moderne se préparait ; par elle surtout l'esprit public et les courants sociaux glissaient vers une pente nouvelle. Les sciences de la nature ont évidemment bouleversé les conditions matérielles de nos vies ; elles ont aussi formé lentement un esprit nouveau. Le xviiiᵉ siècle, a-t-on dit, a secoué le joug de l'autorité pour enseigner le droit de libre critique et la souveraineté de la raison. Mais critique et raison ne sont que des mots incertains, et des armes à deux tranchants. La scolastique, elle

aussi, était une critique et une discipline de l'intelligence. Il n'y a pas de raisonnement qui prouve. Il
n'y a que des faits qui décident. Ce scrupule des faits
et de l'observation, cet arbitrage décisif de l'expérience, ce sont les sciences de la nature qui en ont
assuré la toute-puissance. Ce sont elles seules qui
ont opposé aux rhétoriques obstinées et aux convictions aveugles la décision sans appel d'une pierre
qui tombe, du mercure qui s'élève ou des fossiles
semés dans les montagnes. Assurément le xviiie siècle
n'a pas toujours compris les services qu'il leur
devait. Quand il ne résistait pas au nom de la piété
et des préjugés, il s'est groupé autour du nom de la
« philosophie ». Mot équivoque et parfois funeste.
La philosophie d'un Voltaire ou d'un Diderot, celle
d'Helvétius ou de Condillac édifiaient des forteresses
où bien des murs étaient fragiles et bien des stra-
tégies surannées. Ils assurèrent à leurs adversaires
des succès souvent trop aisés. Tous ceux qui leur
résistèrent ou se fatiguèrent à les suivre, tous
ceux qui vinrent à Rousseau et s'éprirent des évi-
dences du cœur purent affirmer qu'ils reniaient non
la vérité mais une doctrine arbitraire et les intérêts
d'un parti. Les sciences pures dressaient au contraire, pierre par pierre, des assises inébranlables.
Elles ne préparaient ni bouleversement social immé-
diat, ni lointaines tyrannies. Mais elles donnaient
pour la première fois à l'esprit humain un idéal
assuré et des routes où la marche fût ferme.

On l'a dit d'ailleurs, à l'occasion, dès le xviiie siècle,
et les destinées sociales de l'histoire naturelle,
comme celles des sciences tout entières ont été
entrevues et affirmées : « On dit souvent, écrit l'*His-*

toire de l'Académie des Inscriptions, pour relever
l'excellence des sciences exactes, que ce sont elles
qui ont introduit dans le monde *l'esprit philosophique*, ce flambeau précieux, à la faveur duquel
nous savons douter et croire à propos. » Cette philosophie, c'était celle de la science, comme les
Observations sur la Physique et l'Histoire naturelle le
confirment : « Tous les philosophes peuvent regarder
cet ouvrage comme le leur : il marquera périodique-
ment les progrès de la raison humaine ; ce sera en
quelque sorte le thermomètre des succès de l'esprit
humain. » Ces succès seront l'irrésistible triomphe
sur les erreurs et les préjugés. Par les sciences, plus
sûrement que par les discussions vaines, ce sera
pour l'humanité cet accord des esprits et cette paix
des bonnes volontés qui furent, pour le xviiiᵉ siècle,
l'espoir et la chimère. Nollet qui est abbé, Condorcet
qui est philosophe, Roucher qui est poète, et Leclerc
qui est chanoine et médecin confondent leurs formules et leurs fois. « Si nous nous bornions à
montrer les avantages qu'on a retirés des sciences
dans leurs usages immédiats ou dans leurs applications aux arts... nous n'aurions fait connaître encore
qu'une faible partie de leurs bienfaits. Le plus
important peut-être est d'avoir détruit les préjugés
et redressé en quelque sorte l'intelligence humaine.
L'usage où l'on a été jusqu'ici, en France, de laisser
les jeunes gens dans l'ignorance des premiers éléments de la physique pendant les quinze ou seize
premières années de leur âge... nous explique naturellement pourquoi l'on rencontre nombre de personnes bien nées... livrées cependant à toutes les
erreurs populaires, préoccupées des craintes les plus

ridicules, susceptibles de tout le faux merveilleux et de toutes les charlataneries dont on voudra se servir pour les tromper. On aurait lieu d'être étonné de l'audace du *Dogmatisme* dans les jours les plus ténébreux de la philosophie, si on ne savait pas jusqu'où peuvent aller l'orgueil, l'ignorance et la crédulité... le sage attendra patiemment que l'observation lui apporte le levier fatal qui doit renverser de fond en comble l'édifice de l'erreur, et ensevelir sous ses ruines son architecte infortuné. Disons-nous qu'alors les folles erreurs qui abâtardissent l'espèce humaine et la livrent pieds et mains liés à la superstition, disons-nous que ces erreurs s'enfuiront pour ne jamais reparaître .»

La victoire même sera sans carnage et sans lutte. Il suffit à la science qu'elle soit pour que disparaisse tout ce qui la nie : « Les progrès des connaissances physiques sont même d'autant plus funestes à ces erreurs, écrit Condorcet, que souvent ils les détruisent sans paraître les attaquer, et en répandant sur ceux qui s'obstinent à les défendre le ridicule avilissant de l'ignorance. » Buffon n'aimait pas Condorcet, dont il combattit la candidature à l'Académie. Peut-être cependant pensa-t-il des sciences qu'il cultivait ce que Condorcet en pensait lui-même. Il déclina la polémique et travailla. Son secrétaire Humbert-Bazile, et Condorcet lui-même s'accordent pour en affirmer les raisons. Et elles sont assez fortes et assez hautes pour que Buffon termine une étude où il a tenu tant de place : « Placé dans un siècle où l'esprit humain s'agitant dans ses chaînes les a relâchées toutes, et en a brisé quelques-unes... M. de Buffon parut n'avoir aucune part à ce mouve-

ment général. Mais peut-être a-t-il cru que le meilleur
moyen de détruire les erreurs en métaphysique et en
morale, était de multiplier les vérités d'observation
dans les sciences naturelles ; qu'au lieu de combattre
l'homme ignorant et opiniâtre, il fallait lui inspirer
le désir de s'instruire : il était plus utile, selon lui, de
prémunir les générations suivantes contre l'erreur,
en accoutumant les esprits à se nourrir des vérités
même indifférentes, que d'attaquer de front les préjugés déjà enracinés, et liés avec l'amour-propre,
l'intérêt ou les passions de ceux qui les ont adoptés. »

CONCLUSION

Notre étude s'est proposé avant tout de fixer des certitudes historiques; elles seules importent et non les conclusions que sollicitent nos intérêts de parti et nos complaisances personnelles. On peut cependant demander aux faits ce qu'ils semblent éclairer pour nous de la vie et de l'avenir. Ni le présent ni le futur ne se jugent ainsi avec certitude; invinciblement nous y portons des préjugés qui choisissent et des espoirs qui déforment; nos conclusions nous reflètent autant qu'elles expriment les faits. Mais il suffit qu'elles se séparent loyalement de l'enquête objective et qu'elles se donnent pour ce qu'elles sont.

L'histoire des sciences naturelles au XVIIIe siècle symbolise un moment de l'histoire de toutes les sciences; les disciplines qui sont encore confuses et discutées ont le droit, peut-être, d'y lire leur destinée. Les sciences naturelles sont, dès aujourd'hui, des sciences avérées, assurées de leurs méthodes essentielles et de leurs progrès. Au XVIIIe siècle cependant elles se sont constituées dans la confusion; elles ont vécu non de succès décisifs mais d'espoirs obscurs. La crédulité humaine y prolonge les plus

dérisoires légendes; les survivances scolastiques et
l'éternelle ardeur de construire le monde mêlent les
ambitions absurdes aux enquêtes déjà scrupuleuses;
le goût des collections et la vogue mondaine des
sciences attachent aux fossiles autant de curiosités
frivoles que de labeurs patients; d'autres découvrent
dans les abeilles, les fourmis et la nature entière les
secrets d'une Providence ingénieuse et paternelle;
les uns furent nomenclateurs et les autres raillèrent
Linné; ceux-ci gardèrent aux systèmes des tendresses
ferventes, et ceux-là les dénoncèrent obstinément; il
y eut parmi les naturalistes des théologiens, des
prêtres, des marchands, des grands seigneurs, des
professionnels qui vécurent de la science, d'autres
qui lui donnèrent le meilleur de leur fortune. Et
tous ces efforts capricieux, tous ces systèmes qui
s'édifient et se ruinent ne firent bien souvent que
trahir l'infinie complexité des problèmes et l'impuis-
sance des tentatives. Si l'on veut ignorer ce que
l'avenir devait créer de ce passé, il semble que l'histoire naturelle au xviiiᵉ siècle n'ait fixé que des faits
épars, que la nature n'ait livré d'elle-même que des
parcelles dérisoires et d'inutiles apparences. C'est
bien ce que conclurent Bernardin de Saint-Pierre et
tous ceux qui opposèrent aux méthodes de l'expérience les certitudes immédiates que le cœur saisit
pratique et que la vie confirme. Pourtant c'est
Bernardin de Saint-Pierre que l'avenir a condamné.
C'est de la confusion et des erreurs de la science que
cet avenir s'est formé et que les triomphes futurs sont
sortis.

Par là sans doute on peut justifier ceux qui travail-
lent pour des sciences que demain seul justifiera. Il

n'est pas une des objections élevées contre les sciences historiques qu'on n'aurait pu opposer au xviiiᵉ siècle à Pluche, Réaumur ou Bonnet. L'étude de ce passé scientifique nous rassure contre les défiances ou les défaillances qui s'inquiètent ou se raillent de l'incertitude de nos efforts et de la médiocrité de nos succès. L'histoire et la sociologie s'entendent mal, bien souvent, sur les principes qui les fondent et les méthodes qui les soutiennent; elles se mêlent souvent de traditions sournoises et dangereuses; elles tentent des routes sans issue ou tortueuses; elles entassent plus de faits et d'enquêtes dispersées que de certitudes d'ensemble et de clartés durables. Mais l'histoire naturelle du xviiiᵉ siècle elle aussi s'est trouvée mêlée à toutes sortes de survivances funestes; elle s'est soumise longtemps encore aux pires chimères et aux plus incohérentes puérilités; elle s'est guidée sur des aventures; elle s'est perdue dans la confusion de la nature. Pourtant elle ne s'est pas découragée et le siècle suivant l'a payée de sa confiance et de sa constance. Il n'y a pas de raison pour que les tâtonnements des sciences historiques et sociales ne leur préparent pas pour l'avenir d'aussi robustes succès.

Ce n'est pas seulement la discussion désintéressée qui nie ou attarde aujourd'hui les sciences qui s'organisent : tout effort de pensée sincère aboutit presque toujours à servir la science; il précise ou limite ses droits plus qu'il ne les nie. Mais la recherche scientifique se heurte constamment aux intérêts de la vie; la science prépare et impose des conséquences que le hasard seul accorde avec nos habitudes et nos désirs. L'histoire naturelle au xviiiᵉ siècle en a fait clairement l'expérience. La théologie encore souveraine s'est inquiétée de ses menaces ; elle a cru d'abord l'asservir, puis elle s'est résolue à la combattre lorsqu'elle a suivi loin d'elle ses chemins. Lutte acharnée où s'engagèrent au XVIIIᵉ siècle toutes les forces de la science et toutes les énergies de la tradition. Lutte inutile pourtant, pour la meilleure part, et qui peut servir à nous apprendre qu'on ne saurait ni s'accorder ni se confondre lorsqu'on ne parle pas la même langue. Très vite l'histoire naturelle s'est dégagée de la piété et isolée dans ses méthodes et son objet. Les menaces et les injures qui la poursuivirent ne purent ni l'ébranler ni l'attarder. Car il n'y a pas de coalition d'intérêts qui puisse obscurcir la conscience des sciences. Il se peut qu'une science ou que la science s'arrête et meure ; mais ce sera par les seules nécessités internes et par les conséquences qu'elle porte en elle. Quand une science doit vivre et grandir il n'y aura jamais contre elle que des raisons de science ; toute l'hostilité des hommes est impuissante contre un fait, une preuve et une loi.

Inversement d'ailleurs il n'y a pas lieu de s'inquiéter pour la vie pratique. S'il faut vivre d'abord et spéculer ensuite, la vie peut sans scrupules accueillir la spéculation. Sans doute la science impose souvent à ceux qui lui sont dociles des conclusions qui la dépassent ; ils la prolongent vers l'action, vers les fois profondes pour lui demander des conseils et des espérances. Mais ceux dont les certitudes intimes ne s'accordent pas avec les suggestions apparentes de la science trouveront toujours des accommodements. Les luttes théologiques entre l'histoire naturelle du XVIIIᵉ siècle et les défenseurs de la Genèse sont

justement contemporains du puissant renouvellement
de la pensée religieuse que Rousseau représente.
L'étude sagace de la nature, la haine des aventures
systématiques, la superstition des faits modèlent les
esprits selon leurs disciplines à l'heure même où
Rousseau suscite les ferveurs tumultueuses des âmes
sensibles. Ni la science n'en souffrit, ni la sensibilité
ne s'en inquiéta. Elles s'allièrent même constamment
et l'on exalta la science dans le langage où s'expri-
mèrent les extases de la passion. Ce passé reflète
quelque chose de notre présent. Il importe peut-être
qu'il l'instruise, qu'il enseigne la vanité des querelles
aveugles et le néant de la haine ou du mépris.

La science eut à lutter contre des difficultés plus
certaines puisque c'est elle-même qui les soulevait.
La question de la science serait simple si elle n'était
pour l'esprit qu'un divertissement séduisant ou pour
nos intérêts qu'un moyen d'agir sur les choses. Mais
elle est née de notre impérieux besoin de comprendre
et de conclure. Nous ne nous soumettons à ses droits
que lorsqu'elle représente pour nous la forme la plus
haute de la connaissance. Et dès lors une hâte invincible nous pousse de précipiter ses réponses. Les
hypothèses se construisent et les systèmes s'échafau-
dent, et la lutte est incessante entre les observateurs
et ceux que l'on appelait au XVIIIᵉ siècle les systémateurs. Toutes ces querelles du passé pourraient
raconter par avance des querelles contemporaines.
Énergétistes et mécanistes, vitalistes et physico-chi-
mistes, etc... s'opposent, comme on discuta de Buffon,
de Linné ou de Réaumur. Peut-être en faut-il conclure que la lutte est nécessaire. Toutes les hostilités
qui s'acharnèrent contre Buffon, toutes les fantaisies

ou les illusions conduisirent en définitive l'histoire naturelle dans les routes qui furent prospères. On comprit à travers ces querelles qu'il fallait prouver, mais que pour prouver il fallait déjà supposer, qu'ainsi l'histoire de la science était presque une succession d'aventures et qu'il lui fallait seulement choisir, par les méthodes de l'expérience, celles qui sont fécondes et celles qui s'assurent. Il importe que cette histoire du passé nous éclaire sur celle du présent et nous rende prudents sur nos préférences. Par là ceux qui se lient à la poursuite des faits et aux certitudes solides, ceux qui se donnent à l'effort des synthèses et des théories pourront s'associer souvent et se garder toujours des ignorances et des dédains.

Il importe en effet que tous ceux qui croient à la science s'accordent pour veiller sur ses destinées. On pourrait concevoir une science isolée de la vie sociale et qui ne construirait que pour elle l'heureuse harmonie de ses lois. La science poursuivrait les vérités qu'elle conçoit sans rencontrer jamais ce qui pousse les générations vers le désir, l'action et la vie. Mais il semble impossible que les sciences s'isolent pour toujours. Du moins l'étude de l'histoire naturelle au xviiiᵉ siècle suffit à montrer que la vie et la spéculation se rejoignent très vite et se mêlent. Leurs routes, théoriquement différentes, se croisent, et le hasard de ces rencontres agit sur elles constamment pour les confondre et les dévier. De ces hasards l'histoire naturelle du xviiiᵉ siècle tira sans cesse profit ou peine. Elle s'associa les forces puissantes qui sont celles de la mode et celles de l'argent. Elle se heurta à des résistances dangereuses comme celles de l'autorité religieuse et de la tradition théologique. Sans cesse elle toucha l'opinion publique par ces curiosités et ces querelles qui la concilient ou la soulèvent. En sortant de son isolement, elle se laissa donc pénétrer par tout ce que traîne à sa suite le désir d'agir sur les foules, d'intéresser et de triompher. Destinée à prouver elle voulut aussi plaire, parce que les preuves sont inertes là où l'agrément bien souvent triomphe. Elle s'y gâta sans doute, ou du moins elle y courut des périls que les savants du XVIIIe siècle dénoncèrent; ils s'irritèrent de ses complaisances. Depuis lors les sciences ont rencontré les mêmes tentations et prolongé les mêmes querelles. Et l'avenir renouvellera sans doute les mêmes problèmes en perpétuant les mêmes nécessités.

Car la science, qu'on le veuille ou non, non seulement démontre mais agit. Les vérités qu'elle détermine ne restent jamais abstraites. On sait que l'intérêt humain les oriente avec acharnement vers son plaisir et ses besoins. Mais l'action de la science a été jusqu'ici plus profonde. Elle a pesé invinciblement sur les âmes. On peut oublier peut-être qu'on est théologien quand on s'occupe de science et ne plus songer à la science quand on dispute de théologie. Mais la science exerce des influences insensibles et profondes par où ceux qui l'aiment ou qui seulement l'ont connue pensent et vivent différemment. Elle crée des tendances obscures qui transforment lentement les esprits. L'histoire naturelle au XVIIIe siècle chez ceux qui se piquaient de philosophie et de raison, chez ceux qui gardaient les piétés orthodoxes, chez ceux qui vouaient à la sensibilité des ardeurs confuses et sermonneuses, a nourri lentement les mêmes habitudes et créé de la nature une image

renouvelée. Ils ont conçu par exemple qu'elle pouvait
attacher nos curiosités aussi légitimement que les
passions et les volontés humaines. Les uns sans
doute en conclurent que parmi ses forces innombrables l'homme n'était plus qu'un pésiode; les autres
s'acharnèrent à l'organiser pour qu'elle fût la servante de nos destins. Les uns et les autres pourtant
s'accoutumèrent à lui faire sa part; invinciblement
ils s'habituèrent à dépasser le cercle étroit des vies
humaines. Les uns comme les autres demandèrent à
la nature autre chose que ses apparences superfi-
cielles. Qu'ils fussent matérialistes comme d'Holbach,
finalistes comme Pluche, utilitaires comme Buc'hoz,
moralistes comme Bernardin de Saint-Pierre, ils comprirent qu'elle posait des problèmes et qu'il convenait
de les résoudre. Ils précisèrent en eux cet esprit de
curiosité extérieure qui pendant tant de siècles avait
disparu devant l'étude des mots et celle des âmes ou
le souci du monde futur. Par l'histoire naturelle ce
fut l'instinct de la vie concrète qui se juxtaposa désormais aux spéculations abstraites. Par elle le monde
extérieur commença vraiment d'exister.

Les sciences naturelles, dès qu'elles furent prospères agirent non seulement pour des conséquences
morales mais encore pour des conséquences sociales.
Réaumur, Leclerc, Buc'hoz ou vingt autres conce-
vaient qu'il importait d'étudier les insectes ou les
mammifères parce que le ver à soie tisse ses cocons
comme le mouton pâture pour nos rôtis. Mais la
science entraînait après elle des bénéfices plus décisifs. Nous avons montré comment l'éducation s'était
par elle renouvelée, comment l'on avait conçu de la
vie, de nos rapports avec le monde et par là même de

nos fins lointaines des idées qui devaient façonner les
générations futures. Anatole France a dit que les
découvertes de Copernic et Galilée avaient été la plus
tragique révolution de l'histoire humaine : elles ont
perdu la terre dans l'infini. L'histoire naturelle elle
aussi fermait à l'homme le dernier refuge de son
orgueil, l'isolement où par l'ignorance de la nature
il s'était flatté de dominer la vie. Ainsi ce qui n'était
d'abord qu'une curiosité, ce qui s'unissait dans les
collections aux cabinets de la Chine et aux « ouvrages
de tour », ce que Réaumur ne distinguait pas très
bien lui-même de ses recherches sur l'art du teinturier, devait de proche en proche tisser entre la curiosité spéculative et la vie sociale une trame si forte
que le présent lui-même en fut modifié.

L'histoire dément donc, sur ce point, ceux que la
science menace ou trouble et qui rêvent de l'isoler
loin d'une vie indifférente et qui se doit de l'ignorer.
On peut imaginer un pragmatisme qui concède à la
science tous les droits, sauf celui de se mêler à l'action et de conseiller nos destins. Il ne semble pas que
ce divorce prudent soit jamais entièrement confirmé
par les faits. La science porte en elle des forces qui
l'ont toujours poussée vers la vie. C'est la vie même
qui vient vers elle pour tenter de la séduire, pour
lutter ou se soumettre, mais toujours pour garder son
empreinte. C'est une rêverie ingénieuse que de supposer des pensées humaines vouées à la conquête stérile d'une vérité enfermée sans retour dans les pâles
nébuleuses des idées pures. Un tel pragmatisme
n'est pas la juste revendication de la vie et la sage
délimitation de la science. C'est la négation même et
ce serait la mort de la science. Ceux qui l'aiment

sans doute l'aiment ou croient l'aimer pour elle-même. Ils veulent savoir, sans s'inquiéter de ce qu'il en adviendra pour agir. Pourtant si l'amour de la science enchaîne une à une les générations, c'est par l'obscure conscience qu'il est encore une façon d'agir, que par lui on prépare non seulement des explications du monde, mais pour tous ceux qui d'abord doivent lutter, souffrir et vivre, une vie différente et plus proche de la justice.

BIBLIOGRAPHIE

Notre bibliographie ne comprend que les ouvrages que nous avons utilisés [1]. Si l'on veut constituer des listes, sur certains points plus complètes, pour l'étude de l'histoire naturelle au XVIIIe siècle, on consultera :

Les ouvrages généraux de Carus (n° 38), Engelmann (n° 77), Hérissant (n° 111), Lalande (n° 123).

Pour la question des fossiles : la Bibliographie de Bourguet, p. IX de ses *Lettres philosophiques* (n° 27), celle de Bertrand, en tête de son *Dictionnaire* (n° 21), celles de Dezallier d'Argenville en tête (p. 6 et suiv.) de sa *Lithologie* (n° 64), et de l'*Histoire naturelle éclaircie dans une de ses parties principales, l'Oryctologie, etc.*, Paris, Debure, 1755 (p. I et suiv.), l'article *Déluge* de l'*Encyclopédie*, la bibliographie de Gersaint dans son *Catalogue raisonné* (n° 97).

Pour l'histoire de la géologie : Les notes de E. Bertrand : *Recueil de divers traités sur l'Histoire naturelle de la terre et des fossiles*, Avignon, 1766, in-4°; le résumé de Thomas (n° 221).

Pour la zoologie : les listes du *Dictionnaire* de La Chesnaye-Desbois (n° 7), t. I, p. XXV-XXXII, 200-250 — et le catalogue des œuvres de Brisson : le *Règne animal*, etc... (n° 29); l'*Ornithologie...* (n° 28).

Pour l'insectologie : les tables et résumés de Geoffroy : *Histoire abrégée des insectes* (n° 95), t. I, p. XXII-XXVII — et de La Chesnaye : *Dictionnaire...* (n° 7), t. I, p. V.

Pour les recherches microscopiques : la Préface (par Regley) des *Nouvelles recherches*, de Spallanzani (n° 214), p. II-XXXIII.

Pour la vie et l'œuvre de Buffon : G. Lanson, *Manuel bibliographique de la littérature française moderne. XVIIIe siècle.*

Nos indications d'éditions sont empruntées soit à des recherches

---

1. Une trentaine d'ouvrages auxquels nous n'avons fait qu'un emprunt accidentel sont signalés seulement dans les *Références* (voir ci-dessous, p. 278).

personnelles (auquel cas nous donnons la description complète
ou les sources), soit au *Catalogue* de la Bibliothèque Nationale
(publié à cette date jusqu'au tome 42, *Duchemin*), soit à la *France
littéraire* de Quérard. Lorsque les indications de Quérard nous
semblent incertaines, nous donnons les deux chiffres d'éditions
assurées ou possibles.

A ces indications d'éditions nous pouvons joindre un moyen de
contrôle qui a son intérêt. Nous avons étudié (voir *Revue d'Histoire
littéraire de la France*. Juillet-septembre 1910) 500 catalogues de
bibliothèques du XVIII⁰ siècle. Voici le nombre d'exemplaires que
nous avons trouvé pour les ouvrages de sciences naturelles les
plus lus par ces gens de noblesse, de haute bourgeoisie, fonctionnaires, avocats, médecins, etc.

Buffon	220 ex.
Pluche. *Spectacle*	206
Valmont de Bomare. *Dictionnaire*	93
Dezallier d'Argenville. *Ouvrages de notre bibliographie*	86
Réaumur. *Mémoires*	82
De Maillet. *Telliamed*	72
Brisson. *L'Ornithologie. Le règne animal*	70
Bazin. *Histoire des abeilles. Abrégé de l'histoire des insectes*	62
Gœdaert. *Histoire des insectes*	57
Nieuwentyt. *L'existence de Dieu*	45
Derham. *Théologie physique*	45
Bertrand. *Ouvrages de science*	42
Alléon Dulac. *Mélanges.*	40
Bonnet. *Ouvrages de science*	38
Deslandes. *Recueil*	31
Gersaint. *Catalogue*	31
Geoffroy. *Histoire des Insectes*	29
Hales. *Statique* (tr. par Buffon)	28
Colonne. *Ouvrages de science*	26
La Chesnaye-Desbois. *Dictionnaire*	25
Lesser. *Théologie des insectes*	24 ex.
Mérian. *Histoire des insectes*	22
Fabricius. *Théologie de l'eau*	21
Woodward. *Géographie physique*	
Baker. *Histoire du polype.*	18
Trembley. *Mémoire sur le polype*	17
Ellis. *Histoire des Corallines*	17
Turgot (Chev.). *Mémoire sur la manière de rassembler les curiosités*	16
Lambert. *Bibl. de physique, etc*	16
Gautier. *Observations.*	17
Pontbriand. *Nouvelles vues*	15
Donati. *Histoire de la mer Adriatique.*	14
Dict. portatif d'histoire naturelle	13
Bourguet. *Ouvrages de science*	13
Albin. *Histoire des oiseaux*	12
Venette. *Histoire des animaux qu'on trouve dans les pierres*	12
Scheuchzer. *Physique sacrée*	11
Simon. *Histoire des abeilles*	11

Marsilli. *Histoire de la mer*	11 ex.	Gamaches. *Astronomie physique*	4 ex.
Beaurieu. *Histoire des insectes*	10	Denyse. *La nature expliquée*	4
Anderson. *Histoire de l'Islande*	9	Adanson. *Histoire du Sénégal*	3
Gautron de Robien. *Nouvelles idées*	8	Alletz. *Histoire des singes.* Astruc. *Mémoires*	3 3
Klein. *Ordre naturel des Oursins.*	8	Catesby. *Histoire de la Coralline, etc.*	3
Principales merveilles de la nature	8	Haller. *Réflexions sur le système de la génération*	3
Vallemont. *Curiosités de la nature*	7	Paulian. *Dictionnaire de physique*	3
Barrère. *Observations sur les pierres*	5	Bougeant. *Observations curieuses*	2
Beaurieu. *Cours d'histoire naturelle*	5	Hales. *Statique des animaux*	2
Needham. *Nouvelles observations*	5	Montesquieu. *Observations de physique, etc.*	2

POUR COMPARAISON

La Henriade de Voltaire.	181 ex.	*Discours sur l'Inégalité* de Rousseau	77
La Nouvelle Héloïse	165	*Lettre sur les aveugles* de Diderot	7
L'Encyclopédie	82		

I. — Physique et histoire naturelle.

1. ABAT (LE P.). Amusements philosophiques sur diverses parties des sciences et principalement de la physique et des mathématiques. Amsterdam, Marseille, Mossy, 1763, in-8°.

2. ALBIN (E.). Histoire naturelle des oiseaux... augmentée de notes et de remarques curieuses, par W. Derham (trad. de l'anglais). La Haye, de Hondt, 1750, in-4°.

3. ALGAROTTI. Le newtonianisme des dames (trad. par Duperron de Castéra). Paris, 1752, 2 vol. in-12 (2 éditions, 1re 1738).

4. ALLÉON DULAC. Mélanges d'histoire naturelle. Lyon, Duplain, 1763-1765, 6 v. in-12.

Compilation d'articles de Linné, du Halde, Roesel, etc., parfois rédigés à nouveau.

5. ANDERSON (J.). Histoire naturelle de l'Islande, du Grœnland, du détroit de Davis. Paris, Jorry, 1750, 2 v. in-12 (2 éditions).

6. ASTRUC (J.). Mémoires pour l'histoire naturelle de la province de Languedoc. Paris, Cavelier, 1737, in-4°.

7. Aubert de la Chesnaye-Desbois. Système naturel du règne animal... suivant la méthode de M. Klein, etc. Paris, Bauche, 1754, 2 v. in-8°.

8. *Le même*. Dictionnaire raisonné et universel des animaux, etc. Paris, Bauche, 1759, 4 v. in-4°.

9. Aude (J.). Vie privée du comte de Buffon, suivie d'un Recueil de poésies dont quelques pièces sont relatives à ce grand homme. Lausanne, 1788, in-8° (1 ou 2 éditions).

10. Baker (H.). Le Microscope à la portée de tout le monde (trad. par le P. Pezenas). Paris, Jombert, 1754, in-8°.

11. Barrère (P.). Observations sur l'origine et la formation des pierres figurées. Paris, d'Houry, 1746, in-8°.

12. Bazin (G.-A.). Observations sur les plantes et leurs analogies avec les insectes. Strasbourg, Doulssecker, 1741, in-8°.

13. *Le même*. Histoire naturelle des abeilles. Paris, Guérin, 1744, 2 v. in-12 (2 éditions).

14. *Le même*. Abrégé de l'histoire des insectes pour servir de suite à l'Histoire naturelle des abeilles. Paris, Guérin, 1747-1751, 4 v. in-12.

15. Beaurieu (G. Guillard de). Abrégé de l'histoire des insectes, dédié aux jeunes personnes. Paris, Panckoucke, 1764, 2 v. in-12.

16. *Le même*. Cours d'histoire naturelle ou tableau de la nature... ouvrage propre à inspirer aux gens du monde le désir de connaître les merveilles de la nature. Paris, Lacombe, 1770, in-12 (1 ou 2 éditions).

17. Bertier (le P. J.-E. ou Berthier). Principes physiques pour servir de suite aux principes mathématiques de Newton. Paris, Imprimerie royale, 1764, 2 v. in-12.

19. *Le même*. Histoire des premiers temps du monde prouvée par l'accord de la physique avec la Genèse. Paris, Valade, 1778, in-12 (2 éditions).

20. *Le même*. Dissertation sur cette question : « Si l'air de la respiration passe dans le sang », qui a remporté le prix au jugement de l'Académie royale des belles-lettres, sciences et arts (de Bordeaux). Bordeaux, Brun, 1739, in-12.

21. Bertrand (E.). Dictionnaire universel des fossiles propres et des fossiles accidentels. Avignon, L. Chambeau, 1763, in-12 (2 éditions).

22. *Le même*. Mémoires historiques et physiques sur les tremblements de terre. La Haye, Gosse, 1757, in-12.

23. Bertrand (P.-M. ou Elie). Lettre à M. le comte de Buffon... ou critique et nouvel essai sur la théorie générale de la Terre, 2° édition augmentée. Besançon, 1782, in-12 (2 éditions).

24. Bonnet (Ch.). OEuvres d'histoire naturelle et de philosophie.

Neuchâtel, Fauche, 1779. Tome I : Traité d'insectologie (1re édition, 1745).

25. BOUGEANT (le P.) et GROZELLIER. Observations curieuses sur toutes les parties de la physique, extraites et recueillies des meilleurs mémoires, t. I. Paris, Monge, Cailleau, 1719 ; t. II, 1726 ; t. III, 1730 ; t. IV, 1771, in-12.

Le t. I est du P. Bougeant (d'après le *Mercure* d'août 1771, p. 71, cette attribution ne serait pas certaine). Les 3 autres volumes sont de Grozellier. Il y a du t. I et du t. II des tirages où le nom d'éditeur diffère (Monge et Cailleau, ou Monge seul, ou Cailleau seul, etc.).

26. BOURGUET (L.). Lettres philosophiques sur la formation des sels et des cristaux. Amsterdam, l'Honoré, 1729, in-12 (2 ou 3 éditions).

27. BOURGUET (L.) et CARTIER (P.). Traité des pétrifications. Paris, Briasson, 1742 (2 éditions).

28. BRISSON (M.-J.). Ornithologie ou méthode contenant la division des oiseaux en ordres, sections, genres, espèces et leurs variétés. Paris, Bauche, 1760, 7 v. in-4° (publié en français et en latin, 2 éditions du texte latin).

29. *Le même.* Le Règne animal divisé en 9 classes. Paris, Bauche, 1756, in-4° (1 ou 2 éditions).

30. BRUHIER D'ABLAINCOURT (J.-J.). Caprices d'imagination ou Lettres sur différents sujets d'histoire, de morale, de critique, d'histoire naturelle. Paris, Briasson, 1740, in-12 (2 éditions).

31. BRUZEN DE LA MARTINIÈRE. Introduction générale à l'étude des sciences et des belles-lettres. La Haye, 1741, in-12.

32. BUC'HOZ (P.-J.). Histoire générale et économique des trois règnes de la nature. Paris, Didot, Durand, Lacombe. Amsterdam, Rey, 1777, in-f° (2 éditions).

33. *Le même.* Lettres périodiques, curieuses, utiles et intéressantes sur les avantages que la société économique peut retirer de la connaissance des animaux. Paris, Durand, t. 1, 1769, in-8°.

34. BUFFON. Histoire naturelle générale et particulière, etc... Paris, Imprimerie royale, 1749-1788, 36 v. in-4°.

La bibliographie très exacte de l'œuvre demanderait de longues recherches. Au fur et à mesure que les premiers volumes s'épuisaient on les rééditait. La plupart des collections sont donc composites et comportent des volumes d'éditions différentes. Voici quelques indications essentielles : les trois premiers volumes parurent en 1749. Ils furent épuisés « en six semaines »; la deuxième édition fut mise en vente au début d'avril 1750 et la troisième fin avril (*Correspondance* de Buffon [n° 34], t. I, p. 41, 46). En 1762, une édition de l'Imprimerie royale porte : 5e édition (Bib. Nationale S. 9795-9820). Il y eut tout de suite des contrefaçons, à Amsterdam, par J.-N.-S. Allamand (1766-1785); aux Deux-Ponts par Dufart (cf. Humbert-Bazile [n° 110], p. 29 et suiv.), et par Sanson (1785-1790). L'*Histoire des Oiseaux* (1770-1783) fut tirée de suite en trois formats : in-4°, in-f°, et grand in-f° pour relier avec les planches enluminées.

On songea tout de suite, pour les bourses modestes, à une édition in-12 sans gravures et sans les descriptions de Daubenton. Commencée peut-être en 1750 (nous avons trouvé la description de trois éditions avec cette date dans les catalogues du XVIII° siècle) et dans tous les cas en 1752, elle fut interrompue et reprise par Panckoucke en 1764 (voir les annonces du *Journal Encyclopédique*, 1er sept. 1764, p. 60; 1er avril 1765, p. 141; 1er avril 1767, p. 120; 1er avril 1769, p. 136; et de l'*Année littéraire*, 1769, t. I, p. 141). Une autre édition in-12 fut publiée à l'Hôtel de Thou en 14 volumes avec figures (voir *Journal des Savants*, 1775, p. 175). Voir également le *Catalogue de la Bibliothèque Nationale*.

35. BUFFON. Correspondance inédite, pub. par Nadault de Buffon. Paris, 1860, 2 v. in-8°.

36. *Le même*. Lettre inédite dans le *Carnet historique et littéraire* (juillet-décembre 1899).

37. BULLET (Abbé J.-B.). L'existence de Dieu, démontrée par les merveilles de la nature. Paris, Valade, 1768, 2 tomes in-12 (3 ou 4 éditions).

38. CARUS (V.). Histoire de la zoologie depuis l'antiquité jusqu'au XIX° siècle (tr. par Hagenmuller et Schneider). Paris, Baillière, 1880, in-8°.

39. CASTEL (Le R. P. L.-B.). Le vrai système de physique générale de M. Isaac Newton exposé et analysé en parallèle avec celui de Descartes, à la portée du commun des physiciens. Paris, Simon, 1743, in-4°.

40. CHEVALIER (Cl.). Discours philosophiques sur les trois principes animal, végétal et minéral; ou la suite de la clef qui ouvre les portes du sanctuaire philosophique. Paris, l'auteur, 1784, 4 vol. in-12.

41. CHILDREY. Histoire des singularités naturelles d'Angleterre, d'Écosse et du pays de Galles (trad. par Briot). Paris, Robert de Ninvelle, 1767, in-12.

42. CLÉMENT DE BOISSY. L'auteur de la nature. Paris, Cellot et Jombert, 1782, 3 v. in-12 (3 éditions).

43. COCHET (J.). La physique expérimentale et raisonnée. Paris, Hérissant, 1756, in-8°.

44. COLONNA (F.-M.-P.). Les principes de la nature ou de la génération des choses. Paris, Cailleau, 1731, in-12.

45. *Le même*. Histoire naturelle de l'Univers, dans laquelle on rapporte des raisons physiques sur les effets les plus curieux et les plus extraordinaires de la nature. Paris, Cailleau, 1734, 4 v. in-12.

46. CONDILLAC. Traité des animaux où, après avoir fait des

observations critiques sur le sentiment de Descartes et sur celui de M. de Buffon on entreprend d'expliquer leurs principales facultés. Paris, 1755, in-12 (2 éditions isolées).

47. CONDORCET. Éloge de M. le comte de Buffon. Paris, Buisson, 1790, in-12 (2 éditions isolées).

Sur la source des renseignements biographiques de Condorcet voir Humbert-Bazile (nº 113), p. 248.

48. *Le même*. OEuvres pub. par Condorcet, O'Connor et F. Arago. Paris, Didot, 1847.

49. COTES (R.). Leçons de physique expérimentale (trad. par Le Monnier). Paris, David, 1742, in-8º.

50. COTTE (LE P. L.). Leçons élémentaires d'histoire naturelle par demandes et par réponses, à l'usage des enfants. Paris, J. Barbou, 1784, in-12 (4 éditions).

51. *Le même*. Manuel d'histoire naturelle ou tableaux systématiques des trois règnes minéral, végétal et animal. Paris, Barbou, 1787, in-8º.

52. DELAIRAS. Physique nouvelle formant un corps de doctrine. Paris, l'auteur, 1787, in-8º (cf. *Mercure*, août 1788, p. 84).

53. DELEYRE. Analyse de la philosophie du chancelier François Bacon. Leyde, Libraires associés, 1756, 2 v. in-12 (3 éditions).

Adapté dans l'*Encyclopédie méthodique* de Panckoucke, article *Bacon*.

54. DELISLE DE SALES. Parallèle entre Descartes et Newton. La Haye, 1766, in-8º.

55. DELUC (A.). Lettres physiques et morales sur l'histoire de la terre et de l'homme, adressées à la reine de la Grande-Bretagne. Paris, Duchesne. La Haye, de Tune, 1778-1779, 5 v. in-8º.

56. DENYSE. La nature expliquée par le raisonnement et par l'expérience. Paris, J. Monge, 1719, in-12 (d'autres tirages datés de la même année portent les noms de Jombert, de Cailleau ou de Prault).

57. DEPÉRET (Ch.). Les transformations du monde animal. Paris, Flammarion, s. d., in-12.

58. DERHAM (W.). Théologie astronomique (trad. par Bellanger). Paris, Chaubert, 1729, in-8º (3 éditions).

59. *Le même*. Théologie physique (trad. par Beman). Rotterdam, 1726, in-8º (5 éditions, dont Rotterdam, 1730, trad. par J. Lufneu).

60. DESHAYES (P.-B.). Essai de physique sur le système du monde. Paris, Didot, 1772, in-8º.

61. *Le même*. Physique du monde démontrée par une seule cause et un seul principe. Versailles, Blaizot, 1776, in-8º.

62. DESLANDES (A.-F. BOUREAU). Recueil de différents traités

de physique et d'histoire naturelle propres à perfectionner ces deux sciences. Paris, Ganeau, 1736, in-12 (3 éditions. 2ᵉ augmentée, Paris, Quillau, 1748, 2 v. in-12 [Bibliothèque de Toulouse]. 3ᵉ Paris, Quillau, 1750 [*Ibid.*]). Réédité en outre par Sigaud de la Fond dans sa traduction de Musschenbroek (cf. nº 162). Traduit en anglais, flamand et italien (cf. édition de 1750, t. 1, p. xxi).

Sur les sources de Deslandes, voir ses propres indications, édition de 1750, t. I, p. 180.

63. DESMARAIS. Amusement physique sur le système newtonien. Paris, Humblot, 1760, in-12.

64. DEZALLIER D'ARGENVILLE (A.-J.). L'histoire naturelle éclaircie dans deux de ses parties principales : la lithologie et la conchyliologie, etc. Paris, Debure, 1742, in-4º.

65. *Le même.* Conchyliologie nouvelle et portative... avec les notes des endroits d'où elles se tirent et des cabinets qui renferment les plus rares. Paris, Regnard, 1767, in-12.

66. *Le même.* Même ouvrage. 3ᵉ édition (considérablement augmentée par MM. de Favanne de Montcerville). Paris, Debure, 1780, 2 v. in-4º.

67. DICQUEMARE (ABBÉ). Idée générale de l'astronomie, ouvrage à la portée de tout le monde. Paris, Hérissant, 1769, in-8º (2 éditions).

68. DUBOIS (J.-B.). Tableau annuel du progrès de la physique, de l'histoire naturelle et des arts. Paris, Costard, 1778, in-8º.

Un seul volume a paru.

69. DUCHESNE (H.-G.) et MACQUER. Manuel du naturaliste, ouvrage utile aux voyageurs et à ceux qui visitent les cabinets d'histoire naturelle et de curiosités, dédié à M. de Buffon. Paris, Desprez, 1771, in-12.

70. *Les mêmes.* Même ouvrage, sous le titre de : Manuel du naturaliste, ou Dictionnaire d'histoire naturelle. Londres, Bruxelles, Lemaire, 1794, 2 v. in-8º (1 ou 2 éditions).

71. FÉRAPIE-DUFIEU (J.). Manuel physique ou manière courte et facile d'expliquer les phénomènes de la nature. Lyon, Paris, Besançon, Marseille, Regnault, etc., 1758, in-8º.

72. DUHAMEL (ABBÉ J.-R.-A). Lettres d'un philosophe à un docteur de Sorbonne sur les explications de M. de Buffon. Strasbourg, Schmouck, s. d. (1751), in-16.

73. DUHAMEL DU MONCEAU et DE LA GALISSONNIÈRE. Avis pour le transport par mer des arbres, des plantes vivaces, des semences, des animaux, etc., s. l. (1752) (2ᵉ édition augmentée en 1753).

74. DULARD. La grandeur de Dieu dans les merveilles de la nature. Paris, Desaint et Saillant, 1749, in-12 (4 éditions). Paris, 1758 et 1767 [Bibl. de Nantes et Brest] et dans les *Œuvres*. Paris, 1757 [Bibl. de Lyon]).

75. DU RESNEL. Réflexions générales sur l'utilité des belles-lettres et sur les inconvénients du goût exclusif qui paraît s'établir en faveur des mathématiques et de la physique (dans l'Histoire de l'Académie des Inscriptions. Tome XVI, Paris, 1751).

76. ENGEL (S.). Essai sur cette question : Quand et comment l'Amérique a-t-elle été peuplée d'hommes et d'animaux. Amsterdam, Rey, 1777, in-12 (2 éditions. 1767, d'après Barbier).

77. ENGELMANN (W.). Bibliotheca historico-naturalis. Leipzig, Engelmann, 1861, in-8°; et son supplément : Bibliotheca zoologica (par Carus et Engelmann. Revue des périodiques, 1846-1860). Leipzig, Engelmann, 1861.

78. ESTÈVE (P.). Origine de l'univers expliquée par un principe de la matière. Berlin, 1748, in-12.

79. FABRE D'ÉGLANTINE. L'Étude de la nature. Poème à M. le comte de Buffon. Londres, Genève, 1783, in-8°.

80. FARRICIUS. Théologie de l'eau. La Haye, Paupie, 1741, in-8°.

81. FELLER (F.-X. DE). Observations philosophiques sur les systèmes de Newton, de Copernic, de la pluralité des mondes, etc., ouvrage utile à ceux qui veulent se précautionner contre le ton de la philosophie moderne. Liége, Bassompierre, 1771, in-12 (1778 dans Quérard).

82. *Le même*. Lettre critique sur l'histoire naturelle de Buffon. Luxembourg, 1773, in-8°.

83. *Le même*. Catéchisme philosophique ou Recueil d'observations propres à défendre la religion chrétienne contre ses ennemis. Paris, 2° édition, Berton, 1777, in-8° (très nombreuses éditions).

84. *Le même*. Examen impartial des *Époques de la nature* de M. le comte de Buffon. Luxembourg, Chevalier, 1780, in-12 (plusieurs rééditions d'après Quérard et Barbier).

85. FERRY DE SAINT-CONSTANT (J.-L.). Génie de M. de Buffon. Paris, 1778, in-12.

86. FLOURENS. Des manuscrits de Buffon. Paris, 1860, in-12.

87. FORBIN (DE). Accord de la foi avec la raison dans la manière de présenter le système physique du monde et d'expliquer les différents systèmes de la religion. Cologne, 1757, in-12 (2 éditions).

88. FORMEY (S.). Abrégé de toutes les sciences à l'usage des enfants. Nouvelle édition. Amsterdam, Marseille, 1779, in-24.

89. FOURCROY. Éléments d'histoire naturelle et de chimie. 3° édition. Paris, Cuchet, 1789, 5 v. in-8° (7 éditions sous différents titres. Cf. Quérard).

90. FROMAGEOT (ABBÉ). Cours d'études des jeunes demoiselles...
pour le blason, l'astronomie, la physique et l'histoire naturelle.
Paris, Lacombe, 1774.

91. GAMACHES (DE). Astronomie physique ou principes généraux de la nature. Paris, Jombert, 1740, in-4°.

Voir une appréciation enthousiaste du « génie » de M. de Gamaches
dans Desfontaines (*Observations*, t. XXVI, p. 67).

92. GAUTIER (J.). Nouveau système de l'Univers. Paris, 1750-
1751, 2 v. in-12. (Le t. II parut sous le titre de « Chroagénésie ».
Les deux volumes furent réédités sous le titre suivant).

93. *Le même.* Observations physiques (t. I), contenant le système de l'impulsion et la cause physique des couleurs et de tous
les phénomènes, année 1750, seconde édition. Paris, Jory, Dela-
guette, 1753, in-12. — T. IV, année 1753, 2° éd., Paris, Dela-
guette, s. d.

94. GEOFFROY (E.-L. [?]). Catalogue des livres de la bibliothèque
de M. Geoffroy. Paris, Martin, 1754, in-8°.

95. *Le même.* Histoire abrégée des Insectes qui se trouvent aux
environs de Paris. Paris, Durand, 1762, in-4°.

Voir un Compte rendu très élogieux dans le *Journal Encyclopédique*,
15 nov. 1764, p. 34 et suiv.

96. GEORGERAT (LE P.). Observations critiques sur la physique
newtonienne. Amsterdam, 1784, in-8°.

97. GERSAINT. Catalogue raisonné des coquilles et autres curiosités naturelles. Paris, Flahault et Prault, 1736, in-12.

Compte rendu très favorable dans Desfontaines : *Observations*, t. IV,
p. 83 et suiv.

98. GIARD (A.). Controverses transformistes. Paris, Masson,
1904, in-8°.

99. GIN (P.-L.-G.). De la Religion, par un homme du monde.
Paris, Moutard, 1788, 5 v. in-8° (1778-1780 dans Barbier).

100. GIRARD (J. DE). L'ami de la nature. Paris, Hérissant,
Briasson, 1787, in-12.

101. GIRARDIN (STANISLAS DE). Mémoires, Journal et Souvenirs.
Paris, 1829, in-8°.

102. GOBET. Les anciens minéralogistes du royaume de France,
avec des notes. Paris, Ruault, 1779, in-8°.

103. GOBERT. Nouveau système sur la construction et les mouvements du monde. Paris, Delespine, 1703, in-8°.

Système exposé dans les *Acta eruditorum*, 1704, p. 346 (d'après Lalande,
[n° 123]).

104. Goedaert (J.). Histoire naturelle des Insectes. Amsterdam, Fierens, 1700, in-12.

105. Hales. La statique des végétaux et l'analyse de l'air, ouvrage traduit de l'anglais par M. de Buffon. Paris, Debure, 1735, in-4°.

106. Le même. La statique des végétaux (trad. par Buffon) et celle des animaux. Nouvelle édition revue par Sigaud de la Fond. Paris, Imprimerie de Monsieur, 1779, in-8°.

107. Haller (A. de). Réflexions sur le système de la génération de M. Buffon. Genève, 1751, in-12.

108. Hartsoeker (N.). Recueil de plusieurs pièces de physique où l'on fait principalement voir l'invalidité des systèmes de M. de Newton. Utrecht, Vve Braedelet, 1722, in-12.

Voir l'opinion de Voltaire : « les Leibnitz et les Newton, les Leuwen- hœck et les Hartsœker » (Œuvres, t. XXXIII, p. 347).

109. Le même. Suite des conjectures physiques. Amsterdam, Schelte, 1712, in-4° (1 ou 2 éditions).

110. Hémon (F.). Buffon (dans l'Histoire de la langue et de la littérature française publiée sous la direction de M. Petit de Jul- leville, t. VI, p. 207-251).

111. Hérissant (L.-A.-P.). Bibliothèque physique de la France ou liste de tous les ouvrages tant imprimés que manuscrits qui traitent de l'histoire naturelle de ce royaume. Paris, Hérissant, 1771, in-8°.

112. Hoefer (F.). Histoire de la Zoologie. Paris, Hachette, 1873, in-12.

113. Humbert-Bazile. Buffon, sa famille, ses collabarateurs et ses familiers. Mémoires publiés par H. Nadault de Buffon. Paris, Renouard, 1863, in-8°.

Il y a lieu de se défier de l'originalité de ces Mémoires. Il arrive, par exemple, que les renseignements donnés sur Buffon sont copiés à peu près textuellement sur l'Éloge de Condorcet (n° 47).

114. Hunauld (F.-J.). Nouveau traité de physique sur toute la nature, ou méditations et songes sur tous les corps dont la médecine tire les plus grands avantages pour guérir le corps humain, etc. Paris, Didot, 1742, 2 tomes in-12.

115. Jeudi de l'Homont (ou de Lhoumaud, d'après Quérard). Traité des merveilles de la nature. Paris, 1735, in-8°. (Réédité sous le titre de : Histoire des merveilles de la nature. Paris, Quillau, 1785, in-8°.)

116. Joblot (L.). Descriptions et usages de plusieurs micros- copes. Paris, Colombat, 1718, in-4°.

117. Keranflecu (De). Observations sur le cartésianisme moderne. Rennes, 1764, in-12.

118. Klein (Th.). Ordre naturel des oursins de mer et fossiles. Paris, Bauche, 1754, in-8° (1re éd. en latin, Dantzig, 1734).

119. Lacan (Abbé de). Tableau des grandeurs de Dieu dans l'économie de la religion, dans l'ordre de la société et dans les merveilles de la nature. Paris, Berton, Couturier, Lacombe, 1769, in-12. (Réimprimé en 1771, sous le titre de : Le divin contemplateur ou Tableau, etc.)

120. La Caze (L. de). Idée de l'homme physique et moral. Paris, Guérin et Delatour, 1755, in-12 (1 ou 2 éditions).

121. Le même. Mélanges de physique et de morale. Nouvelle éd., Guérin et Delatour, 1763, in-12 (1re éd., 1761).

122. Ladvocat (L.-F.). Entretiens sur un nouveau système de morale et de physique ou la recherche de la vie heureuse selon les lumières naturelles. Paris, Boudot, Rondet, 1721, in-12.

123. La Lande (J. de). Bibliographie astronomique avec l'histoire de l'attronomie, depuis 1781 jusqu'à 1802. Paris, Imprimerie de la République, 1803, in-4°.

124. Lambert (Abbé). Bibliothèque de physique et d'histoire naturelle. Paris, Vve David, 1758, in-12, t. I, 1re partie.

125. Merian (J.-B.). Système du monde. Bouillon, Société typographique, 1770, in-12 (1 ou 2 éditions).

Extrait des *Cosmogonische Briefe* de Lambert (Augsbourg, Leipzig, 1761, in-4°).

126. Lamoignon-Malesherbes. Observations de Lamoignon-Malesherbes sur l'histoire naturelle générale et particulière de Buffon et Daubenton. Paris, Pougens, 1798, 2 v. in-8°.

127. Lamy (Le P.-B.). Entretiens sur les sciences. Lyon, Certe, 1684, in-16 (nombreuses éditions aux xviie et xviiie siècles).

128. Lansac (J.-P.). Essai philosophique sur le mécanisme de l'univers. Paris, Jombert, 1770, in-12.

129. La Perrière (J.-C.-F. de). Nouvelle physique céleste et terrestre à la portée de tout le monde. Paris, Delalain, 1766, 3 v. in-12.

« Tissu d'absurdités », d'après Lalande (n° 123), mais voir les comptes rendus très favorables du *Journal Encyclopédique*, 1er mars 1766, p. 126 ; 15 juin 1766, p. 3-18 ; 1er oct. 1776, p. 157 et suiv. ; et de La Dixmerie, Les deux âges du goût et du génie français. La Haye, Paris, 1769, p. 135. Il eut un disciple, l'abbé de la Poujade, qui enseigna son système avec succès. (Voir *Année littéraire*, 1766, t. VIII, p. 142, et *Journal Encyclopédique*, 1er mai 1766, p. 128.)

130. Launay (Abbé de). Principes du système des petits tourbillons, mis à la portée de tout le monde. Paris, 1743, in-12.

131. Le Clerc (S.). Nouveau système du monde, conforme à l'Écriture sainte, où les phénomènes sont expliqués sans excentricité de mouvement. Paris, Giffart, 1706, in-8°. (Nouvelle éd., 1708. Voir le *Journal des Savants*, 1709, p. 224.)

Le Clerc était un graveur célèbre. Voir le *Journal des Savants*, 1715, p. 500; et de Vallemont : Éloge de M. Le Clerc. Paris, Caillou et Musier, 1715, in-8°.

132. Leclerc de Montlinot. Dictionnaire portatif d'histoire naturelle... avec un Discours philosophique sur la méthode de conduire son esprit dans l'étude de l'histoire naturelle. Paris, Bauche, 1763, 2 v. in-12.

133. Lehmann (J.-G.) (trad. par d'Holbach). Traités de physique, d'histoire naturelle, de minéralogie et de métallurgie. T. III. Essai d'une histoire naturelle des couches de la terre. Paris, Hérissant, 1759, in-12.

134. Lesser (F.-C.). Théologie des Insectes (trad. par Lyonnet). La Haye, 1742, 2 v. in-8° (2 éditions).

135. Lignac (Abbé Lelarge de). Lettres à un Américain sur l'histoire naturelle, générale et particulière de M. de Buffon. Hambourg, 1751, in-12.

136. *Le même*. Suite des lettres à un Américain sur les IVe et Ve volumes de l'histoire naturelle et sur le traité des animaux de M. l'abbé de Condillac. Hambourg, 1756, in-12.

L'abbé de Lignac est certainement l'auteur de ces Lettres. Voir le livre de de Lignac : Examen sérieux et comique des Discours sur l'esprit (Amsterdam, 1759. *Préface*), un article du *Journal Encyclopédique* (15 nov. 1760, p. 3), l'abbé Feller : *Catéchisme philosophique* (n° 83), p. 314 De Lignac eut sans doute, sinon des collaborateurs, tout au moins des conseillers : Condorcet (*Éloge de Buffon*, n° 47, p. 68) indique « plusieurs savants ». Clément (*Les Cinq Années littéraires*, n° 362, t. II, p. 114) précise Réaumur et Bouguer. Dans tous les cas Réaumur prit soin, comme « bon ami de l'auteur », d'envoyer le livre à Bonnet. (Voir *Œuvres* de Bonnet, n° 24, t. XII. p. 24.) Sur la *Suite des Lettres*, voir une Lettre de Condillac dans le *Mercure* (15 avril 1756, p. 84) et la réponse de de Lignac (nov. et déc., p. 76 et 102). Voir aussi l'opinion de Buffon transmise par Needham (n° 214), p. 213.

137. *Le même*. Mémoire pour servir à commencer l'histoire des araignées aquatiques. Paris, Pissot, 1749, in-12 (2 éditions).

138. Leroy (G.). Lettres sur les animaux, 4e éd. publiée par le Dr Robinet. Paris, Poulet-Malassis, 1862, in-12.

Voir la Bibliographie de l'ouvrage, p. xxxix.

139. Le Sage (G.-L.). Cours abrégé de physique. Paris, Barillot, 1739, in-12 (2 éditions).

140. LESSER. Théologie des Insectes (trad. avec des remarques par Lyonnet). Paris, Chaubert et Durand, 1745 (2 éditions).

141. LETTSOM (J. COAKLEY). Le Voyageur naturaliste, ou Instruction sur les moyens de ramasser les objets de l'histoire naturelle et de les bien conserver (trad. de l'anglais). Amsterdam, Paris, 1775, in-12.

142. LORIQUET (CH.). L'abbé Pluche (Travaux de l'Académie impériale de Reims, t. XXII, 1854-1855).

143. LOYS (DE). Abrégé chronologique pour servir à l'histoire de la physique. Strasbourg, Paris, Lami, 1786, 2 vol. in-8°.

144. MAC-LAURIN. Exposition des découvertes philosophiques de Newton (trad. par Lavirotte). Paris, 1749, in-4°.

145. MAILLET (DE). Telliamed ou Entretiens d'un philosophe indien avec un missionnaire français sur la diminution de la mer, la formation de la terre, etc. Mis en ordre sur les Mémoires de feu M. de Maillet. Amsterdam, L'Honoré, 1748, 2 tomes in-8° (publié par Guers. 2ᵉ éd. par l'abbé Le Mascrier en 1755. Voir *Corresp. litt.*, t. I, p. 240).

Nombreux éloges au xviiiᵉ siècle. Voir, par exemple, Deluc, *Lettres* (n° 362), p. 385 et suiv.; Clément, *Les Cinq Années* (n° 55), t. I, p. 137; La Porte, *Observations* (n° 348), t. I, p. 304-331. Les attaques viennent des polémistes catholiques (par ex. le P. Sennemaur (n° 412), p. 14-16), ou de Voltaire (Œuvres (n° 419), t. X, p. 175, 183; XXI, p. 331; XXVII, p. 156, 221, etc.).

146. MAIRAN (DORTOUS DE). Dissertations sur la glace. Paris, Imprimerie royale, 1749, in-12 (la Préface fut imprimée pour la première fois à Bordeaux en 1716, comme prix de l'Académie des belles-lettres, sciences et arts. Réimprimé à Béziers en 1717 et à Paris (1730) dans le Recueil : Les vertus médicinales de l'eau commune).

147. MALLET (D.). Histoire de la vie et des ouvrages de François Bacon. La Haye, 1742, Mœtjens, in-8° (trad. par P.-J. Berlin?).

148. MARIVETZ (BARON DE) et GOUSSIER (M.). Physique du Monde. Paris, Quillau et Lafosse, 1780-1787, 5 vol. in-4°.

Vifs éloges de ce système dans le *Mercure*, sept. 1783, p. 175; juillet 1784, p. 74-79. Critiques dans Le Roi : Lettre à M. le baron de Marivetz. Londres, Paris, Lamy, 1785; et dans Bernstoff : Examen et réfutation de l'ouvrage intitulé *Physique du monde*. 2ᵉ éd., Paris, Didot, 1785.

149. MARSIGLI (DE) ou MARSILLI. Histoire physique de la mer. Amsterdam. Aux dépens de la Compagnie, 1725, in-f°.

Préface importante de Boerhave.

150. MARTEL (E.-A.). L'Évolution souterraine. Paris, Flammarion, s. d., in-12.

151. MARTIN (BENJ.). Grammaire des sciences philosophiques ou analyse abrégée de la philosophie moderne, appuyée sur les expériences. Paris, Briasson, 1749, in-8°.

152. *Le même*. Même ouvrage. Nouvelle édition corrigée et augmentée. Paris, Briasson, 1764, in-8° (peut-être 2 éditions).

153. MASSIÈRE. Réflexions critiques sur le Système de l'attraction. Nice, 1759.

154. MAUNY. Démonstration du cours du soleil autour de la terre. Paris, 1727, in-12.

155. MAUPERTUIS. Essai sur la formation des corps organisés. Berlin, 1754, in-16.

Peut-être de l'Allemand Baumann et traduit par Maupertuis (voir l'Avertissement). Traduit, par Trublet, d'une *Dissertatio inauguralis metaphysica de universali Naturæ systemate* (Erlangen, 1751), commentée par Fréron (*Lettres*, t. VIII, p. 145) et Diderot (*Pensées sur l'Interprétation de la nature*). Publié dans les *Œuvres* sous le titre de *Système de la nature*.

156. MAUPERTUIS. Lettre sur le Progrès des sciences, s. l., 1752, in-12.

157. MERIAN (MARIE). Histoire des insectes de l'Europe. Amsterdam, 1730, in-f° (1re éd. de la 1re partie en 1679, de la 2e en 1683. Cf. l'Avertissement de 1730).

158. *La même*. Dissertation sur la génération et la transformation des insectes de Surinam. La Haye, Gosse, 1726, in-f° (1re éd., 1701).

Voir le *Mercure*, 1er mai 1771, p. 143.

159. *La même*. Histoire générale des insectes de Surinam et de toute l'Europe. 3e éd., revue, corrigée et considérablement augmentée par Buc'hoz. Paris, Desnos, 1771, 2 vol. in-f°.

160. MORIN (ABBÉ). Abrégé du mécanisme universel. Chartres, Roux, 1735, in-12.

161. MUSSCHENBROEK (P. VAN). Essai de physique (trad. par P. Massuet). Leyde, Luchtmans, 1739, 2 vol. in-4° (publié en hollandais en 1736 et, augmenté, en 1739). Agrandi et réimprimé sous le titre suivant :

162. *Le même*. Cours de physique expérimentale et mathématique, trad. par Sigaud de la Fond. Paris, Guillyn, 1769, in-4°.

163. NEEDHAM. Nouvelles observations microscopiques, 2e éd., Paris, Ganeau, 1750, in-12 (1re éd. en français, en Hollande, en 1747. Voir le Journal des Savants, 1750, p. 669 ; 1re éd. en anglais, Londres, 1745. *Ibid.*).

164. Nieuwentyt. L'Existence de Dieu démontrée par les merveilles de la nature. Paris, Vincent, 1725, in-4° (3 éditions, dont Amsterdam, 1727 [3 descriptions dans nos Catalogues du xviii° siècle]).

165. Nogaret (F.). Apologie de mon goût. Épître en vers sur l'histoire naturelle. Paris, Couturier, 1771, in-8°.

166. Nollet (Arbé). Programme ou idée générale d'un cours de physique expérimentale. Paris, Le Mercier, 1738, in-12.

167. Le même. Leçons de physique expérimentale. Paris, Durand, 8° éd., 1775 (voir p. iii de cette édition : 1re éd. en 1743).

168. Le même. L'Art des expériences ou avis aux amateurs de la physique, sur le choix, la construction et l'usage des instruments, etc..., Paris, Durand, 1770, 3 vol. in-8° (3 éditions).

169. Orbessan (Mls Daignan d'). Mélanges historiques, critiques, de physique, de littérature et de poésie. Toulouse, Birosse. Paris, Merlin, 1768, 2 tomes in-8°.

170. Pallas (S.). Observations sur la formation des montagnes et les changements arrivés à notre globe pour servir à l'histoire naturelle de M. le comte de Buffon (trad. par Gobet). Saint-Pétersbourg, Paris, Méquignon, 1782, in-12 (1re éd., Paris, Sigaud, 1779, in-12),

171. Panckoucke (Ch.-J.). De l'homme et de la reproduction des différents individus. Ouvrage qui peut servir d'introduction et de défense à l'histoire des animaux par M. de Buffon. Paris, 1761, in-12.

172. Paulian (Le P. A.-H.). Dictionnaire de physique portatif, 3° édition. Avignon, Girard et Seguin, 1767, in-8° (2° éd., Paris, Desaint et Saillant, 1760, in-8° [Voir Affiches de Paris, 1760, p. 649]. 4 éditions).

173. Le même. Traité de paix entre Descartes et Newton. Avignon, Vve Girard, 1763, 3 vol. in-12.

174. Le même. Le Véritable système de la nature; ouvrage où l'on expose les lois du monde physique et moral d'une manière conforme à la raison et à la révélation. Avignon, Paris, 1788, 2 vol. in-12.

175. Perrault (Cl.). Mémoires pour servir à l'histoire naturelle des animaux. Paris, Imprimerie Royale, 1676, 2 vol. in-f° (éditions au xviii° siècle en 1733 et 1736).

176. Perrault (Cl.). Essais de physique. Paris, Coignard, 1680, in-12.

177. Perrault. Abrégé d'histoire naturelle pour l'instruction de la jeunesse, imité de l'allemand de M. Raff. Strasbourg, Kœnig. Paris, Barrois, 1786, 2 vol. in-8° (1 ou 2 éditions).

178. Perrier (Ed.). La philosophie zoologique avant Darwin. Paris, 1884, in-8°.

179. PETIT (F.). Traité de l'univers matériel ou astronomie physique. Paris, t. I, 1729; t. II, 1730; t. III, 1731, in-12.

180. PLUCHE (ABBÉ N.-A.). Le Spectacle de la nature, ou entretiens sur les particularités de l'histoire naturelle qui ont paru les plus propres à rendre les jeunes gens curieux et à leur former l'esprit. Paris, 1732 et années suivantes, 9 vol. in-12.

Le manuscrit primitif était un travail sur la genèse dont Rollin eut communication, ainsi que « plusieurs personnes ». Dès 1720 il lui empruntait pour son Traité une « Physique des enfants » [Cf. n° 311, t. IV, p. 377 et suiv.].

La 1ʳᵉ partie, parue en 1732, eut trois éditions en moins de six mois (Voir *Journal des Savants*, 1733, p. 191 et 197). En 1739 cette première partie était à sa septième édition (Paris, Vᵛᵉ Estienne). Nous avons trouvé dans les catalogues du xviiiᵉ siècle des descriptions concordantes des éditions suivantes : Paris, 1733, 1735, 1736, 1737, 1739, 1741, 1745, 1746, 1748, 1749, 1754, 1763, 1764, 1768. La deuxième édition fut contrefaite à Utrecht (Voir *Mercure*, mars 1733, p. 530). Le livre fut traduit en anglais à Londres (Pemberton, Francklin et Davis), les t. I et II en 1735, le reste en 1736 (Voir *Journal des Savants*, 1736, p. 190, et *Catalogue alphabétique* de 1738). Il y eut plusieurs traductions italiennes. Voir : *Le Spettacolo della Natura*, nouvelle traduction améliorée, Venise, Pezzana, 1786 (Bibl. de Toulouse). Pluche indique une traduction espagnole (*Concorde*, etc. [n° 182] p. xvi).

Dans sa 7ᵉ édition, Pluche avertit que « comme dans les précédentes » il s'abstiendra le plus possible de rien changer. En fait il se borne à quelques adjonctions.

Réaumur a donné des conseils (*Histoire des Insectes* [n° 189], t. I, p. 12).

181. *Le même*. Histoire du ciel considéré selon les idées des poètes, des philosophes et de Moïse. Paris, Vᵛᵉ Estienne, 1739, 2 vol. in-12. (Nous avons trouvé des descriptions concordantes d'éditions : Paris, 1740; La Haye, 1740; Paris, 1742, 1743; La Haye, 1744; Paris, 1748, 1757, 1765. D'après Lalande [n° 123], il y aurait eu une traduction allemande à Dresde, 1740).

182. *Le même*. Concorde de la géographie des différents âges. Paris, Estienne, 1764, in-12.

183. PONCELET (ABBÉ). La nature dans la reproduction des êtres vivants, etc. Paris, Le Mercier, Saillant, 1766, in-12.

184. PONTBRIAND (G.-M. DUBREIL DE). Nouvelles vues sur le système de l'Univers, Paris, Chaubert et Ballard, 1751, in-8°.

185. PRIVAT DE MOLIÈRES (J.). Leçons de physique. Paris, Brocas et Bullot, 1734-1739, 3 vol. in-12.

Voir des éloges de ce système dans Desfontaines, *Observations* (n° 206), t. XIII, p. 305 et t. XIV, p. 89, 138, 212, 233; dans Saverien, *Histoire des progrès de l'esprit humain* (n° 206), p. 224. Railleries de Voltaire dans les *Œuvres*, t. XXXV, p. 408.

187. Rabiqueau (Ch.). Le Spectacle du feu élémentaire, etc. Paris, Jombert, Knapen, Duchesne, 1753, in-8° (2 éditions).

188. Ray (Abbé P.-A.-F.). Zoologie universelle et portative.... Ouvrage également destiné aux naturalistes et aux gens du monde. Paris, l'auteur, Valade, etc., 1788, in-4°.

189. Réaumur. Mémoires pour servir à l'histoire des insectes. Paris, Imprimerie Royale, 1734-1742, 6 vol. in-4° (une édition in-12 en 1738).

190. Regnault (Le P. N.). Les entretiens physiques d'Ariste et d'Eudoxe ou physique nouvelle en dialogues. Nouv. éd. Paris, Clouzier, 1732, 3 v. in-12 (1re éd., Paris, 1729. Outre les 6 éditions de Quérard, l'*Origine ancienne...* du même signale (t. I, p. xii) les éditions d'Amsterdam, 1732 et 1733. Il parut une traduction en anglais (par Dale) en 1731 (voir *Mercure*, janvier 1733, p. 121). La 7e éd. revue et corrigée (Paris, David, Durand, 1745, 4 v. in-12°) signale 1 éd. de Hollande, l'édit. anglaise et 1 à Venise en italien. C'est la 7e édit. en tenant compte des 2 traductions (p. xviii-xix). En 1750 paraît un t. V « sur les découvertes récentes et pour servir de supplément aux 4 volumes de la 7e éd. » Paris, mêmes libraires).

191. *Le même.* L'origine ancienne de la physique nouvelle. Paris, Clousier, 1734, 3 v. in-12 (2 éditions).

192. *Le même.* Lettre d'un physicien sur la philosophie de Newton, mise à la portée de tout le monde par M. de Voltaire, 1738, s. l. in-12.

193. Renaud de la Grelaye. Les tableaux de la nature, Paris, Duchesne, 1775, in-8° (réimprimé en 1781 sous le titre de : Promenades de Chloé).

194. Rivard (F.-D.). Examen des systèmes du monde où l'on discute quel est le véritable. S. l. 1765, in-12.

195. *Le même.* Instruction pour la jeunesse sur la religion et sur plusieurs sciences naturelles. Paris, Lottin, etc., 1758, 2 v. in-12.

196. Robien (Gautron de). Nouvelles idées sur la formation des fossiles. Paris, David, 1751, in-12.

197. Robinet (J.-B.-R.). De la nature. Amsterdam, Van Harrevelt, 1762, 2 v. in-8° (4 éd., les deux dernières augmentées).

Sur ce livre qui « fait du bruit à Paris », voir les éloges de Diderot (*Œuvres*, IV, p. 94), de la *Correspondance littéraire* (t. IV, p. 490; VI, p. 204-205; VII, p. 55) et de Carus (n° 38), p. 419.

198. Romé de l'Isle. L'action du feu central démontrée nulle à la surface du globe contre les assertions de MM. le comte de Buffon, Bailly, de Mairan, 2e éd., Stockholm, Paris, Didot, 1781, in-8°.

199. De Rosnay. La physique des dames. Paris, Houpe, 1773.

200. Rousseau (J.-B.). Abrégé de l'histoire naturelle d'après

Buffon... destiné à l'usage des Écoles centrales, etc. Paris, Rousseau, an VIII, 3 v. in-8°.

201. ROYOU (ABBÉ). Le monde de verre réduit en poudre ou Analyse et réfutation des Époques de la nature de M. le comte de Buffon. Paris, Merigot, 1780, in-12 (Paru, moins complet, dans l'*Année littéraire* de 1779).

« Ce livre a fait une sorte de sensation » (*Corresp. littéraire*, XII, p. 380).

202. SALERNE. L'histoire naturelle éclaircie dans une de ses parties principales, l'ornithologie... ouvrage traduit du latin du Synopsis avium de Ray... Paris, Debure, 1767, in-4°.

203. SAURY (ABBÉ). Histoire naturelle du globe ou géographie physique... à l'usage des jeunes physiciens des pensions et des collèges. Paris, l'auteur, etc., 1778, in-12.

204. *Le même*. Précis d'histoire naturelle. Paris, l'auteur, 1778, 5 v. in-12.

205. SAVERIEN. Histoire des philosophes modernes. Paris, François, t. VI, 1768, in-12.

206. *Le même*. Histoire des progrès de l'esprit humain dans les sciences naturelles et dans les arts qui en dépendent. Paris, Lacombe, 1775, in-8° (2 ou 3 éditions).

207. SCHEUCHZER (J.-J.). Physique sacrée, ou histoire naturelle de la Bible, trad. du latin. Amsterdam, Schenk et Mortier, 1732-1737, 8 v. in-f°.

208. SCHMIDT. Traité du déluge. Bâle, Tourneisen, 1761, in-4°.

209. SERAIN (P.-E.). Nouvelles recherches sur la génération des êtres organisés. Paris, Humaire, 1783, in-12.

210. SIGAUD DE LA FOND. Dictionnaire des merveilles de la nature. Paris, 1781, 2 v. in-8° (3 éditions).

211. SIGORGNE (ABBÉ). Institutions newtoniennes, ou Introduction à la philosophie de Newton. Paris, Quillau, 1747, 2 v. in-8° (2e éd., Paris, 1769, d'après Lalande [n° 123]).

212. *Le même*. Défense des premières vérités ou Réfutation de la théorie physico-mathématique de l'organisation des mondes. Paris, Coureur, 1806, in-8°.

213. SIMON. Histoire naturelle des abeilles. Paris, Guérin, 2e éd., 1747, in-12 (3 ou 4 éditions).

214. SPALLANZANI (et NEEDHAM). Nouvelles recherches sur les découvertes microscopiques, etc. Paris, Londres, Lacombe, 1769, in-8°. Le tome II s'intitule : Nouvelles recherches physiques et métaphysiques sur la nature et la religion, avec une nouvelle théorie de la terre... par M. de Needham (trad. par l'abbé Regley).

215. SPALLANZANI et SENNEBIER. Expériences pour servir à l'histoire de la génération des animaux et des plantes, etc.

Genève, Chirol, 1785, in-8° (1 contrefaçon à Genève. Voir p. LXXXVII).

216. STURM (C.-C.). Considérations sur les œuvres de Dieu dans le règne de la nature et de la Providence. Paris, s. d., Fouraut... in-12 (Extraits scolaires d'un livre qui eut au moins 10 éditions).

217. SULZER. Tableau des beautés de la nature. Francfort, Knoch et Esslinger, 1755, in-12.

218. SURGY (ROUSSELOT DE). Mélanges intéressants et curieux ou Abrégé d'histoire naturelle, morale, civile et politique de l'Asie, l'Afrique, l'Amérique et les terres polaires. Paris, Durand (puis Panckoucke, etc.), 1763 et années suiv., in-12 (2 vol. tous les six mois).

219. SWAMMERDAM (J.). Histoire générale des insectes. Utrecht, Ribbius, 1685, in-4° (réédité en 1758).

220. TAITBOUT. Abrégé élémentaire d'astronomie, de physique, d'histoire naturelle, etc. Paris, Froullé, 1777, in-8°.

221. THOMAS (A.-L.). Mémoire sur la cause des tremblements de terre. Paris, Jombert, 1758, in-12.

222. TREMBLEY (M.). La découverte des polypes d'eau douce, d'après la correspondance inédite de Réaumur et d'Abraham Trembley. Genève, imprimerie du Journal de Genève, 1902, in-16.

223. TREMBLEY (A.). Mémoires pour servir à l'histoire d'un genre de polypes d'eau douce, à bras en forme de cornes. Leyde, Werbeek, 1744, in-4° (autre édition, Paris, Durand, 1744, 2 v. in-8°).

Sur cette découverte qui fut retentissante voir les *Mémoires de l'Académie des Sciences*, janvier 1743, et par exemple : Réaumur (n° 189), t. VI, p. 41; Bazin (n° 13), t. I, p. xv; Baker (n° 10), p. 3; Bonnet (*Traité*, n° 24), t. I, p. xi; *Journal des Savants*, 1745, pp. 30, 80; P. Clément (*Les Cinq Années*, n° 362), t. II, p. 189; *Correspondance litteraire*, t. IV, p. 168; Diderot, *Interprétation de la nature*, t. II, p. 18; *Mercure de France*, 1er janvier 1745; Lettres de Mme du Deffand (n° 369), t. I, p. 121.

224. *Le même*. Instructions d'un père à ses enfants sur la nature et sur la religion. Genève, Cailler, 1775, 2 v. in-8° (3 éditions).

225. TRIMMER (MISS S.). Introduction familière à la connaissance de la nature (trad. libre par Berquin), Paris, 1784, in-12 (2 éditions).

226. TROTTIER (R.). Découverte des principes de l'astronomie. Paris, Nyon, 1784, in-8°.

227. TURGOT. Œuvres pub. par Dupont de Nemours. Paris, Delane, 1808 (t. II. Lettre à Buffon sur sa théorie de la terre).

228. TURGOT (Chevalier). Mémoire instructif sur la manière de rassembler, conserver et transporter les curiosités d'histoire naturelle. Lyon, 1758, in-8°.

229. VALADE (J.-F.). Discours philosophique sur la création et l'arrangement du monde. Amsterdam. Marret, 1700.

230. VALLEMONT (ABBÉ DE). Curiosités de la nature et de l'art sur la végétation. Nouv. éd. Bruxelles, Léonard, 1723 (6 éditions dont Paris, Moreau, 1709. Voir *Journal des Savants*, 1709, p. 660).

231. VALMONT DE BOMARE. Dictionnaire raisonné universel d'histoire naturelle. Paris, 1764, 5 vol. in-8° (5 ou 6 éditions dont 3ᵉ éd. Paris, Brunet, 1775, 6 vol. in-4°; Lyon, 1775, 9 vol. in-8° [voir *Journal Encyclopédique*, 1ᵉʳ oct. 1775, p. 158] et Lyon, Bruysset, Paris, Jombert, 1776. [Voir le *Mercure*, mai 1782, p. 94].

Voir le Prospectus d'une nouvelle édition in-4° et in-8° dans l'*Année littéraire*, 1767, t. VII, p. 134. D'après le même prospectus il y aurait eu des contrefaçons en province et à l'étranger et des traductions en plusieurs langues. Comptes rendus élogieux dans *Année littéraire*, 1768, t. I, p. 170 et suiv.; *Mercure*, 15 janvier, 1ᵉʳ février, 1ᵉʳ mars 1768; *Journal Encyclopédique*, 1ᵉʳ et 15 juillet 1768, p. 67 et suiv., 40 et suiv.

232. VIALLON. Philosophie de l'univers ou théorie philosophique de la nature. Bruxelles, Flon, 1782, in-8°.

233. VICQ D'AZYR. Discours prononcé dans l'Académie française, le jeudi 11 décembre 1788. Paris, 1788, in-4°.

234. VIEL (CH.-FR.). Projet, plan et élévation d'un monument consacré à l'histoire naturelle... dédié à M. le comte de Buffon. Paris, l'auteur, 1780, in-4°.

235. VIET (ABBÉ). Réflexions sur les Epoques de la nature. Amsterdam, Paris, Couturier, 1780, in-12.

236. VIVENS (F. DE). Nouvelle théorie du mouvement où l'on donne la raison des principes généraux de la physique. Londres, 1749, in-8°.

237. VOIGT. Nouvelles lettres sur les montagnes ou livre classique particulièrement destiné aux gens du monde et aux jeunes personnes (trad. de l'allemand). Strasbourg, Paris, Musier, 1787, in-8°.

238. WALLERIUS. De l'origine du monde et de la terre en particulier (trad. de l'allemand). Varsovie, Paris, Bastien, 1780, in-12.

239. WANDELAINCOURT. Cours abrégé de l'histoire naturelle. Verdun, Mondon, etc., 1738, in-12.

240. WOODWARD. Géographie physique, ou essai sur l'histoire naturelle de la terre (trad. par Noguez). Paris, Briasson, 1735, in-4°.

241. Abrégé de l'histoire naturelle, faisant partie du cours d'études à l'usage des élèves de l'École militaire, 2ᵉ éd. Paris, Nyon, 1798, 2 vol. in-12.

242. Bulletin de la Société d'agriculture, sciences et arts de la Sarthe, t. XXX, 1885-1886.

243. Collection de planches enluminées et non enluminées d'histoire naturelle, publiée par décades à 30 l. chez Lacombe, Paris. 9ᵉ décade en 1777.

244. Encyclopédie méthodique. Histoire naturelle des animaux, t. I. Paris, Panckoucke. Liége, Plointeux, 1782, in-4°.

245. Entretien sur un nouveau système de morale et de physique, ou la recherche de la vie heureuse selon les lumières naturelles. Paris, Boudot et Rondet, 1721, in-12.

246. L'Étude de la nature. Épitre à Mme X. Pièce qui a concouru pour le prix de l'Académie française en 1771. Paris, Regnard, 1771, in-8°.

247. Histoire universelle des systèmes de philosophie, tant anciens que modernes, touchant l'origine et la création du monde (trad. de l'anglais). La Haye, Le Vier, 1755, in-12.

248. Lettres physiques contenant les notions les plus nécessaires à ceux qui veulent suivre les leçons de cette science. Paris, De Hansy, 1763, in-12.

249. Nouveau dictionnaire raisonné de physique et des sciences naturelles... par une société de physiciens. Paris, Hôtel de Thou, 1776, 2 vol. in-8°.

250. Observations d'histoire naturelle faites avec le microscope. Paris, Briasson, 1754, in-4°.

251. Le petit cabinet d'histoire naturelle ou Manuel du naturaliste. Paris, Costard, 1774, in-8°.

252. Principales merveilles de la nature où l'on traite de la substance de la terre, de la mer, des fleuves, lacs, etc. Amsterdam, Compagnie, 1745, in-12.

253. Recueil des harangues prononcées par MM. de l'Académie française, t. VIII. Paris, Demonville, 1787, in-12.

254. Système général de cosmographie et de physique générale. Paris, Jombert, 1748.

255. Uranographie ou Contemplation du Ciel à la portée de tout le monde. Paris, Mérigot, in-12.

256. Vie de Buffon. Amsterdam, Paris, Maradan, 1788, in-12.

Journaux d'histoire naturelle.

257. Observations périodiques sur la physique, l'histoire naturelle, etc.

Gautier Dagoty avait d'abord publié, de 1752 à 1755, 6 vol. in-4° d'Observations sur la physique, l'histoire naturelle et la peinture. En juillet 1756, le Journal prit le titre de : *Observations périodiques sur la physique, l'histoire naturelle et les beaux-arts* par M. Gautier (Paris, Cailleau, Gautier fils). Il était en réalité rédigé par des collaborateurs divers. Toussaint racheta le privilège et rédigea à lui tout seul, à partir du t. II, en janvier 1757 (Cf. Préface de ce tome) sous le titre de : *Observations periodiques sur la physique, l'histoire naturelle et les arts ou Journal des sciences et des arts* par M. Toussaint (Paris, Pissot, Lambert, Cailleau). Le journal fut interrompu en 1762.

L'abbé Rozier le reprit en juillet 1771 sous le titre de :

258. Observations sur la physique, sur l'histoire naturelle et sur les arts par M. l'abbé Rozier. Paris, Le Jay.

1 vol. in-12 par mois (abonnement 30 l.). 18 vol. in-12 jusqu'à décembre 1772. Prend alors le format in-4°. Les 18 vol. in-12 sont réimprimés en 1777 en format in-4° sous le titre de : *Introduction aux Observations*, etc. Table alphabétique en décembre 1777.

259. BUC'HOZ. La Nature considérée sous ses différents aspects ou Journal des trois règnes de la nature.

Réunion de trois publications (voir la *Bibliographie* de Hatin), en 1771. Publié par cahiers de 72 p. tous les 10 jours à 1 l. 10 s. (voir *Journal Encyclopédique*, 1er février 1771, p. 461); puis 2 feuilles tous les 15 jours, en 1774 (*Mercure*, 1er janvier 1774, p. 157; février. p. 160). En 1775 la collection est republiée sous le titre de : *Correspondance d'histoire naturelle* ou *Lettres sur les trois règnes de la nature* (Paris, Costard, 1775, 8 vol. in-12). En 1780 le journal est réuni au *Journal de littérature, des sciences et des arts* de l'abbé Grozier.

260. La Nature développée. « Ab his oriuntur cuncta duobus. » Un cahier tous les 15 jours.

Nous ne connaissons que le Prospectus (*Mercure*, 1er juillet 1760, p. 11).

II. — Histoire de l'enseignement [1].

261. ADAM (N.). Essai en forme de mémoire sur l'éducation de la jeunesse... Londres, Paris, Morin, 1787, in-8°.

262. ANTHIAUME (A.). Le collège du Havre. Le Havre, 1905, 2 vol. in-8°.

263. BOISSONNADE (P.) ET BERNARD (J.). Histoire du collège et du lycée d'Angoulême. Angoulême, Coquemard, Trillaud, 1895, in-8°.

264. BURY (DE). Essai historique et moral sur l'éducation française. Paris, Desprez, 1777, in-12.

265. CARADEUC DE LA CHALOTAIS. Essai d'éducation nationale ou plan d'études pour la jeunesse (s. l. s. n.), 1763, in-12 (7 éditions).

265 *bis*. CARRÉ (G.). L'enseignement secondaire à Troyes du moyen âge à la Révolution. Paris, Hachette, 1888, in-8°.

266. CLÉMENT-SIMON. Histoire du collège de Tulle. Bulletin de la Société des lettres, sciences et arts de la Corrèze, 1890.

267. COLOMB. Plan raisonné d'éducation publique pour ce qui

1. Nous devons les plus grands services pour ces recherches sur l'enseignement à la liste des Histoires des lycées et collèges donnée par M. Lanson au tome I de son Manuel bibliographique de la littérature française moderne.

regarde la partie des études. Avignon, Paris, Rozet, 1762, in-24.

268. COMPAYRÉ (G.). Histoire des doctrines de l'éducation. Paris, 1880, 2 vol. in-8°.

269. COYER (ABBÉ G.-F.). Plan d'éducation publique. Paris, Duchesne, 1770, in-12.

270. CRÉGUT. Histoire du collège de Riom. Revue d'Auvergne, 1903.

271. CREVIER (J.-B.-L.). De l'éducation publique. Amsterdam, 1762, in-12 (2 éditions).

272. DELFOUR (J.). Les Jésuites à Poitiers. Paris, Hachette, 1902.

273. DELFOUR (J.). Histoire du lycée de Pau. Pau, 1890, in-8°.

274. DEVIENNE (DOM AGNEAUX). De l'éducation et les moyens de l'exécuter. Londres, Paris, Crapart, Eme, 1775, in-8°.

275. DREYFUS (A.). Monographie du collège d'Épinal. Annales de la Société d'émulation du département des Vosges, 1901.

276. EMOND (G.). Histoire du collège de Louis-le-Grand. Paris, Durand, Loisel, 1745, in-8°.

277. FEUVRIER (J.). Le collège de l'Arc à Dôle. Dôle, Chaligne, 1887, in-12.

278. FILASSIER (ABBÉ J.-J.). Eraste ou l'ami de la jeunesse. Nouv. éd., Paris, Vincent, 1774, in-8° (1re éd., 1773).

279. Le même. Même ouvrage, 5e édition. Paris, Méquignon, 1803, in-8°.

280. FLEURY (CL.). Traité du choix et de la méthode des études. Paris, 1740, in-12.

281. FROMAGEOT (ABBÉ). Cours d'études des jeunes demoiselles. Paris, Vincent, 1772-1775, 8 vol. in-12.

282. GARDÈRE (J.). L'instruction publique à Condom sous l'ancien régime. Auch, Foix, 1889, in-8°.

283. GAULLIEUR (E.). Histoire du collège de Guyenne. Paris, Sandoz et Fischbacher, 1874, in-8°.

284. GENLIS (Mme DE). Adèle et Théodore. Paris, Maradan, 1801, 4 vol. in-12.

285. GODARD (CH.). Essai sur le gymnase de Montbéliard. Mémoires de la Société d'émulation de Montbéliard. T. XXIII, 1893.

286. Le même. Histoire de l'ancien collège de Gray. Gray, Roux, 1887, in-12.

287. GOSSE (ABBÉ). Exposition raisonnée des principes de l'Université relativement à l'éducation. Paris, Buisson, 1788, in-8°.

288. GOSSELIN. Plan d'éducation, en réponse aux Académies de Marseille et de Châlons. Amsterdam, 1785, in-8°.

289. GRIVEL. Théorie de l'éducation. Paris, Moutard, 1775, 3 vol. in-12 (2 ou 3 éditions).

290. HAMEL (CH.). Histoire de l'abbaye et du collège de Juilly. Paris, Gervais, 1888, in-8°.

291. JACQUIER (E.). Le collège de Vitry-le-François. Vitry, l'auteur, 1897, in-8°.

292. LA CASE (DE). Lettre sur le meilleur moyen d'assurer le succès de l'éducation. Paris, Guérin et Delatour, 1764, in-12.

293. LA FARE (DE). Le Gouverneur ou essai sur l'éducation. Londres, Nourse, Paris, Desaint, 1778, in-12.

294. LALLEMAND (P.). Histoire de l'éducation de l'ancien Oratoire de France. Paris, Thorin, 1888, in-8°.

295. LANTOINE (H.). Histoire de l'enseignement secondaire en France au XVII° siècle. Paris, Thorin, 1874, in-8°.

296. LE ROY (ABBÉ CHR.). Lettre d'un professeur émérite de l'Université de Paris, en réponse au R. P. D. V... sur l'éducation publique, au sujet des exercices de l'abbaye royale de Sorrèze. Bruxelles, Paris, Brocas, 1777, in-8°.

297. LUNET (B.). Histoire du collège de Rodez. Rodez, Broca, 1881, in-8°.

298. MARTIN (E.). L'Université de Pont-à-Mousson, Paris, Nancy, Berger-Levrault.

299. MAUBERT DE GOUVEST. Le temps perdu ou les écoles publiques. Amsterdam, Changuion, 1765, in-12.

300. MAUDRU (J.-B.). Réflexions sur l'éducation. 2° éd., Paris, Bleuet, 1792, in-8° (1re éd. 1778).

301. MIREMONT (Mme DE). Traité de l'éducation des femmes et cours complet d'instruction. Paris, Pierres, 1779-1789, 7 vol. in-8°.

302. NAVARRE (LE R. P.). Discours qui a remporté le prix par le jugement de l'Académie des Jeux floraux en l'année 1763, sur ces paroles : « Quel serait en France le plan d'études le plus avantageux ? » S. l. n. d., in-12.

303. PAUMÈS (B.). Le collège royal et les origines du lycée de Cahors. Cahors, Girma, Brassac, 1907, in-8°

304. PESSELIER. Lettres sur l'éducation. Paris, Bauche, 1762, in-12.

305. PHILIPON DE LA MADELAINE. De l'éducation des collèges. Londres, Paris, Moutard, 1784, in-12.

306. PHILIPPE (Dr J.). Un précurseur : J. Verdier. Revue pédagogique, 15 avril 1910.

307. PIONNIER (E.). Le collège de Verdun. Verdun, 1906, in-8°.

308. PONCELET (ABBÉ A.). Principes généraux pour servir à l'éducation des enfants, particulièrement de la noblesse française. Paris, Le Mercier, 1763, in-12.

309. ROCHEMONTEIX (C. DE). Un collège de jésuites aux XVII° et XVIII° siècles. Le collège Henri IV de la Flèche. Le Mans, 1889, 4 vol. in-8°.

310. ROLAND D'ERCEVILLE (B.-G.). Recueil de plusieurs ouvrages de M. le président Roland. Paris, Simon et Nyon, 1783, in-4°.

311. ROLLIN. De la manière d'enseigner et d'étudier les belles-lettres, 3ᵉ éd. Paris, Estienne, 1730, 4 vol. in-12.

312. SERANE (PH.). Théorie de l'éducation. Paris, l'auteur et Delalain, 1787, in-12.

313. SERRES DE LA TOUR. Du bonheur. Londres, Paris, Dufour, 1767, in-8°.

314. SICARD (A.). Les études classiques avant la Révolution. Paris, 1887, in-12.

315. SUTAINE. Plan d'études et d'éducation, avec un discours sur l'éducation. Paris, Lottin, 1764.

316. TRANCHAU (L.-H.). Le collège et le lycée d'Orléans. Orléans, Herluison et Michau, 1893, in-4°.

317. UZUREAU (F.). L'enseignement secondaire en Anjou. Mémoires de la Société nationale d'agriculture, sciences et arts d'Angers, 1902.

318. VAURÉAL (COMTE DE). Plan ou Essai d'éducation général et national. Bouillon, Paris, Société typographique, 1783, in-8°.

319. VERDIER (J.). Cours d'éducation à l'usage des élèves destinés aux premières professions et aux grands emplois de l'État. Paris, l'auteur, Moutard, Colas, 1777, in-12 (2 éditions).

320. VILLENEUVE-GUIBERT (G.). Le portefeuille de Mᵐᵉ Dupin. Paris, 1884.

321. WANDELAINCOURT (H.). Cours d'éducation pour les écoles du premier âge. Paris, Ancelle, 1801.

322. Le même. Cours d'éducation pour les écoles du second âge. Paris, Ancelle, 1802.

323. XAMBEU. Histoire du collège de Saintes. Recueil de la Commission des arts et monuments historiques de la Charente-Inférieure, 1886.

324. L'Élève de la raison et de la religion ou Traité d'éducation physique, morale et didactique. Paris, Barbou, 1773, 4 vol. in-12.

325. Le livre des enfants et des jeunes gens sans études, ou Idées générales des choses qu'ils ne doivent pas ignorer. Nouv. édit. pub. par Feutry. Paris, Berton, 1781, in-24.

326. Mémoire du bureau servant de la communauté de Rennes sur le nouveau plan d'éducation demandé par arrêt de la Cour du 23 décembre 1761. Rennes, Vatar, 1762, in-12.

III. — Publications périodiques.

Pour tous détails, nous renvoyons à la *Bibliographie* de Hatin. Les difficultés du travail en province et le nombre considérable des périodiques au XVIIIᵉ siècle ne nous ont permis de dépouiller complètement que les plus importants d'entre eux. Nous mettons entre parenthèses ceux qui n'ont été étudiés qu'en partie.

327. (Annonces, affiches et avis divers. Affiches de Paris.)

328. (Linguet. Annales politiques, civiles et littéraires du xviiiᵉ siècle.)

329. Fréron. Année littéraire (jusqu'à la mort de Fréron, 1776).

330. Le Clerc. Bibliothèque ancienne et moderne.

331. *Le même*. Bibliothèque choisie.

332. La Roche. Bibliothèque anglaise.

332 *bis*. Desmaizeaux, etc. Bibliothèque britannique.

333. Bibliothèque annuelle et universelle (Paris, Le Mercier, t. III, 1753).

334. Grimm, Diderot, etc. Correspondance littéraire pub. par M. Tourneux. Paris, 1877-1882, 16 vol. in-8°.

335. Leroux. Journal d'éducation.

336. (Journal de Paris.)

337. (Journal de Trévoux.)

338. Journal des dames.

339. Journal des savants.

340. Journal encyclopédique.

341. Desfontaines, etc. Le nouvelliste du Parnasse.

342. *Le même*. Observations sur les écrits modernes.

343. *Le même*. Jugements sur quelques ouvrages nouveaux.

344. La Roche. Mémoires littéraires de la Grande-Bretagne.

345. Mercure de France.

346. Nouvelles ecclésiastiques.

347. Nouvelles de la République des Lettres.

348. Abbé de La Porte. Observations sur la littérature moderne.

IV. — Divers.

349. Addison, etc. Le Spectateur ou le Socrate moderne (traduction française, 6ᵉ édition. Amsterdam, Wetsteins et Smith, 1744, 6 vol. in-12).

350. D'Argens (Marquis). Lettres juives, nouv. éd. La Haye, Paupie, 1754, 8 vol. in-16 (6 éditions).

350 *bis*. *Le même*. Lettres chinoises. La Haye, Paupie, 1739, 6 vol. in-8°.

351. Arnaud et Suard. Variétés littéraires. Paris, Lacombe, 1768, 4 vol. in-12.

352. Barruel (Abbé). Les Helviennes ou Lettres provinciales philosophiques, 6ᵉ édition. Paris, Méquignon et Boiste, 1823, 4 vol. in-12 (1ʳᵉ édition, 1781. Éditions suivantes successivement augmentées. 7ᵉ édition, 1830).

353. Baston (Abbé). Mémoires pub. par Loth et Verger. Paris, Picard, 1897, 3 vol. in-8°.

354. Bérenger (L.-P.). Soirées provençales. Paris, Nyon, 1787, in-12 (3 éditions).

355. BOUDIER DE VILLEMERT. L'ami des femmes, s. l., 1758. in-12 (6 ou 7 éditions).

356. BOULANGER (N.-A.). L'antiquité dévoilée par ses usages. Amsterdam, Rey, 1766, in-4° (4 éditions).

357. BRISSOT. Mémoires pub. par Cl. Perroud. Paris, Picard, 1910, 2 vol. in-8°.

358. BROSSES (*Président* DE). Lettres familières écrites d'Italie en 1739 et 1740, 4° édition. Paris, Didier, Perrin, 1885, in-12.

359. CHAMFORT. OEuvres pub. par Augier. Paris, Chaumerot, 1824.

360. CHÉNIER (A.). OEuvres poétiques. Paris, Lemerre, 1899, 2 vol. in-12.

361. CLÉMENT (J.-M.). Seconde lettre à M. de Voltaire. La Haye, Néaulme, 1773, in-8°.

362. CLÉMENT (P.). Les cinq années littéraires. Berlin, 1755, 4 vol. in-12 (2 éditions).

363. COLLÉ (CH.). Journal et Mémoires, pub. par H. Bonhomme. Paris, Didot, 1868, 3 vol. in-8°.

364. CONDILLAC. OEuvres complètes. Paris, Lecointe et Durey, Tourneux, 1821, in-8°.

365. COYER (ABBÉ). La découverte de l'Ile frivole. Pegu, DDCCL, in-8° (3 éditions).

366. DARD (E.). Hérault de Séchelles. Paris, 1907, in-8°.

368. DIDEROT. OEuvres complètes pub. par J. Assézat et M. Tourneux. Paris, Garnier, 1875, in-8°.

369. DU DEFFAND (Mme). Correspondance complète avec la duchesse de Choiseul, etc , pub. par de Sainte-Aulaire, nouv. éd. Paris, Lévy, 1866, 3 vol. in-8°.

370. GALIANI. Correspondance avec Mme d'Epinay, Necker, etc., pub. par Perey et Maugras. Paris, Calmann-Lévy, 1881, 2 vol. in-8°.

371. FLORIAN. Lettres à Mme de la Briche (Mélanges publiés par la Société des Bibliophiles français). Paris, 1903.

372. FONVIELLE (*Chevalier* B. F.). Mémoires historiques. Paris, 1824, 4 vol. in-8°.

373. FRÉNILLY (BARON DE). Souvenirs pub. par A. Chuquet. Paris, 1908, in-8°.

374. GALIANI (F.). Correspondance pub. par L. Perey et G. Maugras, 2° édition. Paris, Calmann-Lévy, 1885, 2 vol. in-8°.

375. GAMACHES (DE). Dissertations littéraires et philosophiques. Paris, de Nielly, 1755, in-12.

376. HAREL (LE R. P. E.). La vraie philosophie. Strasbourg, Paris, Guillot, etc., 1783, in-8°.

377. HAUSSONVILLE (D'). Le salon de Mme Necker. Paris, 1882, in-12.

378. HAYER ET SORET. La Religion vengée ou réfutation des auteurs impies. T. XIV. Paris, Hérissant, 1761, in-12.

379. HÉNAULT. Mémoires (recueillis et mis en ordre par de Vigan). Paris, Dentu, 1855, in-8°.

380. HÉRAULT DE SÉCHELLES. Voyage à Montbard (Préface de A. Aulard). Paris, Jouaust, 1890, in-12.

M. Nadault de Buffon et Flourens (n° 86, p. LXXIV), en s'appuyant sur lo témoignage d'Humbert-Bazile (n° 113, p. XII-XIII, note) ont contesté la véracité d'Hérault de Séchelles. Il n'aurait même pas vu Buffon et tiendrait ses renseignements du P. Ignace ou de son imagination. M. Dard (n° 366, pp. 46-48, 55-57) a prouvé qu'Hérault vit Buffon deux jours et qu'il se renseigna à Semur chez l'avocat Godard, familier de Buffon.

381. HÉRICAULT (CH. D'). Mémoires de mon oncle. Paris, Didier, 1875, in-8°.

382. HESPELLE (ABBÉ). La Théotrescie ou la seule véritable religion démontrée, etc. Paris, Hérissant, 1780, 2 vol. in-12 (2 éditions).

383. JUSSERAND (J.-J.). Shakespeare en France sous l'ancien régime. Paris, Colin, 1898, in-12.

384. KEIM (A.). Helvétius, sa vie et son œuvre. Paris, Alcan, 1907, in-8°.

385. LA DIXMERIE. L'Ile taciturne et l'Ile enjouée. Amsterdam, Arkstée et Merkus, 1759, in-18.

386. LA TOUR DU PIN (MARQUISE DE). Journal d'une femme de cinquante ans. Paris, t. I, 1907, in-4°.

387. LE BRUN. Œuvres pub. par Ginguené. Paris, Warée, 1811, 3 vol. in-8°.

388. LEZAY-MARNEZIA. Plan de lecture pour une jeune dame. Lausanne, Fischer et Vincent, etc., 2° éd. augmentée, 1800, in-8°.

389. MARMONTEL. Mémoires, pub. par M. Tourneux. Paris, Jouaust, 1891, 3 vol. in-12.

390. MÉNARD. Précis des lois du goût ou rhétorique raisonnée. Paris, Laporte, 1777, in-12.

391. MERCIER (L.-S.). Tableau de Paris. Amsterdam, 1782-1789, 12 vol. in-8°.

392. Le même. Mon bonnet de nuit. Neufchâtel, Société typographique, 1784, 4 vol. in-8°.

393. Le même. Songes philosophiques. Londres, Paris, 1768, in-8°.

394. MONTLOSIER (COMTE DE). Mémoires. Paris, Dufey, 1830, 2 vol. in-8°.

395. MOREAU (J.-N.). Nouveau mémoire pour servir à l'histoire des Cacouacs. Amsterdam, 1757, in-12.

396. Morellet. Mémoires sur le xviii⁰ siècle et sur la Révolution. Paris, Ladvocat, 1821, 2 vol. in-8°.

397. Necker (Mᵐᵉ). Mélanges extraits des manuscrits de
Mᵐᵉ Necker. Paris, Pougens, 1798, 3 vol. in-8°.

398. La même. Nouveaux mélanges. Paris, Pougens, Genets,
1801, in-8°.

399. Nonnotte (Abbé). Dictionnaire philosophique de la religion. S. l., 1772, 4 vol. in-12.

400. Norvins (J. de). Mémorial, pub. par de Lanzac de Laborie.
Paris, Plon, 1896, in-8°.

401. Palissot. OEuvres complètes. Liége, Paris, Bastien, 1778,
7 vol. in-8°.

402. Le même. La Dunciade, nouv. éd. revue, corrigée et
enrichie, etc. Londres, in-18 (9 éditions séparées).

403. Papon (Le P. L.). L'art du poète et de l'orateur. Lyon,
Périsse, 1766, in-12.

404. Pascal (J.-B.). Lettres semi-philosophiques du chevalier
de X... au comte de X... Amsterdam, 1757, in-12.

405. Pezay (Masson de). Soirées helvétiennes, alsaciennes et
franc-comtoises. Amsterdam, Paris, Delalain, 1771, in-12.

406. Pons (Abbé de). OEuvres. Paris, Prault, 1738, in-12.

407. Roland (Mᵐᵉ). Mémoires, pub. par Cl. Perroud. Paris,
Plon, 1905, 2 vol. in-8°.

408. Roucher. Les Mois. Paris, Quillau, 1779, 2 vol. in-4°.

409. Rousseau (J.-J.). OEuvres. Paris, Hachette, 13 vol. in-12.

410. Saint-Lambert. Les Saisons. Amsterdam, 1769, in-8°.

411. Saint-Pierre (Bernardin de). OEuvres pub. par Aimé-
Martin. Paris, Lefèvre, 1836, 2 vol. in-4°.

412. Sennemaur (Le P.) (d'après Barbier; le P. Castel, d'après
une note manuscrite sur l'exemplaire de la Bib. Nationale,
R. 19645). Pensées philosophiques d'un citoyen de Montmartre.
La Haye, 1756, in-12.

413. Thiéry (L.-V.). Guide des amateurs et des étrangers voyageurs à Paris. Paris, 1788, 2 vol. in-12.

414. Thomas (A.-L.). OEuvres complètes. Paris, Verdière,
1825, in-8°.

415. Tilly (Comte de). Mémoires. Paris, 1828, 3 vol. in-8°.

416. Tressan (Comte de). OEuvres, pub. par Campenon. Paris,
Nepveu, André, 1823, 10 vol. in-8°.

417. Vanière (Le P.). Economie rurale (traduction du Prædium
Rusticum par Berland d'Halouvry). Paris, Estienne, 1756, 2 vol.
in-12.

418. Voltaire. Lettres philosophiques. Édition critique avec
une introduction et un commentaire par G. Lanson. Paris, Cor-
nély, 1909, 2 vol. in-12.

419. *Le même*. OEuvres, pub. par L. Moland. Paris, Garnier, 1877-1882, 50 vol. in-8°.

420. L'Encyclopédie. Paris, 1751-1772, 28 vol. in-f°.

421. Journal d'un voyage de Genève à Paris par la diligence, fait en 1791. Genève, Paris, 1792, in-16.

422. Mémoires de l'Académie de Dijon, t. II. Paris, Lejay, 1774, in-8°.

RÉFÉRENCES

On trouvera la description complète des volumes en se reportant d'après le nom de l'auteur et l'ordre alphabétique à l'une des divisions de notre bibliographie. Lorsqu'il y a plusieurs ouvrages du même auteur nous ajoutons le numéro distinctif.

PREMIÈRE PARTIE. — CHAPITRE I

P. **1** : Pluche (180), t. I, p. 515. — P. **2** : Condorcet, dans son *Essai sur les progrès...*; Tressan, *Souvenirs*, Versailles, 1897, p. 65. — P. **3** : Rousseau (320), p. 412; Diderot, t. II, p. 11; Le Clerc (330), t. XII, p. 410; t. XVIII, p. 59, 194; (331), t. XX, p. 151, 163, 420; t. XXI, p. 277; *Bib. britan.*, 1er trim., 1734, p. 272; 2e trim., p. 222; 2e trim., 1736, p. 428, etc., etc.; *Mercure*, août 1747, p. 37, 91; janvier 1749, etc...; Desfontaines (341), t. I, 1731, p. 95; (342), t. XX, p. 187. — P. **4** : Deluc, t. II, p. 202; Dezallier (64), p. 3; Gersaint, p. vi (et *Mercure*, oct. 1734, p. 2268); *Mercure*, 1727, p. 1295; les cabinets dans Dezallier (64), ch. x et Gersaint, p. 30. — P. **5** : d'Argens (350 *bis*), t. II, p. 194; Bonnet, t. I, p. vi; Trembley (223), t. I, p. 5; Nollet (166), p. xiv. *Ajouter* : Bourguet, p. xiv; Simon, t. I, p. ix; Brisson (28), p. vii. *Voir* Saverien (205), t. VIII, p. 253; Réaumur, t. IV, p. xxxiii; *J. des Sav.*, 1734, p. 121, 183, 247, 568, etc...; Desfontaines (342), t. VIII, p. 97; t. XI, p. 241, etc...; *Mercure*, 1729, t. I, p. 25; 1735 (15 juin), p. 1330; *J. Encycl.*, 15 mai 1764, p. 142; 1er juin, p. 42. *On trouvera par contre des attaques dans* : Voltaire, t. XVII, p. 27; t. XXI, p. 37; Deslandes (édit. de 1750), p. 227; Linguet (328), t. VI, p. 410; Geoffroy, t. I, p. xix; P. Clément, t. II, p. 189. — P. **6** : Desfontaines (342), t. XIII, p. 141; Réaumur, t. IV, p. xxvi; Pluche (180), t. I, p. 3. — P. **7** : Bourguet (27), p. vii; Bertrand (22), p. 16; (21), p. 29; *Mercure*, 1736, p. 2320; Gersaint, p. v; *Mercure*, juin 1722, fév. 1748, 1er et 15 juin 1748, nov. 1748, juillet 1749, oct. 1753, mars 1754, etc.; *J. de Verdun*, mai 1748, sept. et oct. 1749; Nogaret, p. 8. — P. **9** : Voltaire, t. XXXIII, p. 311; Diderot, t. IV, p. 23; Tressan, t. IX, p. 347; Mme Roland, t. II, p. 82; *ajouter* Desfontaines (342), t. II, p. 225; Nollet (166), p. xxxiv; Rousseau, t. III,

p. 44; Brissot, p. 33; *J. des Dames*, juillet 1762, p. 91; Montlosier, t. I, p. 8. — P. 10 : Desfontaines (342), t. II, p. 237; t. VIII, p. 98; t. XIII, p. 141; t. XVII, p. 212; *J. Encycl.*, 15 août 1773, p. 135; *Mercure*, 1732, p. 2343; 1733, p. 22; *J. des Sav.*, 1739, p. 579.

CHAPITRE II

P. 13 : Nollet (167), p. LXIII; Pluche (180), t. I, p. XVII. — P. 14 : Alléon, p. v; *J. Encycl.*, 1ᵉʳ nov. 1773, p. 386; *J. des Sav.*, 1705, p. 248; 1724, p. 442; 1731, p. 79, etc... — P. 15 : le chien et le basilic dans le *J. des Sav.*, *loc. cit.*; les roses, etc., dans Vallemont, t. I, ch. VII; dans *J. Encycl.*, 1ᵉʳ nov. 1773, p. 386 et *Mercure*, sept. 1781, p. 82; les eaux dans *Principales merveilles*, p. XXIII et suiv. — P. 16 : Martin, p. 49, 63, 66; Bougeant, t. III, p. 450, 565; *J. Encycl.*, 1ᵉʳ oct. 1764, p. 112; Dezallier dans *J. des Sav.*, 1755, p. 434; *J. Encycl.*, 1ᵉʳ juil. 1757, p. 85; 1ᵉʳ oct. 1762, p. 52. — P. 17 : *Mercure*, 15 av. 1769, p. 157; Alléon, t. III, p. 95; la Palingénésie dans Vallemont, t. I, ch. x, et Grozellier (25), t. IV; voir *Mercure*, 1ᵉʳ août 1771, p. 75. — P. 18 : voir Bourguet (26), p. IX. — P. 19 : Le Clerc (331), t. XVII, p. 165; *Encyclopédie*, art. *Fossiles*; sur le fossile de Tonna : Carus, p. 367. — P. 20 ; Sur Langy, etc., voir Maillet, t. II, p. 35; Bertrand (22), p. 34; *Mercure*, 1725, p. 877. — P. 21 : Le Cat dans *Mercure*, 15 juin 1748, p. 33; *J. de Verdun*, mai 1748, sept., oct. 1749; Deluc, t. II, p. 179; Pierquin dans *Mercure*, 1729, p. 926; Mutian, etc., dans Robinet, t. I, p. VII; Marsigli, p. VII. — P. 22 : *J. des Sav.*, 1705, p. 244; Leclerc (331), t. XI, p. 373; t. XIII, p. 351; Robinet, t. II, ch. XV et suiv.; Bougeant, t. II, p. 106; Voltaire, t. XXVII, p. 148. — P. 23 : *Essai*, t. II, p. 251; Torrubia dans Alléon, t. II, p. 328; *J. Encycl.*, 1ᵉʳ avril 1768, p. 72; 1ᵉʳ mai, p. 96; Mercier (392), t. I, p. 23; Dicquemare dans 258, t. VII, p. 41; pour Voltaire, voir : t. XX, p. 240; XXI, 331; XXIII, 222; XXV, 166; XXVI, 405; XXVII, 128, 145, 222; XXX, 516; XL, 329; XLIII; 238 et *Revue bleue* : 16 sept. 1905. — P. 25 : *J. Encycl.*, 15 nov. 1774, p. 12; Roucher, t. II, p. 238; *Corr. litt.*, t. VII, p. 380; le Roy dans ses *Réflexions sur la jalousie*, Amsterdam, 1772, in-8°. — P. 27 : Bougeant, t. III, p. 168; *J. des Sav.*, 1747, p. 372; *Encyclopédie*, art. Terre (couches de la); Maillet, t. I, p. XVII.

CHAPITRE III

P. 30 : B. de Saint-Pierre, t. II, p. 130. — P. 31 : Hayer, t. XIV, p. 321. — P. 32 : Boissy, t. I, p. III; Mercier (392), t. II, p. 14; les citations latines dans Geoffroy (95), t. I, p. XXXI et la Chesnaye (8), t. I, p. 4. — P. 33 : Réaumur, t. I, p. 4; Dezallier

(65), p. 3. *Ajouter : Observations* (250), p. xiii; *Mémoires* (344),
t. VIII, p. 457; *Bibliothèque* (332), t. IX, p. 231); *Mercure*, 1730,
p. 1608; abbé Hespelle, t. I, p. 67; le biographe Loriquet, p. 209;
Pluche (180), t. I, p. 341 et (182), p. xv. — P. 34 : Musschenbrœk
(162), p. 31; Nollet (166), p. xxxv et (167), p. xli; Bonnet, t. I,
p. viii, xxxi; Spallanzani (215), p. xxxix; Trembley (224);
B. de Saint-Pierre, t. I, p. 128; *J. des Sav.*, 1786, p. 270. *Ajouter* :
Desfontaines (342), t. XXXII, p. 169; le Clerc (331), t. XI, p. 361
et (330), t. XXVII, p. 149; *Mercure*, 1er septembre 1751, p. 148,
1er oct. 1773, p. 56; Anderson, p. xxii; Hayer, t. XV, lettre XI;
Bertrand (21), p. xxiv; Privat, t. IV, 6e leçon; les dédicaces des
livres de Buc'hoz à Dieu, Jésus-Christ, etc.; *Principales merveilles*,
Préface. — P. 35. *Ajouter* : Clément de Boissy, t. I, n° 6; Cotte
(50), p. vi; Beaurieu (16), t. I, p. 20; Regnault, p. vii; Sérane,
p. 155; *J. Encycl.*, 1er fév. 1760, p. 59 et Leclerc de Montlinot,
p. xxxix. — P. 36 : Diderot, t. I, p. 132, 311. — P. 37 : Réaumur
dans Hénault, p. 28; Deslandes dans *Année littéraire*, 1757, t. V,
p. 163; Tressan, t. IX, p. 361; Montesquieu dans *Corr. litt.*, t. XI,
p. 281. — P. 38 : Pluche, t. VIII; Bertrand (22), 1er Mémoire;
Scheuchzer, *Préface*, p. iii; Regnault (191), t. I, p. vii; Joblot,
ch. xviii; *Nouveau Dictionnaire*, p. 142; Bertrand (22), p. 45;
J. des Sav., 1755, p. 864. — P. 39 : Klein dans *J. des Sav.*, 1755,
p. 79; Voltaire, t. XXVI, p. 69; Denyse, 1re partie, ch. iv. —
P. 40 : Bourguet (26), p. 218; *An. litt.*, 1767, t. IV, p. 86; Swammerdam dans Carus, p. 316; *J. Encycl.*, 1er sept. 1766, p. 39. —
P. 41 : *J. Encycl.*, fév. 1756, p. 74; *Mercure*, juil. 1751, p. 151;
Viet, p. 6; B. de Saint-Pierre, t. I, p. 184, 261, 267, 384, 385, 578,
II, 264, 281; *Mercure*, août, 1785, p. 102. — P. 42 : Guys dans
B. de Saint-Pierre, t. II, p. 616; J.-B. Rousseau dans Feller (84),
p. 242. — P. 43 : Cotte (50), p. 11; *Bibl. anglaise*, t. II, p. 437,
t. III, p. 410; Needham, p. 69, 182; Maillet, t. II, p. 226; Feller
(83), p. 306; Bourguet (27), p. xiv; *An. litt.*, 1756, t. II, p. 267. —
P. 44 : Nieuwentyt, p. 658; Rollin, t. IV, p. 360; *J. des Sav.*, 1729,
p. 123; Mauny dans *Mercure*, 1728, p. 14, 22; Brancas dans
Laporte (348), t. III, supplément, p. 191 et *Mercure*, 1er juillet 1745,
p. 126, 1er oct., p. 78. — P. 45 : Leclerc, p. 1; La Perrière, t. III,
ch. xvi; pour les éloges voir *Bibliographie*; sur les vers voir
Carus, p. 363. — P. 46 : Bourguet (27), p. vii; *Encyclop.*, Art.
Déluge. *Ajouter* : Hartsœker, *Conjectures physiques*, Amster-
dam, 1706; Bertrand (22), p. 74; Duchesne (70), t. I, p. 226;
Bougeant, t. III, p. 156; Dezallier (64), p. 389, Schmidt, p. 16;
J. Encycl., 1er sept. 1757, p. 86, 1er mai 1769, p. 449; B. de Saint-
Pierre, t. I, p. 180. — P. 47 : La Perrière, t. III, p. 379; Bertrand
(22), p. 74. — P. 48 : Voltaire, t. XXXIV, p. 451; Martin, p. 268;
Prades dans Diderot, t. I, p. 436. — P. 49 : note, Carré, p. 253;

Delfour (272), p. 198. — P. **50** : Needham dans Spallanzani (214),
p. 213. — P. **51** : Needham (214), p. 1, 82; Mme Necker (377),
t. II, p. 325; *J. des Sav.*, 1779, p. 501. — P. **52** : Humbert, p. 49;
Godard dans *J. de Paris*, 3 et 4 mai 1788 ; voir Diderot, t. I, p. 482.
Sur la querelle de Buffon avec la Sorbonne voir le *Buffon* de
M. Hémon dans l'*Histoire de la littérature française* de Petit de
Julleville. — P. **53** : Mercier (391), t. I, p. 262. — P. **54** : Duhamel,
p. 41; Lefranc dans Morellet, t. I, p. 85; Collé, t. I, p. 256; Torrubia dans Alléon, t. II, p. 335; Prades dans *Apologie de M. l'Abbé
de Prades*, 1752, t. I, p. 17; l'évêque dans Diderot, t. I, p. 457;
Feller (83), l. I; Moreau, p. 30. *Ajouter : Aff. de Province*, 1780,
p. 15; *de la Religion par un homme du monde*. Paris, Moutard, 1788,
t. II, 3e partie. — P. **55** : Royou, p. 77; Feller (84), p. 247; Barruel,
t. I, p. 136. — P. **58** : Pascal, t. II, p. 4; Woodward, p. 8; Deluc,
t. I, p. 243, t. V, p. 630. — P. **60** : *J. Encycl.*, 1er oct. 1757, p. 4;
Needham (214), p. 3, 9, 16. — P. **61** : *Encycl.*, Art. Fossile;
Lehmann, t. III, p. VI, 192; Bonnet dans Perrier, p. 42. — P. **63** :
Pluche (80), t. I, p. 260 et (181), t. I, p. 440; Réaumur, t, VI,
p. LXVII; Nollet (167), p. LX. — P. **64** : Diderot, t. I, p. 457, t. II,
p. 46; Laporte (348), t. III, p. 191; Maillet, t. I, p. CXVII. — P. **65** :
Scheuchzer, t. I, p. VI; Nollet (167), p. XXIII; Needham (214),
p. XIV, 31; *An. litt.*, 1759, t. VIII, p. 101; Marivetz, t. I, p. CXII.
— P. **66** : Deluc, t. I, p. 24; Hayer, t. XVIII, p. 166; Boufflers dans
Corr. litt., t. XIII, p. 244. — P. **67** : Needham, p. XVI; Dezallier
(64), p. XIII; Buc'hoz dans *Dissertation en forme de Prospectus sur
la liaison qui se trouve dans les trois règnes*. Paris, 1789, p. 13;
Paulian (172), p. V; L. Racine cité par Dulard, p. 7; Hayer,
t. XVII, p. 272; Laporte, t. III, p. 191; Barruel, t. I, p. 323-356
et *passim*. — P. **69** : Fontanes dans B. de Saint-Pierre, t. II, p. 620.

DEUXIÈME PARTIE. — CHAPITRE I

P. **75** : Pluche (181), t. II, p. 419 et *Mémoire....* (326), p. 21;
Encyclopédie, art. *Expérimental*; Héricault, p. 23. — P. **76** : Lamy
dans Sicard, p. 232; Denyse, *Préface* (sans pagin.); l'autre cita-
tion dans *J. Encycl.*, 15 déc. 1768, p. 50-51. — P. **77** : Fleury,
ch. XIII et XIX; Pluche (181), t. II, p. 413; Diderot dans l'*Encycl.*,
Art. *Scolastique* et t. III, p. 435; d'Alembert dans l'*Encycl.*, art.
Expérimental et art. *Collège*; *Corr. litt.*, t. V, p. 80. — P. **78** :
Trembley (224), t. I, p. XXI; Childrey, *Préface*; *Nouveau diction.
Préface*; Tressan, t. IX, p. 346; *Observations*, 1757, *Préface*, p. 8;
Fromageot, t. I, p. LIV; Gosse, p. 65. — P. **79** : *Mémoire...*, p. 21;
Crousaz, etc... dans Sicard, p. 196, 243; Chamfort, t. I, p. 110;
Vauréal, p. 90; Maubert, p. 22; Condillac, t. XIV, p. 589;

J. Encycl., 1er oct. 1777, p. 158; Vanier, voir *Mercure*, sept. 1763,
p. 110. — P. **80** : Condillac, ch. ii; d'Argens (350), t. I, p. 130;
Deslandes, p. 86. — P. **81** : Denyse, p. 1; le Clerc, t. II, p. 78;
t. V. p. 283; t. VIII, p. 255; t. IX, p. 361; t. X, p. 364; La Caze,
p. 395. — P. **82** : *Mercure* de Novembre, voir *An. litt.*, 1761, t. VI,
p. 120; *J. des Sav.*, 1785, p. 56; Rabiqueau, p. 279. — P. **83** : *Elé-
ments* dans *Mercure*, 1er janv. 1772, p. 92; Jansau dans *J. Encycl.*,
1er oct. 1772, p. 17; du Chastel dans l'*Ame de l'univers physique*,
Liége, Bouillon, Paris, 1776; *Dissertations...* dans *J. Encycl.*,
15 mars 1775, p. 133; *la Nature dévoilée...* Paris, Edme, 1772;
Eutrope..., Paris, Humaire, 1783. — P. **84** : Deshayes, Paris,
Didot; Hartsœker (108); Mairan dans *Corr. litt.*, t. IX, p. 255;
d'Argens (350 *bis*), t. I, p. 135; et *Mémoires secrets...* lettres 11
et 12; Desfontaines (342), t. XX, p. 255; t. XV, p. 49, 214; Mercier
(392), p. 107. Ajouter : La Porte (348), t. VI, p. 254; de Pontbriand
(184), p. iii; de Keranflech (117) et dans *An. litt.*, 1762, t. IV,
p. 35; Pons, p. 61; Baston, t. I, p. 165; Robien, p. 14; de Gamaches
(91); Gautier (92); de Pontbriand, p. 138; Delairas (52); *Lettre d'un
physicien sur la philosophie de Newton mise à la portée de tout le monde
par M. de Voltaire*, 1738, s. l.; *Amusements physiques sur le système
Newtonien*, Paris, Humblot (Voir *An. litt.*, 1760, t. III, p. 170); Paulian (173); Berthier (17), p. iii; Desmarais (63); la Perrière (129);
Lansac (128); Maupertuis dans *Corr. litt.*, t. IX, p. 255; Sigorgne (211)
et (212), p. 55. *Ajouter* : Morellet, t. I, p. 5 et 13; Mac-Laurin (144),
Saverien (205), p. 223; Deslandes (éd. de 1750), p. 196; Desfontaines
(342), t. XIX, p. 46; *J. Encycl.*, 1er août 1759, p. 136 et 1er fév.
1773, p. 493; Delisle (54); Toulouse dans Marmontel, t. I, p. 117,
113. — P. **85** : Angers dans Baston, t. I, p. 165; *J. Encycl.*, 1er août
1759, p. 136; Voltaire, t. XL, p. 159; Nollet (167), p. lxi. — P. **86** :
Corr. litt., t. III, p. 116, xiii, 158; Baillet, etc... dans Jusserand,
p. 106 et Voltaire, *Lettres philosophiques*, édition Lanson, t. I,
p. 159; *Spectateur* d'Addison, t. V, p. 424; II, 239; *Bib. raisonnée*
dans Lanson, *loc. cit.*; Saverien, t. III, p. 37; Voltaire, t. XVII,
p. 522; Condorcet. t. VI, p. 168, 596; Condillac, t. XIV, p. 571;
V, p. 186; B. de Saint-Pierre, t. I, p. 129; Buffon dans Hérault, p. 54;
Chamfort, t. I, p. 200; Saverien, t. III, p. 37; le Clerc (132),
p. xxxi; Navarre, p. xii. *Ajouter* : *J. d'éducation*, t. III, p. 84;
Childrey, *Préface*; *Nouveau dictionnaire*, t. I, p. 347; *Encyclopédie*,
art. *Expérimental* (d'Alembert); Diderot, t. I, 458, XIII, 133, XVII,
100 et toutes les *Pensées sur l'interprétation*; Gaullieur, p. 489. —
P. **87** : *Mercure*, sept. 1701, p. 92; Nollet dans *J. des Sav.*, 1738,
p. 624; (106), p. xxviii, xvi, viii; (167), p. xiii, ii, xlv; Marivetz,
t. I, p. xcvii; Toussaint (257), janvier 1757, p. 15; *An. litt.*, 1755,
t. VII, p. 290; (168), p. iv; *An. litt.*, 1763, t. ii, p. 42; Desfontaines (342), t. XIII, p. 137 et (343), t. I, p. 49; Marivetz, t. I,

p. xcvii. — P. **88** : Pagny dans (343), t. I, p. 56 et (342), t. XXVI, p. 24. — P. **89** : Brisson dans *An. litt.*, 1762, t. I, p. 202; Dicque-mare dans Anthiaume, p. 225; Delorme dans Brissot, t. I, p. 42; Guisard, Verdun, etc... dans Pionnier, p. 68; Uzureau, p. 262; Lunet, p. 127; Sigaud dans *J. des Sav.*, 1776, p. 171; Maubert, p. 123; Desfontaines (343), t. I, p. 50. — P. **90** : le démons-trateur dans Lantoine, p. 161; Rochemonteix, t. I, p. 183; Pluche (181), t. II, p. 414; Nollet (167), p. xiii; Reims, *ibid.*; Delor dans *Affiches*, 1760, p. 778; Sigaud dans *J. Encyc.*, 1er fév. 1767, p. 137; 1788 dans *J. des Sav.*, 1788, p. 540; Caradeuc, p. 129. — P. **91** : les cours de physique dans Godard, p. 57, 130; Bois-sonade, p. 123; Tranchau, p. 81; Gaullieur, p. 489; Hamel, p. 201; Ardenay, p. 15; Arnault, t. I, p. 63; Besnard, t, I, p. 108; la Reveillère, t. I, p. 18; Feuvrier, p. 110; Paumès, p. 71; Jac-quier, p..84; Simond, p. 201; Pionnier, p. 67; Carré, p. 244; Delfour, p. 268; Lallemand, p. 259; Bury, p. 64; Martin, p. 319; Lunet, p. 133; Loisel, p. 215; Dreyfus, p. 284. *Ajouter* : Sicard, p. 191; Crégut, p. 306; Rolland, p. 144; Delfour, p. 199. — P. **92** : d'Alembert dans *Encycl.* (art. Expérimental); *Nouv. dict.*, t. I, p. 349; *Corr. litt.*, t. XIII, p. 85; Philipon, p. 162. — P. **93** : Nollet (166), p. vi; Regnault, t. I, p. 2; *Bibliothèque*, t. II, p. 337; Philipon, p. 165; Nollet (167), p. x; *J. des Dames*, nov. 1761, p. 202; Miremont, t. II-IV. — P. **94** : Bertholon dans la Tour du Pin, t. I, p. 47. Pour Manuels voir *Bibliographie* et *Mercure*, 1er oct. 1762, p. 107; Voltaire, t. XXXVI, p. 97; Académie dans ses *Mémoires*, t. XVI. — P. **95** : Nieuwentyt, p. iii; Denyse, p. 1; Vallemont, *Préface*; *Principales...*, p. xxix; Bougeant, t. II, Avertissement. — P. **96** : Robinet, t. I, p. 5, II, ch. v; Marsilli, p. iv. — P. **98** : Condillac, t. II, p. 266; d'Alembert dans Le Roy (138), p. 102; Gamaches, p. xlviii; *J. Encyc.*, 1er juillet 1764, p. 122. — P. **99** : *J. des Sav.*, 1705, p. 241; Pluche (180), t. I, p. 522; Fontenelle dans *Mercure*, 1er août 1771, p. 71. — P. **100** : Lesage dans *J. des Sav.*, 1740, p. 19; Voltaire, t. XXXIV, p. 9; Nollet (166), p. iv; Deslandes (éd. de 1750), p. 187; Trévoux, janv. 1713, p. 68; Desfontaines (343), t. I, p. 49 et (342), t. V, p. 169, t. XIII, p. iii; Dulard, p. vii; Diderot, t. III, p. 436; Ber-thier, p. ix; Condillac, t. II, p. 260, VI, p. 162. — P. **101** : Harel, p. 27; Feller (83), p. 231. *Ajouter* : Hérissant, p. iii; Tressan, t. X, p. 16; Mercier (392), t. II, p. 15; Migeot dans Sicard, p. 197; Troyes dans Carré, p. 251. — P. **102** : Musschenbrœk (162), p. 17; Deslandes, p. 141; Pluche (180), t. I, p. 439; Voltaire, t. XXIII, p. 229; t. XXXVI, p. 44. — P. **103** : Leclerc (330), t. XXVII, p. 149; Cotes, p. 230; Bougeant, *Avertissement*; Bazin (12), p. ii; Mairan, p. v; Tressan, t. X, p. 71; Martin, t. I, ch. iv. -- P. **104** : Deslandes, p. 179, 232; Nollet (167), p. lxiii; Deluc, t. I, p. 341;

Bertrand, *Recueil de divers traités*, Avignon, 1766, p. 1; Condillac, t. XIV, p. 449; Cochet, p. v; Lambert, *Préface*; *J. Encycl.*, 15 fév. 1776, p. 5; *Mercure*, 1er janv. 1784, p. 26; Condillac, t. XIV, p. 449. — P. **105** : Nollet (167), p. LXVII; Bertier (17), p. IX; Mercier (392), t. IV, p. 59; *Encycl.* art. *Hypothèse*; Condorcet, t. VI, p. 217; Beaurieu (15), p. XXVII; Leclerc (132), p. XLVII; La Caze, p. 17; La Perrière, p. XXX. — P. **106** : la Chesnaye (7), p. XXIII; Geoffroy (95), p. X; Deluc, t. II, p. 490; Deslandes (éd. 1750), p. 232. — P. **107** : Nollet (167), p. LXXVII; Diderot, t. III, p. 359; Mairan, p. VIII; *Encycl.*, art. *Système*; Condillac, t. II, p. 289; Pluche (180), t. I, p. 459.

CHAPITRE II

P. **109** : Sur Deslandes voir la *Bibliographie*. Rapprocher les citations de Buffon de Deslandes, p. 40, 3, 10, 6; Buffon, t, II, p. 18. — P. **111** : Needham (163); Baker, p. 327; Buffon, t. I, p. 235; t. XXXIV, p. 149 et dans Flourens, p. XLVIII. *Ajouter* : t. XXXIV, p. 553, tout le tome XXXV. — P. **113** : sur Buffon, voir *J. de Paris*, 3 et 4 mai 1788; *Vie de Buffon* (256), Hémon (110). — P. **114** : Guyton dans Necker (397), t. II, p. 245; Buffon, *Hist. des minéraux*, Art. *diamant*, t. XII, p. I et *Des Animaux*, chap. IX. Addition; Flourens, p. 302. — P. **115** : Mme Necker (398), t. II. p. 9 et (397), t. I, p. 228; les molécules dans HumbertBazile. p. 70. — P. **116** : Loisel dans *Revue générale des sciences*, 1905, p. 15; Giard, ch. I; Depéret, p. 24; Martel, p. 208; de Launay, p. 23; Carus, p. 417. — P. **117** : Nollet (167), p. XCIII; Maupertuis (156), p. 108; *J. des Sav.*, 1779, p. 501; Leroy (138), p. 193; Duchesne (69), p. V; Buc'hoz dans *Mercure*, 15 juillet 1762, p. 87; Marivetz, p. 19; Vicq d'Azyr, p. 24. — P. **118** : Montesquieu. Lettre à Cerati, 24 nov. 1749; *J. Encyc.*, 1er juin 1759, p. 82; *Corr. litt.*, t. VI, p. 23 et t. I, p. 336; Cubières dans *Mercure*, 31 mai 1788, p. 197; Fontanes dans B. de Saint-Pierre, t. II, p. 619. — P. **119** : *J. Encyc.*, sept. 1764, p. 60; Rousseau, t. XI, p. 171; Sauri (204), t. I, p. III; Viallon, *passim*; Ray, *Table des auteurs*; *Corr. litt.*, t. IV, p. 163, 171; la Chesnaye, etc..., *passim*. — P. **120** : Taibout, p. 80; Marivetz dans *Mercure*, avril 1781, p. 176. *Ajouter* aux noms cités : Dutens (Recherches sur l'origine des découvertes attribuées aux modernes, Paris, 1767); Goldsmith dans *J. Encyc.*, 15 nov. 1774, p. 3; Montlosier, t. 1, p. 106; Johnston dans *Mercure*, sept. 1774, p. 102; Martin, t. I, p. 18; *Histoire...*, p. 185; Sennebier (215), p. 111; *Encyclopédie*, Art. *Montagnes*; Saverien (205), t. VII (et *Discours préliminaire*) et (206), p. 202. — P. **122** : Needham (214), p. 82; Condorcet (47), p. 17, 33, etc...; Nonotte, l. II, p. 95. — P. **123** : Bonnet dans *Corr. litt.*, 1er déc. 1759;

Ray, p. vii, 11, 677; Rouelle dans *Corr. litt.*, t. IX, p. 108; Romé,
(198) p. 1; *Corr. litt.*, t. III, p. 304, 113; t. IV, 138; V, 56; VI, 23;
Condillac, p. 63; de Lignac (135), *passim*. — P. **125** : Clément
(362), t. IV, p. 279; I, 256; Lamoignon, p. xiii; Tilly, t. I, p. 158;
Mercure, 1ᵉʳ mars 1769, p. 101. — P. **126** : Bertrand (23); Turgot,
t. II, p. 93; Gautier (257), t. IV, p. 202; Bernardin, t. I, p. 192;
voyageuse anonyme (421), p. 89. — P. **127** : Hérault, p. 29; Diderot, t. XIX, p. 39; Hume dans Flourens, p. lxxvii; Aude, p. 54;
Humbert, p. 12; Duhamel dans *Vie de Buffon* (256), p. 8; Galiani,
t. II, p. 289. — P. **129** : Condillac, t. III, p. 332.

CHAPITRE III

P. **134** : Needham, p. 206; Nollet (167), p. lviii; Deslandes,
Épigraphe et p. 41; Leclerc, p. xx-xxviii. — P. **135** : Diderot,
t. II, p. 349; Lamy, p. 300; Maillet, t. I, p. xviii; Robinet, t. I,
p. viii; *J. de Physique* (257), janv. 1757, p. 9; Deslandes, p. 54;
Nollet (167), p. xlvii; Dezallier (64), p. 1; Bertrand (21), p. xi;
Perrault (175). *Préface* (sans pagin.); Trembley (222) et (223), t. I;
de Lignac (137), p. 67; Deslandes, p. 50. — P. **138** : l'anecdote
dans Deluc, t. II, p. 356. — P. **139** : Deslandes, p. 65; Réaumur,
t. I, p. 25, vi, 51; Trembley (223), t. I, p. 2; Bonnet, t. I, p. xiv,
xxxix; Deslandes (éd. de 1750), p. 186, 191. — P. **140** : Poncelet,
p. 114; Tressan, t. X, p. 19; Boerhave dans Deslandes (éd. de 1750),
p. 192; Bonnet, p. xxviii; Bertrand, *Recueil de divers traités sur
l'hist. natur.*, Avignon, 1766, p. 66; Deslandes, p. 54. — P. **141** :
Dezallier (64), p. 3; Toussaint (257), janv. 1757, p. 4; Abat, p. x;
Leclerc, p. xliv. — P. **142** : Réaumur, t. III, p. xxvi; Perrault,
t. IV, p. 2; Pluche, t. I, p. 523, 542; Musschenbrœk (162), p. 10;
Baker, p. 337. — P. **143** : Buffon dans (253), t. VIII, p. 60. —
P. **144** : Nollet (167), p. lix; Dicquemare dans (258), t. VIII,
p. 375; Mᵐᵉ Necker (397), t. III, p. 110. — P. **145** : Vicq d'Azyr,
p. 27; Mᵐᵉ Necker (397), t. III, p. 56. — P. **146** : Buffon dans
(35), t. I, p. 45, 43, 63; (256), p. 49; (253), t. VIII, p. 64; (380), p. 15
45; (47), p. 63. — P. **149** : Pluche (180), t. I, p. iv, 523. — P. **150** :
Hayer, t. XIV, lettre 30; Hespelle, t. I, p. 56; Feller (83), p. 92;
Clément, t. III, 2ᵉ section, art. 1; Rivard, p. 235; Serane, p. 131.
— P. **151** : Buc'hoz : Dissertation en forme de prospectus sur la
liaison qui se trouve dans les trois règnes de la nature. Paris,
1789, p. 10. — P. **151** : Rollin, t. IV, p. 377; B. de Saint-Pierre,
t. I, p. 128, 291; Feller (83), p. 85. — P. **152** : Pluche (180), t. I,
p. 47, v, 189, 193; Feller (83), p. 88. — P. **154** : de Lacan,
p. 364; Clément de B., t. I, p. 4. — P. **155** : la Chesnaye (7),
t. I, p. ii; sur les *Études*, voir B. de Saint-P., t. I, p. 565, 720,
165. — P. **156** : *Corr. litt.*, t. XIV, p. 138; Lezay, p. 67. —

P. 157 : Feller (82), p. 45; Diderot, t. II, p. 53; *Corr. litt.*, t. IV, p. 136; Buffon, *du Cochon*. — **P. 158** : Réaumur, t. I, p. 25; Voltaire, t. XXI, p. 555; Deslandes, p. 300. — **P. 160** : Linguet (328), t. I, p. 70; Pluche (180), t. I, p. 475; Pagny dans (327), 1757, p. 6. — **P. 161** : *Bibliothèque...*, t. IX, 1731, p. 221; Desfontaines (342), t. XXXII, p. 169; *Mercure*, 1er juillet, p. 108; *Année*, t. I, p. 174; Hayer, t. XIV, p. 319; Navarre, p. 31; Philipon, p. 158; Condom dans Gardère, p. 148; Alléon, t. I, p. VII. — **P. 162** : Leclerc (132), p. XLI; Buc'hoz (32), p. 86; Musschenbrœk (161), p, 17-21 (162), p. 22. — **P. 163** : Réaumur, t. IV, p. XXIX; Astruc, p. IV; Coakley, p. I; Bertrand (23), p. 190. — **P. 164** : Diderot, t. III, p. 461; Condillac, t. XIV, p. 587. — **P. 165** : Desfontaines (342), t. XXXII, p. 169; *Entretiens...*, par Ladvocat; *Mélanges* par de la Caze; Pluche (180), t. I, p. XXI. — **P. 166** : *Mercure*, fév. 1751, p. 105; nov. 1770, p. 121; le P. Cotte, p. 12; Serane, p. 132; Leclerc (132), p. XI; Beaurieu (15). p. LXVII, v. — **P. 167** : Musschenbrœk, p. 26; Réaumur, t. IV, p. XXIX; Bertrand (21). ⁺ I, p. XXV; *Corr. litt.*, 1er mars 1762, p. 58. — **P. 168** : Humbert, p. 42; Leclerc (132), p. XLVIII; Beaurieu (15), p. v; *J. Encyc*, 15 mai 1771, p. 31; B. de Saint-Pierre, t. II, p. 125, 158, I, 710; *Corr. litt.*, t. V, p. 495.

TROISIÈME PARTIE. — CHAPITRE I

P. 174 : Diderot, t. II, p. 38; Condorcet, t. VI, p. 225; Bazin (14), t. I, p. VII; Dicquemare, p. IX; Duchesne (70), p. VIII. — P. 175 : Bougeant, *Avertissement*; Merian, p. VI; Regnault, t. I, à la suite de la *Préface*; Marivetz, t. I, p. CII; Nollet (167), p. 90; Baker, p. XIII; Buc'hoz (259), *Avertissement*. — P. 176 : Lansac, p. XIV; *Ann. litt.* 1755, t. VIII, p. 76. — P. 177 : Du Deffand, t. II, p. 594; d'Argenson, *Mémoires*, pub. par Rathery, 1864, t. VI, p. 81; Condorcet (47), p. 14; Grim dans *Corr. litt.*, t. II, p. 285; Marivetz, t. I, p. XCVII; pour Voltaire, Diderot, Rousseau voir les *Index* et Humbert-Bazile, p. 38; B. de Saint-Pierre; t. II, p. 125; Tressan, t. IX, p. 311, X, 74; Mirabeau : *Lettres originales écrites du donjon de Vincennes.* Paris, 1792, t. II, p. 413; Mᵐᵉ de Genlis, Mémoires. 1825, t. I, p. 393; Marmontel. Voir *Index*; Le Roy dans *Réflexions sur la jalousie.* Amsterdam, 1772, p. 9; Sabatier, art. *Buffon*, Palissot, *Ibid.* — P. 178 : *Mercure* depuis 1735, p. 729 jusqu'à 7 oct. 1780, p. 83; Fréron, 1750, t. III, p. 3, etc...; *J. de Trévoux.* Voir la Table par Sommervogel; *J. de Paris* 5 oct. 1778, 1er fév. 1779, etc...; *J. Encyc.* 1er mai 1763, p. 125; *Mercure*, 25 nov. 1778, p. 264; *An. litt.*, 1750, t. III, p. 3-28, 1771, t. I, p. 217; Rousseau, t. II, p. 156; Diderot, t. II, p. 20. *Ajouter* : Sauri, t. II, p. 22, Leclerc (132), p. XLVIII, Palissot (402), p. 21, Condorcet (47), p. 78, Ferry, p. IX, Roucher,

t. II, p. 11, Royou, p. 1, Lebrun, t. I, p. 118 ; Leclerc (132), p. XLVIII ;
Panckoucke, p. 30. *Ajouter* : Nadault de Buffon (35), t. II, p. 254,
Abrégé de l'histoire naturelle de Buffon. Paris, Rousseau, an VIII,
t. I, p. 5, Ferry de Saint-Constans, *passim* ; Lebrun, *Ode à Buffon*.
(Voir *Mercure*, 25 mai 1779, p. 261.) *J. de Paris*, 9 janvier 1778 ;
Fabre d'Eglantine (79) ; Cubières dans *Mercure*, 1788, mai, p. 193 ;
Beauharnais dans *J. de Paris*, 7 nov. 1778 ; Baillot dans (35), t. II,
p. 259 ; L. de Bagneux dans *Mercure*, 28 août 1779. *Ajouter* : *Mercure*, 1er mai 1747, p. 114, Nogaret, p. 31, *Mercure*, 5 janv. 1779,
p. 4, 25 nov. 1778, p. 245, *Corr. litt.*, t. XIII, p. 96. — P. 179 :
sur les honneurs à Buffon, *Ann. litt.* 1771, t. III, p. 330, *Mercure*,
1 fév. 1774, p. 21, oct. 1780, p. 78, 26 Av. 1788. (Journal politique p. 176), Nadault (35), t. II, p. 259, 302, *Corr. litt.* t. XI, p. 428,
397, Bachaumont, *Mémoires secrets*, 1 juillet 1778, 7 nov. 1784,
Florian, lettre du 3 juillet 1788 ; Visiteurs : Lebrun, etc... dans
Humbert (113), p. 18 ; Cubières dans *Mercure*, mai 88, p. 194 ; Lauraguais dans Diderot, t. XIX, p. 60 ; Helvétius (384), p. 53 ;
Ramond dans L. Reboul, *Un grand précurseur des romantiques*,
Ramond, Nice, 1910, p. 10. *Ajouter* : Tressan, t. IX, p. 350, Garat,
Mémoires, t. I. p. 280 ; Norvins, t. I, p. 125. — P. 180 : Saintignon
dans *Ann. litt.* 1763, t. II, p. 48 ; *Elève de la raison* dans *Ann. litt.*,
1774, t. II, p. 29 (Cf. Buffon. De la nature. 1re vue. « La nature
brute est hideuse et mourante... ») ; Caradeuc, p. 129 ; Beaurieu,
t. I, p. III ; la Chesnaye, emprunts, *passim* ; Verdier, p. 343 ; Sutaine,
p. 99 ; Serane, p. 145. *Ajouter* : Crevier, p. 106, Diderot, t. III,
p. 462, Perrault (177), t. I, p. 9, *Abrégé...* (241), t. I, p. VIII, Picardet, *passim*. Voir également le chapitre III, p. 218 et suiv. —
P. 181 : les « *curieux* », voir Faujas de Saint-Fond : Les volcans
éteints du Vivarais et du Velay. Grenoble, Paris, 1778 (10e lettre)
et *Mercure*, déc. 1782, p. 7 ; Feller (84), p. 4 ; Thomas, t. IV,
p. 332 ; Condorcet (47), p. 44 ; Sabatier de Castres, *Les trois siècles
de la littérature* (art. *Buffon*), t. I, p. 232 ; Rozier (258), t. II, p. 416 ;
Nogaret, *A M. le Comte de Buffon*. — P. 182 : Mme Roland, t. II,
p. 36 ; Laurette de Malboissière, *Lettres d'une jeune fille*, Paris,
1766, p. 83 ; *J. des Dames*, nov. 1762, p. 191 ; Tilly, t. I, p. 158 ;
Zotinghem dans Héricault, p. 40. — P. 183 : *Mercure*, 15 juill. 1760,
p. 137, oct. 1781, p. 51, avril 1782, p. 87, oct. 1782, p. 48 ; voyages
dans *Mercure*, mars 1760, p. 136, *J. des Sav.* 1774, p. 111 ; *Bib.
des Sciences et des Beaux-Arts*, avril-juin 1760, p. 514 ; Dezallier
(66) ; Thiéry, t. I et II ; visiteurs dans Duchesne (69) p. XII, *Mercure*, déc. 1769, p. 191 ; Bérenger, t. I, p. 111 ; Marmontel, t. II,
p. 176 ; Pezay, p. 217 ; pour les *Manuels* ajouter à la *Bibliographie* :
Observations (258), 1773, t. II, p. 473, *Mercure*, 1er avril 1768, p. 154 ;
15 janv. 1772, p. 168 ; sur le *Jardin du roi* voir Flourens, Hémon,
Buffon (35), *op. cit.* — P. 184 : comte du Nord dans Mme Oberkirch,

Mémoires, t. I, p. 264; visiteurs dans Diderot, t. XIV, p. 3; Gautron,
p. I. — P. **185** : *Corr. litt.*, t. IV, p. 12; Geoffroy (95), p. I; Dallet dans
Gobet, p. 453; Anderson, t. I, p. III; Bertrand (21), p. VII; Buc'hoz
dans Merian (159), *Avertissement*; *Mercure*, 1ᵉʳ mai 1771, p. 143;
J. Encyc., 15 mars 1776, p. 410; Baculard d'Arnaud, *Délassements
de l'homme sensible*. Paris, Buisson, t. IV, 7ᵉ partie, p. 188, 45,
VI, 2ᵉ partie, p. 109, v, 9ᵉ partie, p. 12, II, 4ᵉ partie p. 228. —
P. **186** : *Observations*, juillet 1757, p. 65: *Ann. Litt.*, 1760, t. VIII,
p. 68, 1762, t. VII p. 66, etc... *Mercure*, juillet 1757, p. 109, janv.
1764, p. 234, etc., déc. 1774, p. 234, déc. 1769, p. 191; *Affiches*, 1761,
p. 54; Laurette, *Lettres d'une jeune fille*, Paris, 1766, p. 51. —
P. **187** : Bucquet dans *Mercure*, 1ᵉʳ janv. 1772, p. 188, 15 oct.,
p. 182; Marivetz, t. I, p. XCIV; Tressan, t. IX, p. 441; *Dictionnaire*
(249), p. 349; Frénilly, p. 55; Thiébault, p. 33; d'Holbach dans
Morellet, t. 1, p. 125; de France dans Arnault, *Souvenirs d'un sexa-
génaire*, Paris, 1833; Marigny dans Alléon, t. III, p. 169; Pezay,
p. 343; Dorat, *Coup d'œil sur la littérature*, Amsterdam, Paris, 1780,
t. II, p. 189. — P. **189** : Coyer, p. 16; La Dixmerie, p. 162; Pluche
(180), t. I, p. 301; Boudier, p. 30; Mᵐᵉ de Genlis, t. I, p. 51, 292;
J. des Dames, juillet 1762, p. 91; Nogaret, p. 8; Deparcieux dans
Morellet, t. I, p. 256. — P. **190** : Mᵐᵉ Roland, t. II, p. 112; *J. des
Dames*, fév. 1774, p. 175; *Mercure*, 1ᵉʳ avril 1756, p. 27.

CHAPITRE II

P. **193** : Aiskin dans *J. Encycl.*, 15 août 1777, p. 11; *Mercure*,
mai 1702, p. 52; Gagnère, *Les principes de physique*, poème, Avignon,
Chambeau, 1773. — P. **194** : Saint-Lambert, p. 148; Roucher, t. II,
p. 18; Lebrun, t. I, p. 337; Pluche (181); la Chesnaye (8), t. I,
p. IV. — P. **195** : Tressan, t. IX, p. 426; D. R. dans *Mercure*,
1ᵉʳ mai et 1ᵉʳ juin 1747, p. 110 et 111; de Pontbriand, p. 4;
Pluche (180), t. I, p. 36. — P. **196** : Perrault (177), t. I, p. 21;
Corr. litt., t. I, p. 196; Voltaire, t. XXI, p. 168; Pontbriand, p. 2.
— P. **197** : Caradeuc, p. 90; Lesser, p. IX; *Mercure*, 1ᵉʳ av. 1745,
p. 60; *J. des Dames*, nov. 1761, p. 201; Childrey, *Préface*; Tressan,
t. IX, p. 426; Condillac, t. II, p. 279; Vallemont. t. I, ch. x, art. 2,
raillé par *J. des Sav.*, 1705, p. 242; Hérault, p. 48. — P. **199** :
Mᵐᵉ Necker (398), t. I, p. 213, Buffon fils (35), t. II, p. 629;
Mᵐᵉ Necker (397), t. II, p. 57; Humbert p. 42, 29, 47. — P. **200** :
Hérault, p. 50; Mᵐᵉ Necker (398), t. I, p. 235; Buffon (35), t. I,
p. 85, II, 47; Mᵐᵉ Necker (397), t. III, p. 15. — P. **201** : *J. Encycl.*
1ᵉʳ av. 1762, p. 27, 15 av. p. 54, 15 sept. 1765, p. 40, etc.; *Mercure*,
7 oct. 1780, p. 83, mai 1784, p. 209, 26 av. 1788; *Ann. litt.*, 1750,
t. III, p. 3, 1757, t. II, p. 3; *J. des Sav.*, 1754, p. 480, etc.; Diderot,

t. V, p. 422, II, 339; Rousseau, t. XI, p. 171; B. de Saint-Pierre, t. II, p. 125; Marmontel dans son *Essai sur le goût*; Lebrun, t. I, p. 6; Grimm dans *Corr. litt.*, t. III, p. 302, XI, p. 89; Clément (362), t. I, p. 216, II, 281; Palissot, t. IV, p. 77; Cubières dans *Mercure*, 31 mai 1788, p. 195; Garat, *Mémoires sur M. Suard*, Paris, 1820, t. I, p. 159; Ximenès, *De l'influence de Boileau sur l'esprit de son siècle*, Paris, 1787, p. 14; Mme de Genlis, *Mémoires*, Paris, 1825. t. I, p. 393; Sutaine, p. 66; Ménard, p. 171; Feller, *passim*; *J. Encycl.* 15 juin 1772, p. 342, 1er juillet, p. 39. — P. 203 : Viet, p. 43, 20, 59, 35; Royou, p. 175; Sennemaud, p. 20; Galiani, t. I, p. 288; *Lettres...* (135), t. I, p. 7, lettre 13, p. 43. — P. 204 : *Bibliothèque*, t. II, p. 343; Clément (362), t. II, p. 441; Condorcet (47), p. 50. — P. 205 : Palissot, t. IV p. 77; Morellet, t. I, p. 123; d'Alembert (35), t. I, p. 274; Rouelle dans *Corr. litt.*, t. IX, p. 108; Condillac, p. 63; Tilly, t. I, p. 158; Roland dans Lettres de Mme Roland du 23 janv. 1776.

CHAPITRE III

P. 214 : Locke, voir P. Villey : *l'influence de Montaigne sur les idées pédagogiques de Locke et de Rousseau*, Paris, Hachette, 1911, p. 34; Crousaz dans Sicard, p. 59; Pons, p. 40; Prévost, *Histoire de Cléveland*, Utrecht, 1741, t. I, p. 11; Digard, *Mémoires et aventures d'un bourgeois...*, La Haye, 1751, t. I, p. 6; Berland (417), t. I, p. xvii; Duclos, la Condamine, Gedoyn dans Sicard, p. 59; Voltaire, *Dict. philosoph.*, art. *Education*; Diderot, *Plan d'Université*. — P. 215 : la Chalotais (265), p. 11; Tressan, t. IX, p. 341; Bérenger (354), t. III, p. 231; Mercier (391), t. I, p. 253; B. de Saint-Pierre, t. I, p. 238, 709; Brissot, t. I, p. 34; Norvins, t. I, p. 23; Navarre, p. 9; Mathias dans Sicard, p. 210. *Ajouter* : Gosselin, p. 87; Grivel, t. III, p. 160; Philipon de la Madelaine, p. 86; Papon (403); Maubert de Gouvest, p. 8; *Mémoire du bureau servant...*, p. 14; de la Fare, p. 150; Crevier, p. 10; Emond, p. 233; Godard, p. 114; *J. d'éduc.*, t. II, p. 91 et janv. 1778, p. 29; Serres de la Tour, p. 364; Sicard, p. 59; Gosse, p. 86; Coyer, p. 189; Poncelet, t. II, p. 237; Adam, p. 5; Troyes dans Carré, p. 227, 251; Montbeliard dans Godard, p. 114; Félix dans *J. d'éduc.*, janv. 1778; Sautreau dans *J. des Dames*, sept. 1764, p. 32. — P. 216 : Besnard dans Uzureau, p. 256; Cavaignac dans *Mémoires d'une inconnue*, Paris, 1894, p. 45; L'homme au latin dans *J. Encycl.*, 1er déc. 1768, p. 138; Bertrand (21), p. xxxi; Dezallier (66), t. I, p. x; Perrault (177), t. I, p. 1. — P. 217 : Coyer (269), p. 138; Buffon, t. I, p. 8; Diderot, t. III, p. 462; Genlis, t. IV, p. 119, 390; Crevier, p. 78; Rollin, t. IV, p. 372. — P. 218 : Verdier, p. 343; Rolland, p. 144; Sutaine, p. 99; Navarre, p. 31;

Clément, t. I, p. vi; Beaurieu (15), p. lxi; Serane, p. 153; Gosselin, p. 102, 112; Devienne, p. 19. *Ajouter* : Vauréal, p. 105, 90; *J. d'éduc.*, mars 1778, p. 83; Coyer, p. 138; Colomb, p. 20; de la Caze, p. 51; de la Fare, p. 152; Poncelet, t. II, p. 275; Pluche, t. I, p. vii; *Manuels*, voir nᵒˢ 220, 239, 88; G.-L. Lesage, *Cours abrégé de physique*, Paris, 1739, in-12; Ferapie Dufieu, *Manuel physique*, Lyon, Paris, etc., 1758, in-8°; Nollet (166), p. xxix. — P. **219** : Grivel dans *J. des Sav.*, 1777, p. 844 ot t. II, p. 358; Cotte, p. iv; Caradeuc, p. 57; *Tableaux* (193); Nollet (166), p. xii; Lezay, p. viii. — P. **220** : Leprince d'Ardenay, *Mémoires*, Le Mans, 1880, p. 194; Fromageot, t. I, p. xxxix; Oratoriens dans Carré, p. 252; Troyes, *Ibid.*, p. 344. — P. **221** : Montauban dans Bourbon, p. 212; Rodez dans Lunet, p. 132; Sorrèze dans *Plan des exercices du collège de Sorrèze*, 4 p. in-4°; Saint-Omer dans Loisel, p. 195, 245; la Flèche dans Leroy (138), p. 289; Montbeliard dans Godard, p. 137; Cahors dans Paumès, p. 132; Verdier dans *Mercure*, août 1773, p. 188 et (319) p. 342; Félix dans *J. d'éduc.*, janv. 1778, p. 45. — P. **222** : Crevier, p. 106; Serane, ch. ii; Philipon (305). *Ajouter* : *Corr. litt*, t. V, p. 81; Poncelet, t. III, p. 183; Pezay, p. 14; Tressan, t. IX, p. 350; Fonvielle, t. I, p. 44. — P. **223** : Pluche (180), t. I, p. 530; — P. **224** : Diderot, t. III, p. 461; *Corr. litt.*, t. V, p. 495, VI, 23; Bazin (14), t. I, p. xviii; Beaurieu (16), t. I, p. 11, 29; Perrault (177), t. I, p. 3. — P. **226** : Perrault (176), p. 7; Pluche, t. I, p. 530; Maillet, t. I, p. ix, xiii; Deslandes (1736), p. 54, et 1750, t. I, p. vii, x; *J. des Sav.*, 1753, p. 734. — P. **227** : *J. des Sav.*, 1750, p. 669; Adanson dans son *Cours d'histoire naturelle*, publ. par Payer, Paris, 1844, t. I, p. 581; Valmont dans *Mercure*, déc. 1769, p. 192, et *J. de physique* (257), nov. 1771, p. 231; *Mercure*, 26 avr. 1788, p. 176; Bourguet (26), p. xlii; Bertrand (21), p. xxviii. — P. **228** : *Mercure*, août 1781, p. 165; Roucher, t. II, p. 52. — P. **229** : Rozier (258), 1773, t. II, p. 419; « malheur à l'âme… » dans (132), p. xi; Serane, p. 132; Bérenger, t. II, p. 114; Roucher, t. II, p. 56. — P. **230** : Marivetz, t. I, p. xxv; Beaurieu (15), p. v-xxii, (16), t. I, p. ix-xvi; Saverien (205), t. VII, p. lix. — P. **231** : Buc'hoz : *Dissertation en forme de prospectus sur la liaison*, etc., Paris, 1789, p. 12; Fabre d'Eglantine dans (258), août 1771, t. II, p. 148; Bonnet, p. xxix; Diderot, *Encyclop.*, art. *Cabinet d'histoire naturelle*; Saury (203), p. 7. — P. **232** : *Mercure*, 7 oct. 1780, p. 78. — P. **234** : *Inscriptions*, t. XVI, p. 23; *Observations*, t. II, janv. 1757, p. 3; Nollet (166), p. xxxvi; Condorcet, t. VI, p. 223; Roucher, t. II, p. 52; Leclerc (132), p. xiii. — P. **235** : Condorcet, t. VI, p. 224; Humbert, p. 62: Condorcet, p. 64.

TABLE DES MATIÈRES

1138-11. — Coulommiers. Imp. Paul BRODARD. — 11-11.